学ぶ・わかる・みえる シリーズ 保育と現代社会

保育と社会福祉

【第4版】

編集 橋本 好市
　　 宮田 　徹

JN122905

みらい

執筆者一覧

●編　者

橋本　好市（はしもと こういち）　神戸常盤大学

宮田　徹（みやた とおる）　富山短期大学

●執筆者(五十音順)

明柴　聰史（あけしば さとし）　富山短期大学 ……………………………………… 第5章

飯塚美穂子（いいづか みほこ）　鶴見大学短期大学部 …………………………… 第14章

井出　沙里（いで さり）　神戸元町こども専門学校 ……………………………… 第2章

上原　真幸（うえはら まさき）　熊本学園大学 …………………………………… 第8章

大城　亜水（おおしろ つぐみ）　神戸常盤大学 …………………………………… 第10章

大津　泰子（おおつ やすこ）　近畿大学九州短期大学 …………………………… 第3章

岡本　眞幸（おかもと まさゆき）　横浜女子短期大学 …………………………… 第4章

加藤　洋子（かとう ようこ）　聖心女子大学 ……………………………………… 第15章

川島　直子（かわしま なおこ）　頌栄短期大学 …………………………………… 第6章

河野　清志（かわの きよし）　大阪大谷大学 ……………………………………… 第11章

坂本　真一（さかもと しんいち）　桜の聖母短期大学 …………………………… 第7章

下尾　直子（しもお なおこ）　洗足こども短期大学 ……………………………… 第9章

隣谷　正範（となりや まさのり）　飯田短期大学 ………………………………… 第12章

橋本　好市（はしもと こういち）　(前出) …………………………………………… 第1章

宮田　徹（みやた とおる）　(前出) …………………………………………………… 第1章

村上　満（むらかみ みつる）　富山国際大学 ……………………………………… 第13章

山口　季音（やまぐち きおと）　至誠館大学 ……………………………………… 第16章

イラスト　　　溝口ぎこう

はじめに

　本書は、社会福祉実践者としての保育士をはじめ、保育者養成関係者（教員・学生など）が保育と社会福祉の関係について体系的な理解を深めてもらうことを目的に編集している。

　2019（平成31）年度から保育士養成課程が改定された。保育士養成にとって「社会福祉」は根幹を成す科目の一つである。したがって、本書は、カリキュラムに準拠している。保育士領域の「社会福祉」に関係する書籍は、数多く出版されている。そのため、類書との違いを明確にしたいと考え、保育士の立ち位置から社会福祉を理解することに特化しつつ、関係者のニーズにも対応できるような構成に努めた。また、読者が主体的に学べる（読む、理解できる）、必要なことや知りたいことが簡潔にわかる、指導に活用しやすい、といった点にも配慮している。

　また、2023（令和5）年は児童の福祉等に関する注目すべき年である。当年4月1日にこども家庭庁がスタートし「こども基本法」の制定等、保育士および幼稚園教諭などの子ども領域にかかわる動向が目まぐるしく変遷してきたことから、それらの点についても言及している。

　さて、本書における「障害」の表現について、わが国での法的・制度的、また福祉・保育系の資格養成課程カリキュラムのシラバスなどには「障害」が適用されており、保育関係をはじめとした社会福祉関係資格養成課程も視野に入れている本書ではこの点を顧みないわけにはいかないため、法制度関係用語や固有名詞等の表記については「障害」を使用している。この「障害」の表記についてはさまざまな議論があり、国でも国会質疑や有識者会議等で検討されてきたが、当事者団体からも意見が一致せず、統一的な結論は出ていない。本書を通して、建設的なご教示をいただけると幸いである。

　最後に、子どもたちの生活基盤が盤石であることが、子どもの人権と教育保障への第一歩である。子どもの生活を安定させることこそが社会福祉の命題であり、保育実践がその大きな役割を担っているのである。本書がそのための一助となれば幸甚である。

　本書の発行にあたり、編集や校正等において多大なるご負担とご尽力をいただいた企画部の荻原太志氏と三浦敬太氏に、この場をお借りして心より御礼申し上げたい。

　令和6年1月

編　者

『保育と社会福祉』テキストの特長と活用

● 本書は、保育士養成課程科目「社会福祉」にも対応しているテキストです。この領域は、理念や概念、対象理解、法制度から実践方法と幅広いため、本書は、それらの内容を効率よく学べるように、かつ保育士の視点から理解できるように構成と記述の工夫を凝らしています。

● 各章の導入部分には、保育士をめざす学生の「みらいさん」と社会福祉の講義担当の「こういち先生」が、各章のテーマについて、なぜ、その項目を学ぶのか、保育士とどのようなかかわりがあるのかを語り合っています。この会話を最初に読むことによって、学ぶ内容や理解すべきポイントを把握できるようになっています。

● 各章の最後には、学んだ内容をふりかえり整理するために、「まとめてみよう」という課題を2〜3題提示しています。課題は、本文をよく読めば必ず理解できるよう設定していますので、学習のふりかえりとして活用してください。

● 本書は、社会福祉を理解するための入門的な位置づけです。より内容を深く理解したい、興味がわいてきた場合には、章末にある引用文献や参考文献をあたってみましょう。きっと新しい発見や多様な考え方に出会い、一層の学びを深めていくことができるでしょう。

みらいさん　　こういち先生

もくじ

第3章　欧米と日本の社会福祉のあゆみ

第4章　生活を守る社会保障制度

第5章　社会福祉の法体系と制度

第6章　社会福祉の実施機関と行財政

第7章　社会福祉の施設

第8章　子ども家庭支援と社会福祉

第9章　共生社会と障害者福祉

第10章　高齢者福祉と地域包括支援

第11章　地域福祉の意味と推進方法

第12章　社会福祉の専門職と倫理

第13章　ソーシャルワークの意味と方法

第16章　社会福祉と保育士のこれからを考える

第1章　保育と社会福祉

📝 保育士をめざす私たちが社会福祉を学ぶ意味とは？

こういち先生　みらいさんは、どうして保育士になろうと思ったのかな？

みらいさん　子どもが好きだからです。それに、子どもの頃、私も保育園に通っていたのですが、そのときの保育士さんがすごく優しくて、あんな先生（大人）になれたらいいな、と思ってこの道に進むことにしました。

こういち先生　なるほど。みらいさんは、子どもの頃にお世話になった保育士さんに憧れて、この進路を選んだのですね。そのような動機は大切ですし、目標をもつことはとてもいいことだと思います。

みらいさん　ところで保育士さんは、かつては「保母」と呼ばれていたのですね。「保母」から「保育士」という名称に変更されてからずいぶんと経ってきたと思うのですが。

こういち先生　男女の区別ない職種という意味で、名称を「保育士」に変更し、国家資格として児童福祉法という法律に位置づけられたことが認知されるようになってきました。それに、今の保育士は子どもの保育だけでなく、その保護者への対応など、いろいろな役割を担っているのです。

みらいさん　そうなのですか。私は保育園で子どもの保育をすることだけが保育士の仕事だと思ってました。だから、なぜ、「社会福祉」を学ぶのだろうと、ちょっと疑問に思っていたのです。これから学んでいくことで「社会福祉」という科目と保育士との関係があることが理解できるのですね。

こういち先生　その通りです。幼稚園教諭は教育の専門職ですが、保育士とは、実は社会福祉、厳密にいうと児童福祉の専門職なのです。だから、その基盤となる社会福祉の理念や法制度を理解し、社会福祉の専門的技術などを援用して、子どもとその保護者の福祉の向上をめざしていく役割があるのですよ。

みらいさん　なぜ、保育士が社会福祉を学ぶのか、その疑問が解けるとうれしいです！

こういち先生　それでは、まずはこの章で、現代社会の状況と福祉が対応する生活課題について学びながら保育士とのかかわりについて考えるきっかけにしてみよう。

1 私たちが暮らす社会とは

① 戦後のわが国の社会

　第二次世界大戦後（1945年）から約80年の時を経て、私たちの生活と社会は、大きく変化してきた。それまでの第1次産業（主に農業・漁業・林業など）を中心とする村落共同体の社会から、戦後の混乱期・復興期を経て、1960～70年代の高度経済成長により、日本は飛躍的な経済発展を遂げ、産業構造も第2次（主に製造業など）・第3次（主にサービス業など）産業へと大きくシフトしてきた。特に第3次産業は、近年IoT、ビッグデータ、AI等による超スマート社会（Society5.0）の実現に向け、急速に成長している。これにともない仕事を求め都市部へ人口が集中していく一方で、地方は第1次産業への就業人口の減少と人口流出による過疎化と高齢化が進んできている。

　また、世帯規模は、都市化と過疎化の進展により、三世代世帯が減少し、核家族世帯や単独世帯が中心となってきている。それにともない家族のもつ機能（経済、教育、育児や介護など）にも変化がみられてきている。

　このような社会の変化のなかにみられる、少子・超高齢社会、都市化と過疎化の現状と課題、家族・世帯の移り変わりをみていく。

② 少子・高齢社会

▼人口の高齢化

　わが国の人口は、2022（令和4）年10月現在で1億2,495万人となっており、減少傾向である。今後は人口減少が加速すると予測され、約30年後の2055年頃には、約1億人程度になると推計されている。

　このような人口減少社会を迎えるとともに、わが国の人口構造は、急速に高齢化が進んでいることは周知の通りである。国連の定義では、65歳以上の人口が全体の7％（高齢化率）を超えた社会を「高齢化社会」、14％を超えた社会を「高齢社会」、21％を超えた社会を「超高齢社会」としている。わが国が高齢化社会を迎えたのは1970（昭和45）年であり、このときの高齢者人口は739万人、高齢化率7.1％であった。その後も高齢化は加速し、1994（平成6）年には14％を超え高齢社会に突入、2022（令和4）年10月現在では、高齢者人口は約3,623万人、高齢化率29.0％まで上昇している。ここ50年ほどで、高齢者人口は約5倍に増え、高齢化率は約4倍以上になっている（図1

図１－１　高齢化の推移と将来推計

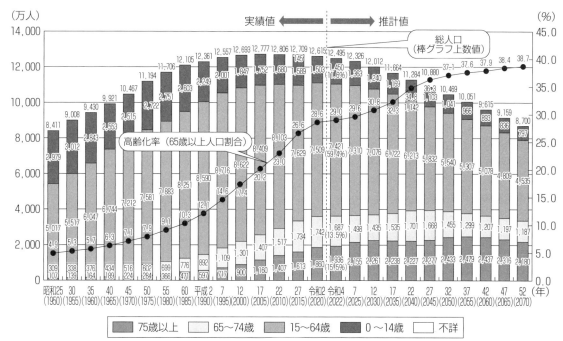

資料：棒グラフと実線の高齢化率については、2020年までは総務省「国勢調査」（2015年及び2020年は不詳補完値による。）、2022年は総務省「人口推計」（令和４年10月１日現在（確定値）、2025年以降は国立社会保障・人口問題研究所「日本の将来推計人口（令和５年推計）」の出生中位・死亡中位仮定による推計結果

(注１) 2015年及び2020年の年齢階級別人口は不詳補完値によるため、年齢不詳は存在しない。2022年の年齢階級別人口は、総務省統計局「令和２年国勢調査」（不詳補完値）の人口に基づいて算出されていることから、年齢不詳は存在しない。2025年以降の年齢階級別人口は、総務省統計局「令和２年国勢調査　参考表：不詳補完結果」による年齢不詳をあん分した人口に基づいて算出されていることから、年齢不詳は存在しない。なお、1950年〜2010年の高齢化率の算出には分母から年齢不詳を除いている。ただし、1950年及び1955年において割合を算出する際には、（注２）における沖縄県の一部の人口を不詳には含めないものとする。

(注２) 沖縄県の昭和25年70歳以上の外国人136人（男55人、女81人）及び昭和30年70歳以上23,328人（男8,090人、女15,238人）は65〜74歳、75歳以上の人口から除き、不詳に含めている。

(注３) 将来人口推計とは、基準時点までに得られた人口学的データに基づき、それまでの傾向、趨勢を将来に向けて投影するものである。基準時点以降の構造的な変化等により、推計以降に得られる実績や新たな将来推計との間には乖離が生じうるものであり、将来推計人口はこのような実績等を踏まえて定期的に見直すこととしている。

(注４) 四捨五入の関係で、足し合わせても100.0%にならない場合がある。

－１）。高齢者人口および高齢化率はいずれも過去最多となり、高齢化率は主要諸国においては最も高い数値となっている。人口の高齢化は、年金や医療、介護などの社会保障をはじめ、多くの社会的課題を表面化し、関連諸制度の見直しや改革が急がれている。

▼少子化の進展

　人口の高齢化が進む一方で、少子化も進展している。わが国が高齢化社会を迎えた1970（昭和45）年の15歳未満の人口（年少人口）は、2,515万人、総人口に占める割合は24.0%であった。2022（令和４）年10月現在では、1,450万人、11.6%まで減少している。

　当該年次の女性の各年齢（15〜49歳）別出生率を合計したもの、つまり一

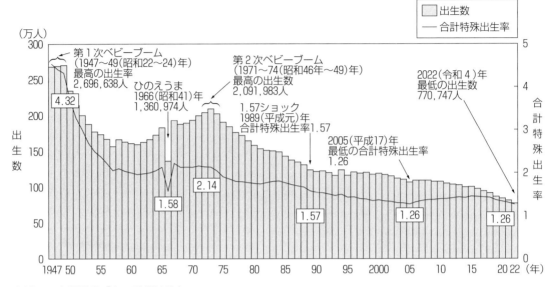

資料：厚生労働省「人口動態統計」
注：1947～1972年は沖縄県を含まない。

＊１　ベビーブーム
赤ちゃんの出生が一時的に急増することをいう。日本では、第二次世界大戦後、２回のベビーブームがあった。第１次ベビーブームは戦争が終わり、兵隊が復員した1947（昭和22）年から1949（昭和24）年頃、第２次ベビーブームは第１次ベビーブームに生まれた子どもが適齢期を迎えた1971（昭和46）年から1974（昭和49）年頃である。

＊２　人口置換水準
人口を維持するために必要な合計特殊出生率の数値をいう。ただし、この水準を下回った場合でも、過去の高出生率などの影響を受け、すぐに人口減少に転じるわけではない。

人の女性が一生に産むことになる子どもの数の平均を表す「合計特殊出生率」は、出生率の年次推移を判断する際に使われる指標である（図１－２）。第二次世界大戦後の1947～1949年は第１次ベビーブーム*1といわれ、合計特殊出生率は4.3人を超えていた。その後1960～70年代の第２次ベビーブームを含め2.1人程度で推移していたが、1989（平成元）年には、当時過去最低といわれた1966（昭和41）年（丙午）の1.58人を下回る1.57人となり「1.57ショック」と呼ばれ、少子化対策の必要性が認識されたきっかけとなった。

2005（平成17）年には、1.26人という戦後最低の合計特殊出生率を記録し、これ以降、2016（平成28）年ではやや上昇し1.44となったものの、2021（令和３）年は1.30となり、依然人口置換水準*2である2.07を大きく下回ったまま推移している。

さらに、2022（令和４）年の出生数は約77万人（概数）となり、80万人を割り込んだ。この数値は政府予想より約11年早いスピードで減少しているとのことであり、2050（令和32）年ごろには出生数が50万人を割る可能性も指摘されている。

出生率の低下の主な要因は、未婚化・晩婚化と有配偶出生率の低下であり、特に未婚化・晩婚化の影響が大きいとされている。2020（令和２）年国勢調査によると、30～34歳では男性は約２人に１人（47.4％）女性は約３人に１人（35.2％）が未婚であり、50歳時の未婚割合も男性28.3％、女性17.8％と

上昇傾向にある。2021（令和3）年の平均初婚年齢は男性31.0歳、女性29.5歳で、約50年前の1975（昭和50）年の平均初婚年齢男性27.0歳、女性24.7歳と比べると、平均年齢の上昇にともなう晩婚化の進行がわかる。高年齢になるほど出生力が低下することが医学的にも認知されるところであり、晩婚化は少子化を進行させる一つの要因と考えることができる。また、出生順位別の母親の平均年齢は、2020（令和2）年には、第1子が30.7歳、第2子が32.8歳、第3子が33.9歳となり、1985（昭和60）年と比べて、第1子では4.0歳、第2子では3.7歳、第3子では2.5歳それぞれ上昇している。こうした晩婚化・晩産化を背景として、夫婦の完結出生児数（結婚持続期間が15～19年の初婚同士の夫婦の平均出生子ども数）は、1970年代以降おおむね2.2人前後で推移していたのが、2005（平成17）年から減少傾向となり、2015（平成27）年には1.94人と過去最低となっている。

　もちろん、上記の要因だけでなく、女性の自立と社会的活躍や価値観の多様化（積極的に子どもをもたない選択をする夫婦など）、家族（家庭）の形の変化、育児環境の不足や不備で子育てに不安をもつ人、経済的な理由など、現代社会では複合的な要因が絡み合い、少子化が進行しているのである。

　図1-1の通り、高齢者数と少子化の動向から、約50年後には日本の総人口は9,000万人を下回るとみられており、わが国における将来の労働人口の減少やそれにともなう経済的損失、社会保障の財源問題、地域活力の減少、子ども同士のふれあいの減少による社会性の発達への影響など、多様な社会的影響を引き起こすことが指摘されている。

③　都市化と過疎化

▼都市化の課題

　都市化とは、人口が都市または都市部に集中する過程をいい、農業を主体とした伝統的な農村社会から工業やサービス業、製造業・情報産業などを主体とした社会へと変化する過程で起こるといわれる。わが国は、明治維新以降の近代化政策によって、都市化が進展してきた。

　2021（令和3）年現在、東京都と政令指定都市（札幌市や仙台市、横浜市、大阪市、福岡市など）を合わせた推計人口からみると、日本の全人口の約5人に1人が指定都市などの都市部に居住している。しかし、これらの都市の面積は、合計しても日本国土のわずか3％に過ぎない。このことから都市部に人口が集中していることがわかる。

　近年の都市における福祉課題として、人口集中や労働人口不足による保育

施設や介護施設の職員不足などに加え、近隣関係の希薄化により地域とのかかわりが減り社会から孤立する人も少なくないことがあげられる。また、都市部でも高齢化が進んできた現在では、集合住宅のひとり暮らし高齢者の孤独死（孤立死）が社会問題となっている。

▼過疎化の課題

都市化の課題と表裏を成しているのが過疎化の課題である。過疎とは一般的に山村・離島等における人口減少をいうが、ドーナツ化現象*3のように都市の中心部でも進行することがある。2022（令和4）年現在で「過疎地域指定」を受けている市町村は885あり、これは全市町村数（1,718）の半数を超えている。

過疎化は、伝統的な冠婚葬祭、消防や治安など、地域にとって共同体としての機能維持が困難になる。また、近年よく耳にする「限界集落」とは、住民の50％以上を65歳以上の高齢者で占め、共同体の機能維持が限界に達している状態の集落のことをいう。このような地域は、市街地からも離れている場合が多いため交通事情に課題があり、車など交通手段をもたない高齢者は、普段の買い物や通院などにも不便を強いられる。しかし、何らかの対策を立てるにも、効率性やコスト面での課題が指摘される。

④　家族・世帯の動向

わが国は、旧来家父長制のもと「家」を受け継ぐ文化があり、親・子・孫が同居する三世代世帯が中心であった。「家」は、家系を受け継ぎ守るために、一家総出の農作業などの生産機能や土地や建物といった、さまざまな権利や財産を代々受け継ぐ経済的基盤の安定、子育てや介護などの福祉機能も家族成員相互関係により完結することができていた。

現代社会では、親を中心とする核家族世帯（二世代世帯）が増えてきたなかで「家」を意識することに変化がみられている。わが国の世帯規模は、第二次世界大戦後から一貫して縮小傾向にあり、高度経済成長と都市化により核家族世帯が増えていった。国勢調査をみると核家族の割合は、1955（昭和30）年では、三世代世帯と同程度の約45％であったが、1980（昭和55）年では、約60％まで増加し、その後は同程度の水準で推移している。一方、三世代世帯は2004（平成16）年に10％を割り、2021（令和3）年には4.9％まで減少している。近年増加しているのは単独世帯であり、1955（昭和30）年には10.8％だったのが、2021（令和3）年には29.5％まで増加している。また、高齢化の進展とともに高齢者のいる世帯の4分の1は高齢者の単独世帯とい

*3　ドーナツ化現象
大都市の中心部の居住人口が地価の高騰や生活環境の悪化などのために減少し、周辺部の人口が増大して人口分布がドーナツ状になる現象。

図1－3　65歳以上のいる世帯の世帯構造の年次推移

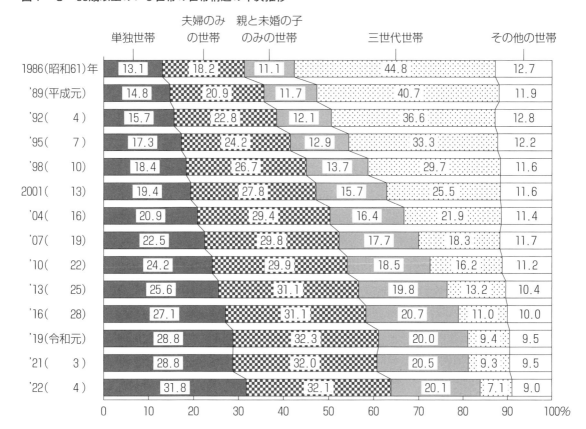

注：1）1995（平成7）年の数値は、兵庫県を除いたものである。
　　2）2016（平成28）年の数値は、熊本県を除いたものである。
　　3）2020（令和2）年は、調査を実施していない。
　　4）「親と未婚の子のみの世帯」とは、「夫婦と未婚の子のみの世帯」及び「ひとり親と未婚の子のみの世帯」
　　　をいう。
資料：厚生労働省「2022年　国民生活基礎調査の概況」https://www.mhlw.go.jp/toukei/saikin/hw/
　　　k-tyosa/k-tyosa22/dl/02.pdf（2023年12月27日閲覧）

う状況である（図1－3）。

　平均世帯人員は、1955（昭和30）年には4.68人だったものが、1990年代に
3人を下回り、2021（令和3）年には2.37人まで減少した。さらに児童のい
る世帯は2021（令和3）年で20.7％にまで減少し、現在、多人数世帯及び児
童のいる世帯はわが国においては、マイノリティな存在となってきている。
家族（家庭）の機能は、その構成員の生活を維持し保障するという生活保持
機能を基本としているが、世帯の縮小化にともなう家族機能の低下により、
子育てや介護などの家庭内での福祉機能を補完する社会的サービスの需要が
高まっている。

❷ 生活課題と社会福祉

① 保育や子育てをめぐる課題

▼保育をめぐる問題

わが国の家庭のイメージは、高度経済成長期に「サラリーマンの父親と専業主婦の母親に子どもが2人」というモデルが定着し、このモデルをもとに、社会保障やさまざまな社会基盤の整備が行われてきた。

2020（令和2）年には、子どものいる夫婦世帯のうち「夫就業・妻非就業」（いわゆる専業主婦世帯）の割合は約22％であるのに対し、共働き世帯は約55％であり、33ポイントの差がある（表1－1）。つまり、母親が自宅で子育てに専念している割合よりも、共働きで子育てをする世帯の割合の方が高い。

核家族世帯、あるいはひとり親世帯で未就学児を子育てしながら働くには保育サービスが欠かせない。政府は家族形態や就労形態の変化に応じるべく保育所などの整備に尽力しており、待機児童数は年々減少傾向にあるものの、100人以上の待機児童を抱えている市町村が存在している。さらに、隠れ待機児童[*4]や認可外保育施設利用者を含めると、保育サービスを利用できずに育児休暇延長や就業をあきらめざるを得ない人など、数値に表れない潜在的需要の高さも指摘されている。

わが国では少子化対策および、男女共同参画社会（性差なく個々人の自己実現が図れる社会）の推進において、子どもを育てながら働きたい人も安心して就労できる社会の構築をめざして子育て支援策の充実を図るために、「こどもまんなか」社会を理念に、子どもにかかわる政策全体のリーダー的役割を担うために「こども家庭庁」が2023（令和5）年4月に発足した。

[*4] 隠れ待機児童
家からの距離が近い保育園、兄弟姉妹が同じ保育園などを希望しているものの入所できず、「特定の園を希望している」「育児休業を延長している」などのケースだと判断され、国および地方自治体の待機児童数にカウントされていない子どものこと。

表1－1　共働き世帯の状況

項　　目		世帯数	割合
夫婦のいる一般世帯		28,058,120	100%
	うち子どもあり	15,937,119	100%
共働き世帯		13,206,934	47%
	うち子どもあり	8,771,986	55%
夫就業・妻非就業		5,816,497	21%
	うち子どもあり	3,561,968	22%

資料：総務省統計局「国勢調査」2020年

▼子育てをめぐる問題

核家族化や都市化、地域のつながりが希薄化しているなかで、子育ての「密室化」も問題となっている。子育ては、子どもの成長を実感し喜びや充実感を与えてくれる一方で、乳幼児期は24時間365日休む間もなく、母親がその大部分を一人で担っているといっても過言ではない。父親の育児参加の意識は高まりつつあるが、労働時間との兼ね合いで、現実的に子育てや家事にかかわることのできる時間は限られてくる。近くに祖父母など頼れる人がいなければ育児は孤立し密室化していき、母親が精神的に追い詰められ、ストレスから児童虐待につながるケースもみられる。

近年、少子化できょうだいも少なく、自分が親になってはじめて赤ちゃんに触れるという人も増えている。育児モデルをもたない親は、情報化社会のなかで、さまざまな育児情報に振り回され疲れ果ててしまうこともある。

子育ての密室化や情報に振り回される子育てから親を解放するには、地域のなかで当事者同士がつながることのできる場を提供することが有効といわれている。公的な支援だけでなく、育児サークルなど地域活動によって、子育てする親をつなぎ、悩みや不安を共有するだけでも子育てする親の精神的負担は軽減される。子育て支援はフォーマル（公的）なサービスだけでなく、インフォーマル（私的）な面からのアプローチも欠かせない。地域福祉の視点から第11章でさらに学びを深めてほしい。

②　高齢者の介護をめぐる課題

わが国は医療の進歩や公衆衛生の向上などにより、平均寿命は世界の最高水準に達した一方で、要介護状態の高齢者の増加とその介護が大きな課題となっている。三世代世帯が減少し、核家族世帯や単独世帯が増加した現代社会では家族だけで介護を担うことは難しい。そこで、介護を社会全体で支えるしくみとして2000（平成12）年に創設されたのが、介護保険制度である。

介護保険制度は、市町村を保険者とする社会保険制度であり、加齢および障害などにより要介護状態になった場合に、要介護度に応じた介護サービスを利用できる（詳しくは第10章参照）。

介護保険の創設以降、要介護者数は増加傾向にあり、制度発足直後の218万人（2000年）から684万人（2021年）と３倍以上に増加している。これにともない、介護サービスにかかる費用が増加し、65歳以上が支払う保険料（第１号被保険者）の全国平均は、第１期（平成12～14年度）に月額2,931円であったが、第８期（令和３～５年度）は月額6,014円まで上昇している[5]。

＊5
介護保険の費用の半分は税金でまかなわれている。65歳以上の被保険者の保険料でまかなわれる負担割合は全体の21％である。

要介護者が増加することにともない、介護費用の負担や介護サービスを担う介護人材の確保は待ったなしの課題となっている。さらに認知症の高齢者が増加している現状もあり、その介護や予防など解決すべき課題は山積している。

③ 貧困と格差をめぐる課題

▼貧困と格差

近年、世界単位での経済危機や世界情勢の不均衡など、日本経済をめぐる環境は激変し、雇用や就業に大きな影響を与えている。たとえば、リストラや合理化といった人件費の抑制により正規雇用は減少し、代わりに非正規雇用（パート、アルバイト、派遣・契約社員）が増加していることは周知のことであろう。

雇用の不安定、低賃金、失業などは、貧困に結びつきやすい。近年、ナショナルミニマム（国が保障する最低限度の生活）の最後の砦といわれる生活保護の受給者が増大している。それまで多くを占めていた高齢者世帯や傷病者、障害者世帯に加え、失業や倒産などによる収入の減少によって生活保護受給者数が増えている。

貧困は怠惰など本人に原因があると考えられがちだが、実は社会的な構造により貧困が生み出されていく。景気動向の悪化によって、働きたくても正社員で採用されず、非正規雇用で働かざるを得ない若者も増加している点を考慮すると、本人の怠惰と切り捨てることはできないであろう。

また、貧困や低所得の問題は、単に収入が少ないといった経済的側面だけで生じるわけではなく、家族関係や住居、教育など生活における多様な要因が絡み合って生じてくる。たとえば、子どもの頃の貧困が、教育を受ける機会や質を制限し、自己評価を低くするなどの影響を与える。そして、就労の機会も選択肢が制限されることで、貧困の再生産を引き起こす割合が高いといわれている。このことがさらなる貧困の世代間継承（連鎖）となっていく。つまり「機会の不平等」が「結果の不平等」を拡大し、貧困の連鎖を招くことになる。

▼ソーシャルインクルージョン（社会的包摂）

近年わが国でも認知されはじめた「ソーシャルインクルージョン」（社会的包摂）という概念がある。これは、「ソーシャルエクスクルージョン」（社会的排除）という概念とは対をなす。ソーシャルエクスクルージョンとは「社会のなかで十分なつながりをもつことができない層」や「社会的に抑圧

されている層」といった社会的に排除されている人々（状態）を指している。

　2000（平成12）年12月に厚生省（当時）でまとめられた「社会的な援護を要する人々に対する社会福祉のあり方に関する検討会報告書」では、「従来の社会福祉は主たる対象を『貧困』としてきたが、現代においては、『心身の障害・不安』（社会的ストレス問題、アルコール依存、等）、『社会的排除や摩擦』（路上死、中国残留孤児、外国人の排除や摩擦、等）、『社会的孤立や孤独』（孤独死、自殺、家庭内の虐待・暴力、等）といった問題が重複・複合化しており、こうした新しい座標軸をあわせて検討する必要がある」[1]と指摘している。

　このような人々を排除するのではなく、社会のなかで包み込みながら支援していく社会をめざす「ソーシャルインクルージョン」（社会的包摂）の考え方をふまえ、社会的に弱い立場にある人々を社会の一員として包み、支え合う社会を築く必要があろう。

④　保育と社会福祉

　以上、私たちが直面するであろう生活課題を取り上げた。もちろん社会福祉が対象とする生活課題はこれだけではない。また、保育士をめざす人や保育士として活躍している人にとって、保育をめぐる課題だけが自分たちの対応する範囲と考えてはいけない。

　保育士は、児童福祉法に定められた社会福祉の専門職であり、児童福祉法で保育士とは、「児童の保育及び児童の保護者に対する保育に関する指導を行うことを業とする者」と定め、保護者へのかかわりも明記している。また、保育所保育指針では、「家庭や地域の様々な社会資源との連携」を図りながら保育所を利用している保護者に対する子育て支援および地域の保護者などに対する子育て支援を担う役割を明記し、社会資源と連携した取り組みを求めている。

　保育士は、実践の場における子どもとのかかわりを通して、絡み合う社会の多様な生活課題と向き合うことになるだろう。それらの課題解決に向けては、社会福祉の理念や制度、方法などの知識が必要となる。このことから「社会福祉」という科目が保育士養成課程の必修として位置づけられているのである。

　たとえば、社会福祉の理念や歴史を学ぶことで、保育士の立ち位置を知ることになる。そして、支援の理論を学ぶことで人へのかかわりにおける配慮すべき点を知ることができる。

また、保育士だけでは解決できない問題に直面したとき、社会福祉の専門機関や専門職の存在および関連法律や制度の活用、地域への働きかけのための方法など、社会福祉の学びが役立つこととなろう。

　次章以降の社会福祉に関する基本的知識は、実践の場で散見する生活課題に直面したときに、きっと保育士としてのあなたを支えてくれることであろう。

まとめてみよう

① 　人口の高齢化と少子化によって、医療や年金、介護などの社会保障は、どのような課題を抱えているのかまとめてみよう。
② 　三世代世帯が減り、核家族世帯や単独世帯が増えたのはなぜだろう。また、それによって、家族の関係や機能がどのように変わったかをまとめてみよう。
③ 　保育士をめざすみなさんが、社会福祉を学ぶ意味について考え、まとめてみよう。

【引用文献】
１）厚生労働省ホームページ「社会的な援護を要する人々に対する社会福祉のあり方に関する検討会」報告書（平成12年12月８日）
　　http://www1.mhlw.go.jp/shingi/s0012/s1208-2_16.html（2011年10月19日）

【参考文献】
内閣府『令和５年版　高齢社会白書』日経印刷　2023年
内閣府『令和４年版　少子化社会対策白書』日経印刷　2022年
厚生労働統計協会編『国民の福祉と介護の動向　2022/2023』厚生労働統計協会　2022年
狭間香代子・橋本好市編『少子高齢社会と生活支援』みらい　2010年
岩田正美『現代の貧困—ワーキングプア/ホームレス/生活保護』筑摩書房　2007年

第2章　社会福祉の考え方と役割

そもそも、社会福祉って何だろう？

みらいさん　社会福祉という言葉を耳にしない日がないほど、当たり前のように使われるようになりましたが、そもそも社会福祉ってどういう意味なのですか？　社会福祉って、経済的に困っている人や高齢者、障害のある人、親のいない子どもなど、何か助けが必要な特別な人だけが対象なのですか？

こういち先生　もちろん、社会福祉はそれらの人たちが関係するものだけど、何らかの困難を抱える特定の人だけのものではありません。福祉という語には、「福」と「祉」というどちらも「幸い、幸せ」という意味があるのですよ。

みらいさん　う〜ん、どういうことなのかしら。「幸せ」を意味するということは、私も含めた社会のなかで生活しているすべての人の幸せを考えることが社会福祉ってことになるのかしら。

こういち先生　そうだよ。ただ、幸せというのは、人の主観的なものですから、幸せの考え方や感じ方は人それぞれですね。

みらいさん　あっ！　それ、わかります。だって何不自由ないようにみえるお金持ちの人でも家族との不和などで悩んでいるという人もいますよね。そうなると、社会福祉の範囲や対象者ってどのように考えればいいのかしら？

こういち先生　よい気づきですね。社会福祉は、権利の観点からすると、すべての人々を対象としているけれど、一人ひとりの価値観をすべて優先していると社会制度は成立しないから、社会福祉も法制度や政策というある程度の枠組みのなかで、その考えや範囲と対象者を規定しているのです。

みらいさん　何だか難しくてわからなくなってきたわ……

こういち先生　そうだね。では、社会福祉の本来の考え方、つまり、理念といわれるものと実際の法制度や政策とを分けて考えてみたらどうかな？

みらいさん　社会福祉の考え方と法制度や政策とは違うものなの？

こういち先生　もちろん社会福祉に関する法制度や政策は、社会福祉の考え方に基づいて成り立っているけど、現実にはその法制度や政策の網の目からこぼれ落ちたり該当しない人もいるからね。

みらいさん　そういえば福祉を利用したくてもできない人の話を聞いたことがあるわ。

こういち先生　本来の社会福祉の考え方とその役割を正しく学ぶことで、社会福祉の法制度、政策の必要性と現状に抱える課題と今後の在り方についても考えるきっかけとなるからね。
　では、この章で社会福祉の考え方と役割について学んでいこう。

❶ 社会福祉の概念（社会福祉の理念）

① 社会福祉の固有性

　社会福祉には、人々の生活と密接にかかわり、人間らしい生活を送るということへの行為がその意味に含まれていく。そのため、社会福祉は、国、時代、民族、政治、経済、文化などを背景とした人々の生活と、そこに生きる人々の生活課題、社会問題に対して、権利の枠組みから常に現状をふまえた必要性の観点から発展してきたといえる。

　また、社会福祉は、個人の生活課題、社会問題を単に現象としてとらえるのではなく、そのなかから、社会福祉が取り組むべき問題を発見し、さらにその問題解決のための支援（援助）の原理、原則、あるいは制度と実践、社会関係などのさまざまな要素を用いて、総合的な視点で考えるものである。つまり個人（対象者）の生活を社会関係、社会資源等の観点からとらえ直すことが社会福祉の固有性といえる。

② 社会福祉の定義─広義の社会福祉と狭義の社会福祉

　社会福祉は、広義の意味として人間らしい生活、幸せな状態をつくることなどを指して用いられる場合と、狭義として現実的な政策、制度、実践などを指して用いられる場合がある。前者を目標概念あるいは理念型社会福祉といい、それに対して後者を実体概念、実践型社会福祉という。

　すべての人の人間らしい生活、幸福な状態を明確に定義することは難しい。物質的に豊かでなくても、にこやかに笑顔でいきいきと生活している人もいれば、大都会で何不自由なく快適に過ごしているようにみえても不満を抱え、不幸だと思いながら生活している人もいる。目標概念、理念型社会福祉からみると、すべての人、一人ひとりに人間らしい生活、幸せな状態を追求する権利があり、その実現こそが社会福祉であるとする考え方となる。このことが、社会福祉の法制度や政策、さらにはその実践における社会福祉のめざすべき方向性を意味づける重要な理念となる。

　一方で実践型社会福祉は、実際の人々の生活問題をはじめ社会問題のなかにある人間らしく生きることにかかわる問題に取り組む行為（実践）でもある。それらの問題解決のために関連する法制度や施策、社会的サービスとそれらを具体的に有効かつ適切に結びつけるための専門的支援などの実践的側

面から、対象者の生活の質を向上させていくための社会福祉と考えることができる。

③　社会福祉の枠組み

　社会福祉は、不利な状況にある特別な人々や集団が利用するというイメージが根強い。本来、生存権（第4章〈59頁〉参照）の精神に則るならば、その範囲は「すべての国民が利用可能な権利システムとしての社会福祉」という解釈がなされる。

　日本国憲法の第25条に明記されている「社会福祉」は、「社会保障」や「公衆衛生」と並列に明記されている。これらの位置づけを明確化し、社会保障制度の枠組みを提示したものが、1950（昭和25）年の社会保障制度審議会「社会保障制度に関する勧告」である。

　この勧告では、社会保障制度とは「疾病、負傷、分娩、廃疾、死亡、老齢、失業、多子その他困窮の原因に対し、保険的方法又は直接公の負担において経済保障の途を講じ、生活困窮に陥った者に対しては、国家扶助によって最低限度の生活を保障するとともに、公衆衛生及び社会福祉の向上を図り、もってすべての国民が文化的社会の成員たるに値する生活を営むことができるようにすること」と説明している。

　その上で、社会福祉を「国家扶助の適用をうけている者、身体障害者、児童、その他援護育成を要する者が、自立してその能力を発揮できるよう、必要な生活指導、更生補導、その他の援護育成を行うことをいうのである」と規定した。このように、社会保障の概念は「社会保険、公的扶助、公衆衛生、社会福祉」の4つの領域で構成し、「社会保障」をこれら4領域の上位概念として位置づけている[*1]。

*1
図4−1（60頁）を参照。

④　社会福祉研究者による社会福祉の定義

　現代社会において、社会福祉という用語は多種多様な意味で用いられている実情がある。この背景には、人間の幸福追求や現実の社会生活の維持・向上、社会生活上の問題を解決するための活動・法律・制度・政策、目的・理想・理念を意味するものなど、多様な使用が可能であることがその要因といえるであろう。

　「社会福祉」という言葉の性格上、抽象的となりがちであることは避けられないが、保育士として社会福祉のとらえ方と対象、社会福祉におけるニー

ズなどの専門的・具体的な理解は、社会福祉専門職として必要不可欠である。

そこで、代表的な社会福祉の定義を確認していく。

▼岡村重夫

最低生活の経済的保障を目的とする社会保障制度は、個人の経済生活という特定の側面にかかわる専門分業制度であって、個人のもつ社会関係の客体的側面にかかわるのに対して、社会福祉は社会関係の主体的側面にかかわる社会的援助である[1]（この考え方はその名をとって「岡村理論」と呼ばれることもある）。

▼嶋田啓一郎

社会福祉とは、①その置かれたる一定の社会体制のもとで、②社会生活上の基本的欲求を巡って、③社会関係における人間の主体的および客体的諸条件の相互作用より生起する諸々の社会的不充足あるいは不調整に対応して、④個別的又は集団・コミュニティ的に、その充足・再調整、さらに予防的処置を通して、諸個人、集団、コミュニティの社会的機能を強化し、⑤社会的に正常な生活標準を実現することによって、全人的人間の統一的人格を確保し、以って基本的人権を確立しようとする公的および民間的活動の総体を意味する。⑥斯かる目的を実現するために、社会福祉活動は、（イ）損傷された能力の回復、（ロ）個人的・社会的資源の提供、（ハ）社会的機能障害の予防の三機能を包含する[2]。

▼孝橋正一

資本主義制度の構造的必然の所産である社会的問題にむけられた合目的・補充的な公私の社会的方策施設の総称であって、その本質の現象的表現は、労働者イコール国民大衆における社会的必要欠乏の（社会的障害）状態に対応する精神的・物質的な救済・保護および福祉の増進を、一定の社会的手段を通じて組織的に行うところに存ずる[3]（この考え方はその名をとって「孝橋理論」とよばれることもある）。

▼糸賀一雄

社会福祉ということばは、…中略…「社会」という集団のなかにおけるひとりひとりの「幸福な人生」（福祉）を指すものである。社会福祉といっても、社会という集団が全体として「福祉的」でありさえすればよいというのではない。つまり社会が豊かであり、富んでいさえすれば、そのなかに生きている個人のひとりひとりは貧しくて苦しんでいるものがいてもかまわないというのではない。社会福祉というのは、社会の福祉の単なる総量をいうのではなくて、そのなかでの個人の福祉が保障される姿を指すのである[4]。

▼仲村優一

　狭義の社会福祉は、所得保障、医療、教育、司法等の市民生活に直結する社会的諸制度と並ぶ一つの社会制度である。

　社会福祉実践とは、社会福祉の制度体系の中で、その制度の機能の一端を分業して担う従業者が、一定の理論にもとづき、制度のもとで提供されるサービスを利用する人（クライエント）とその状況を変化させ、クライエントの課題解決を助けるための意識的行動である。

　社会福祉は、貧困・疾病・心身の障害などが原因となって正常な一般生活ができないか、そのおそれのある人または家族を対象として、その生活を援助する事業もしくは活動の体系である[5]。

▼一番ヶ瀬康子

　福祉をめぐるところの社会方策あるいは社会的努力である。「福祉とは」何かというと、広くとらえれば"幸福"とか"幸せ"とか言われておりますが、狭くとらえますとその幸福や幸せの前提になる"暮らしむき"あるいは"幸福追求のための暮らしの条件"である、というようにいえる[6]。

▼社会福祉の定義を吟味する

　ここまでみてきた社会福祉の定義を検討してみると、社会福祉とは抽象的な「幸福」概念を基礎としつつも、すべての国民をその対象ととらえながら理論構築と具体化を図りつつ、国民の生活（健康）が一般的（一定の）水準に到達できるように個人やその家族、集団や地域・社会に対する支援を意図的・無意図的に行うための基盤となる社会福祉法制度および社会福祉サービス（実践）からなる総体的な体系といえる。具体的には、対象（者）へのサービス提供などの介入により、その対象（者）が有する諸能力を十分に活用・発達（発展）できるように個人的・社会的諸関係の調和を図り、人間らしい生活を可能とすることをめざすものであろう。

② 社会福祉の構造

① 社会状況と社会福祉

　社会福祉は、近現代史における人々の生活とともに発展してきた。社会のしくみに密接にかかわり、特に、資本主義を社会的基盤にしている日本では、国民の多くが賃金労働者であり、それらは産業や経済状況の景気の変動などに大きく影響を受ける。現行の社会福祉関連法が制定されていく背景においても高度経済成長という社会変動と、それにともなう家族機能の変化、公害

による環境破壊・虐待や貧困などの新しい社会福祉問題への対応を図る経緯から発展してきたのである。このように社会福祉は、人々の生活している社会変動と密接に関連しながら、予防的、事後的な対応策として発達してきた。このような性質上、保育士など社会福祉の専門職をめざす人は、社会変動に敏感になり、情報感度を高め、未来的な予測（見通し力）と洞察力を培いながら現代の社会福祉問題を意識的に模索し続けなければならないのである。

　今日の少子高齢化・人口減少という社会状況において、社会福祉における高齢者福祉、障害者福祉の分野では医療、介護、年金、後期高齢者などの課題、子ども家庭福祉の分野では少年犯罪、虐待、いじめ、不登校、待機児童、少子、保育、子育て支援などの課題といった、喫緊に取り組まなければならない状況に直面している。あわせて、それらの社会福祉課題・生活課題に対応可能な専門職養成、福祉人材確保・育成・定着も社会福祉全体の課題となっている。

②　社会福祉の視点と役割

▼基本的人権、生存権保障としての社会福祉

　社会福祉の制度や政策の基本理念は、日本国憲法に規定する基本的人権の保障、生命、自由および幸福追求権、健康で文化的な最低限度の生活を営む権利（生存権）などにみることができる。なかでも、生存権は、社会福祉に関する国の努力義務と国民の最低生活の保障（ナショナルミニマム）に直結している。これらの権利保障は、制度や政策として実施されることで実現できるものであり、ナショナルミニマム*2の考え方は、生活保護法による最低生活保障(基準)に示される代表的な例としてみることができる。

　つまり、社会福祉は、国民の基本的人権、生存権を保障するための国および地方公共団体が担うべき社会サービスを具現化した機能と制度、役割ということができる。

▼社会福祉の観点

　国家責任としての「生存権」保障と社会福祉の増進を考えるならば、社会福祉関係法制度に基づく社会福祉サービスが、人間らしい生活を営むことや生活改善へとつながらなければならない。

　それは、国民に人間らしく生きる・生きていくこと・生きていくための保障を権利（生存権）として充足していくことを基本理念に成り立つものである。社会福祉の利用者を慈善や劣等の対象としてみるのではなく、人間として生まれたからには、すべての国民が人間らしい生活と人生を送るための普

*2　ナショナルミニマム
58頁参照。

32

遍的な権利として、人権を中核に位置づけることが社会福祉の観点であることを実践上での基本的解釈の拠り所として認識しなければならない。

▼社会福祉の固有の視点

社会関係の主体的側面（生活者としての視点）に焦点を置き、社会関係が成立しえない状況を生活上の問題ととらえ、社会関係の全体的調和に向けた支援を行うことが社会福祉の固有の視点であり、各実践の方向性を指し示す基本的な考え方となる。

つまり、社会関係の主体的側面とは、生活していく当事者の立場を意味し、生活上の問題を理解するということは、生活の主体となる生活者そのものへの理解を意味する。このような社会福祉固有の視点は、生活における各関連諸制度などを生活の側面から見つめ直すことにもつながる。

したがって、社会福祉実践者は、生活の主体である生活者自身と同じ立場に立ち、生活問題に対する福祉的理解という視点から、生活者の問題解決への支援を図っていくことを基本とする。

▼生活者の福祉ニーズの発見と充足を図るための社会福祉

三浦文夫は福祉ニーズを「人間が社会生活を営むために欠かすことのできない基本的要件を欠く状態」[8] ととらえ、社会福祉は、この福祉ニーズを発見、解決あるいは緩和、軽減して生活者の自立を支援する機能と役割を担っている。

低所得者、高齢者、障害者、児童など、対象者別に必要とする福祉ニーズは異なる。それゆえ、生活者個々の福祉ニーズを発見し、その改善・充足あるいは再調整を図ることが必要不可欠となる。人々の生活を豊かなものとして保障しえるように、生活の質の向上などを個別状況に応じて対応していくことが重要となろう。

③　社会福祉の構造

社会福祉の制度は、常に、誰が（主体）、誰に（対象）、何のために（目的）、いつ、どこで（時と場所）、どのように行うのか（方法と実践）、と考えると理解しやすい。

▼実践主体

社会福祉実践の主体は、一般に政策主体、経営主体、実践主体の３つに分類される。

政策主体とは、国や地方公共団体を指し、社会福祉施策の予算と事業内容などを決定、実行する。

経営主体とは、国、地方公共団体、社会福祉法人、その他公益法人、企業などの民間団体、個人など社会福祉事業を経営するものを指す。今日では、社会福祉問題の多様化による福祉サービス供給主体の規制緩和に伴い、保育所、特別養護老人ホーム、在宅福祉サービスなどは国、地方公共団体から委託を受けた社会福祉法人が公設民営の形態で経営している場合や、全くの民間組織が経営していることも多い。近年は、民間経営主体が、社会福祉の経営主体の主要な位置を占めている。

　実践主体とは、社会福祉を実践する団体や人々を指す。具体的には、各種の社会福祉従事者、専門職およびボランティア、さらには福祉ニーズをもつ当事者とその家族や団体などである。また、最近では生活者主体の視点から、地域住民や一般市民なども福祉活動を実践する主体として参加していくことが期待されている。その意味において政策主体に対して制度の改善、改革を求めて行動化を図る運動主体としての役割もある。

▼対象と対象領域

　社会福祉の対象は、生活困窮者、保護者のいない子ども、身体障害者、知的障害者、高齢者、単身家庭、疾病者など社会福祉サービスの必要な人々という限定的な考え方をしてきた歴史がある。しかし、現代においては、すべての人々の人間らしい生活、よりよい生活への取り組みも社会福祉の範囲と考えられるようになってきた。

　岡村重夫は、社会福祉の対象とは「社会福祉的援助の取りあげるべき問題」であり、社会福祉サービスを受けている個人や集団を社会福祉サービスの生活者、ないし対象者あるいは社会福祉サービスの利用者という用語を使うほうが望ましい、として区別した。さらに、社会福祉の対象は、すべての個人のもつ社会関係を主体的側面に立つときにみえる生活上の困難であるとして、①社会関係の不調和、②社会関係の欠損、③社会制度の欠陥という区分をしている[9]。

　したがって社会福祉の「対象」と「対象者」について岡村は「社会福祉の援助を受ける対象者のことではない。…略…『対象』は、社会福祉的援助の取りあげるべき問題であり、『対象者』は人間の集団である」[10]と述べている。つまり、社会福祉の支援を行う上での対象とは、その者の社会生活上の困難や課題であり、対象者はその状況下にあるまさに当事者または集団そのものを指している。

　さらに、岡村は社会関係という概念から、生活主体者である当事者の立場からみた社会関係の困難を生活困難と把握するところに社会福祉固有の対象領域が開けると指摘している[11]。

▼**目的**

　社会福祉の目的は、社会福祉の対象が抱える問題（社会関係の不調和、欠損、欠陥）といった福祉ニーズの充足ないしは解決であるが、具体的な社会福祉サービスの目的として、前田大作は「①市場経済制度（market economy）及び社会保険制度だけでは『健康で文化的な最低限度の生活』を維持するに足る収入を得ることのできない人たち、もしくは、将来できなくなるおそれのある人たちに、必要とされる援助を与えること②平均的な市民には一般に与えられている、もしくはその国の現在の文化的水準からいって当然与えられるべきであると考えられる各種の社会的条件を、何らかの理由によって享受していない人たちに対して、生活環境の改変、もしくはその整備をはかることによって、生活の改善、向上をはかること③平均的な市民には一般に与えられている個人としての能力を、恒久的に、もしくは一時的に何らかの理由で失ったり、または不十分である人たちに対して、その欠けているところを補い、あるいはその発達を保障し、もしくは必要な指導・助言を行い、あるいはまた適切な生活の場を与えることにより、可能な限り一般市民と同じような生活ができるように援助すること」[12]の3つをあげている。

▼**いつ、どこで（時と場所）**

　私たちは、生活上のさまざまな社会関係のなかで暮らしている。岡村は「社会関係」とはすべての個人が「社会生活の基本的要求を充足するために、社会制度との間に取りむすぶ関係」[13]と説明しており、現実的な生活行為となるには、個人が社会制度（資源）に関連し合い、それらと社会関係をもつことではじめて具体的生活の主体者となり得る、としている（学校へ行く、会社に勤める、地域の役員になるなど）。したがって、当事者が社会関係から切り離された場合は生活者ということはできないし、また社会関係から切り離された社会制度を生活そのものに含むことはできない。

　この「社会関係」という概念には、社会制度の側から規定される「客体的側面」と、生活主体者である個人の側の条件によって規定される「主体的側面」という二つの構造がある。社会生活とは個人と社会関係との関連によってできあがるものであるから、生活の主体者自身の要求に基づき、その制度やシステムを自らが調整し関連づけ合い調和のとれた社会関係を構成・維持していこうとする行為を「主体的側面」と考える[14]。

　つまり、社会福祉制度のいつ（時）は、社会関係の不調和、欠損、欠陥が生じたその時であり、どこで（場所）は、生活主体者の地域社会で、日常生活の場面で、それまでの暮らしや生活が維持、継続が可能な場所である、ということができる。

▼方法と実践

　社会福祉の方法とは、目的達成のために主体に働きかける活動の手段の総体であり、その具体的取り組みが社会福祉の実践である。

　社会福祉の方法には、広義には①貨幣的ニーズや非貨幣的ニーズに対応する給付の方法、②入所型、通所型、利用型施設など場所を提供する方法、③社会保険、社会手当、公的扶助、社会的サービスなどを社会政策としてとらえる社会的方法、④個別あるいは特定の社会階層に対する個別の援助方法、⑤ソーシャルワークの実践方法、⑥調査、評価、調整など、社会福祉の機能を効果的に実現するための方法などをあげることができる。そして、社会福祉の実践は、福祉ニーズの発見とその対象に対する援助や支援、また社会福祉問題の解決、緩和、軽減、予防など、専門的方法を駆使した具体的取り組みを指している。

　狭義には、専門的支援の方法を指し、主としてソーシャルワーカー（社会福祉士）や保育士などの社会福祉専門職によって期待されるソーシャルワークである。

　しかし、社会福祉の担い手は、必ずしも専門職としてのソーシャルワーカーのみで構成されるわけではない。何らかの生活課題を抱えた当事者同士やその家族による家族会、あるいは地域住民やボランティアの人々による地域のソーシャルネットの構築など、多様な人々の参加協働によって個別のニーズに対応した生活課題への解決も可能となる。

　これらさまざまな社会福祉の方法を工夫し、生活者主体の社会福祉実践の展開がこれからも求められている。

3　保育と社会福祉の関係

① 保育の意味

　保育とは、1879（明治12）年に文部省布達のなかでこの言葉を使用したのが最初といわれるが、この言葉の由来は定かではない。

　1947（昭和22）年に制定した学校教育法では幼稚園の目的として、「幼稚園は、義務教育及びその後の教育の基礎を培うものとして、幼児を保育し」と規定している。その草案を作成した坂元彦太郎は、保育を保護と教育の略でこの語を用いたとしている。同年に公布された児童福祉法では、保育所という名称を用いて、「保育所は、日日保護者の委託を受けて、保育に欠ける

その乳児又は幼児を保育することを目的とする施設とする」と規定した。

　これらの流れを受け、保育とは、乳幼児を対象とした生存保障としての「養護」、成長・発達を助長するための「教育」とが一体となった働きかけであると一般に理解されるようになった。

②　保育と社会福祉の関係

　世界最初の幼稚園の創設者として有名なドイツのフリードリッヒ・フレーベル（F. Fröbel）は、ヨハン・ペスタロッチ（J.H.Pestalozzi）の影響を強く受けたことで知られる。ペスタロッチは、スイスの地方で孤児や貧困児童などの教育に従事した。日本における野口幽香と森島（斎藤）峰によって創設された二葉幼稚園においても、貧民子女のための慈善幼稚園として始まっている。このように、幼稚園の起源には、開拓者による社会福祉的性格をみることができる。

　さらに、日本初の保育所とされる赤沢鍾美夫妻によって設置された新潟静修学校内の託児所をはじめとして、資本主義の発展過程における婦人労働対策、貧困家庭対策としての児童保護事業としての託児保育所施設が開設されていった。そして、1938（昭和13）年に保育施設として認められ、1947（昭和22）年「児童福祉法」において児童福祉施設の一つとして制度化された。

　これらのことからわかるように、保育は、親子や人々の生活の営みのもとで、時代の社会福祉問題に対応するための対応策として発展してきた。まさに社会福祉事業の一分野としての役割を担ってきたといえる。

③　ノーマライゼーションからソーシャルインクルージョンへの系譜

　ノーマライゼーションとは、1950年代以降に起こった北欧の知的障害、精神障害のある人々の生活が施設中心ではなく、地域社会のなかでノーマルな日常生活が実現できるようにしようとした考え方である。主な提唱者には、デンマークのバンク・ミケルセン（N.E. Bank-Mikkelsen）やスウェーデンのベングト・ニィリエ（B.Nirje）などをあげることができる。

　現代社会に至っては、ノーマライゼーションは障害福祉の分野だけでなく、社会福祉のあらゆる分野における基本原理として欠かすことのできない基底的な考え方の一つになっている（第9章参照）。

　さらに、一人ひとりのノーマルな日常生活を保障するという考え方は、個々の生活の質（QOL）の向上をめざすことでもあり、それは、何らかの

支援を必要とする人々だけのものではない。すべての人が社会の一員として社会や地域などから排除されることなく、健康で文化的な生活が実現できる社会づくりを目標とするソーシャルインクルージョン（社会的包摂）[7] へとつながっていくのである。

④ 社会福祉を学ぶ意義

　子どもは一人の人間として尊重されるべき存在であるが、その存在が尊重されるか否かは、その子どもの家族や社会、子どもを取り巻く環境などによって大きく影響する。

　社会福祉は、家族や子どもたちの福祉ニーズに対応する社会的な支援施策として、常に時代の要請に即応したものでなければならない。そのためにも、社会福祉の考え方や役割を理解し、社会福祉の制度・政策・実践方法を学習していく必要がある。また、時代の変遷に応じて変化する社会福祉問題と福祉ニーズなど、社会福祉の特性を理解した上で人間らしい生活、幸せな状態をつくるという普遍的な社会福祉の理念を基盤に、社会の一員である子どもにもその理念が対等に保障されうる実践が求められるのである。

　2001（平成13）年の児童福祉法改正により、保育士が国家資格化された。日本においては、社会福祉関係には社会福祉士、介護福祉士、精神保健福祉士の４種の国家資格がある。したがって、保育士が社会福祉領域の一翼を担う専門職であるという認識をふまえた保育実践でなければならない。

まとめてみよう

> ① 社会福祉の考え方には、大きく分けて２つある。広義の社会福祉と狭義の社会福祉についてまとめ、広義と狭義の社会福祉について自らの生活の場面での具体的な事例をあげて、考えてみよう。
>
> ② 福祉ニーズは、低所得者、高齢者、障害者、児童等、自らの立場や置かれた環境によって異なる。それぞれの立場に立ってどのような福祉ニーズがあるのか、考えてみよう。
>
> ③ 子どもとその保護者にかかわるとき、社会福祉専門職である保育士として必要な視点と心構え、今後の学習によって身につけていかなければならない事柄とに分けて考えてみよう。

【引用文献】

1）岡村重夫「序にかえて」『社会福祉原論』全国社会福祉協議会　1983年

2）嶋田啓一郎編『社会福祉の思想と理論—その国際性と日本的展開—』ミネルヴァ書房　1980年　pp.3−4

3）孝橋正一『社会事業概論』ミネルヴァ書房　1960年　p.48

4）糸賀一雄『福祉の思想』日本放送出版協会　1968年　p.67

5）仲村優一『仲村優一社会福祉著作集第一巻　社会福祉の原理』旬報社　2003年　p.113・p.117・p.166

6）一番ヶ瀬康子編『新・社会福祉とは何か』ミネルヴァ書房　1990年　p.8

7）「社会的な援護を要する人々に対する社会福祉のあり方に関する検討会」報告書　2000年　厚生省

8）三浦文夫「ソーシャルニーズ」仲村優一編『現代社会福祉事典』全国社会福祉協議会　1988年　p.329

9）岡村重夫『前掲書』pp.104−113

10）岡村重夫『前掲書』p.106

11）岡本民夫・小田兼三編『社会福祉援助技術総論』ミネルヴァ書房　1990年　p.31

12）前田大作「地域福祉の概念とその推進方策」所収—『現代社会福祉学』八千代出版　1976年　p.144−146

13）岡村重夫『前掲書』p.84

14）岡村重夫『前掲書』pp.83−92

【参考文献】

厚生労働統計協会編『国民の福祉と介護の動向　2014／2015』厚生労働統計協会　2014年

池田敬正『福祉原論を考える』高菅出版　2005年

岡村重夫『社会福祉原論』全国社会福祉協議会　1983年

小田兼三編『社会福祉概論—看護・保育・福祉実践のために—』ミネルヴァ書房　1986年

保田井進編『改訂 社会福祉の理論と実際—21世紀、福祉社会の構築にむけて』中央法規出版　2001年

古川孝順『児童福祉改革—その方向と課題—』誠信書房　1991年

森上史朗他編『保育用語辞典　第6版』ミネルヴァ書房　2010年

第3章　欧米と日本の社会福祉のあゆみ

📖 社会福祉の歴史をなぜ学ぶのだろう？

みらいさん　私たちは、これから保育士になるのだから、今の社会福祉の制度や方法について学ばなければいけないのは分かるんですけど、どうして社会福祉の歴史まで学ばないといけないのですか？

こういち先生　私たちの生活は、生活保護や児童福祉、高齢者福祉、障害者福祉など、多様な福祉制度やサービスを活用しながら生活の保障がなされているんだよ。でも、現在のように私たちの生活が保障されるようになったのは、そう遠い昔のことではないんだ。

みらいさん　最近のことですか！ではそれまでは、福祉はなかったのですか？

こういち先生　今のように、きちんと法律で定められたような福祉制度ではなかったんだ。昔は、「施し」や「慈善」としての救済だったのです。そのような個人の取り組みや活動が積み重なるなかで、戦後の日本国憲法が公布・施行されて、ようやく国民が人間らしく、安心して生活できるための権利という形で、すべての国民が平等な立場を保障される福祉ができあがってきたのです。最初は第二次世界大戦後の被災者や戦災孤児など緊急な救済対策として法律がつくられ、その後、福祉に携わった人たちの努力によって、今のような様態が形づくられてきたのです。

みらいさん　そうなのですか。歴史を学ぶことで、その時代の人々の困りごとや社会情勢によって、どのように変化し続けてきたかがわかり、今の福祉制度の意味がより理解できるということですね。

こういち先生　そのとおりです。

みらいさん　でも、ひと言で歴史を学ぶといっても、どのような点を学べばいいのですか？

こういち先生　日本や西洋を問わず、貧困や生活問題によって、安定した生活を送れない人々はたくさんいました。それらの生活問題をどのように克服してきたか、その努力を知ることは必要ですね。そのためには、社会福祉を必要とする人々の視点に立って、その時代の社会状況のなかでどのような生活が営まれ、困難が生じたのか、そして、誰がどのような考えで行動したか、福祉を担った人々の考え方や価値観に立ってどう実践したか、ということを想像しながら歴史を学んでいきましょう。

1 イギリスにおける社会福祉の歴史

① 中世期の貧民救済と旧救貧法

10世紀頃の中世ヨーロッパの封建社会は、荘園における封建領主と農奴の関係が基盤にあり、病人、障害児（者）、老衰者、孤児などの生活は、村落共同体（小さな村を中心とした社会）を基礎とした血縁・地縁による相互扶助による助け合いが基本であった。11世紀のギルド*1を中心とする中世都市の生活においても、中世キリスト教の教区が貧民や困窮者を援助する共同体であり、相互扶助を基本として、貧民救済が行われていた。

しかし、中世封建社会が資本主義社会に移行する過程で、封建家臣団*2の解体、囲い込み運動*3、疫病の流行、凶作、修道院の解散などによって、大量の貧民、浮浪者、犯罪者などが増加した。そのため、イギリスでは、国家的な対応として1601年に「エリザベス救貧法」（旧救貧法）*4が制定された。

17世紀、市民革命によって絶対王政が崩壊し、資本主義体制が成立すると、労働可能な貧民をワークハウス（労役場）*5に収容して、労働に従事させる思想が適用された。これは、安い労働力を管理・確保するためのものであり、貧民救済を抑制すると同時に貧民を労働力として育成していた。

② 産業革命と新救貧法の制定

18世紀後半からのイギリスにおける産業革命は、労働形態の変化によって失業者を生み出し、さらに工場労働者は長時間労働や劣悪な労働環境のなかで労働を課せられた。特に女性と子どもは安い賃金で使われ、児童労働も社会問題となっていった。このような労働者を守るために、1802年に世界で最初の「工場法」*6が制定された。

失業者の増加に対応するための貧民救済は、これまでの労役場で行われていた「院内救済」*7に加え、「院外救済」*7を認めた「ギルバート法」（1782年）、「スピーナムランド制度」*8（1795年）が定められた。しかし、これらの政策によって救済費は拡大し、社会的批判を招くこととなった。

これに対応するために、1834年「新救貧法」が制定され、貧民救済は引き締められた。これは、救済を最少限に抑え、労働者に自活を求めることを意図したもので、院内救済を原則とした。そのため、労役場では老衰者、障害者、病人、貧窮児童などは劣悪な生活環境のなかで一緒に収容されていた。

---

*1 ギルド
中世ヨーロッパの都市で発達した独占的・排他的な同業者組合をいい、商業ギルドが11世紀、手工業ギルドは12世紀に成立した。

*2 封建家臣団
封建社会における支配層（主君）に仕える家臣層・家臣の集団。フランスとの百年戦争やバラ戦争以降の戦乱によって、家系を絶やした貴族の家臣や使用人が解雇された。

*3 囲い込み運動
14〜15世紀に行われた農業革命の主要産業であった毛織物を発展させるために、農民から土地を奪い羊の放牧場を拡張し、毛織物産業を重視した政策が行われた。土地を追われ生産手段を失った農民は、浮浪者となり都市部に大量に流出した。

*4 エリザベス救貧法
労働能力の有無を基準に、貧民を労働不能者、労働可能者、子どもの3種に分類した。労働不能者に対しては生活扶助、労働可能者に対しては就労を強制した。子どもに関しては、祖父母、直系家系に対し扶養義務を定め、不可能な者に対しては、男子は24歳まで、女子は21歳もしくは結婚するまで、徒弟奉公に出された。

*5 ワークハウス
英国救貧法における救済方法の一つである院内救済を行う施設。ワークハウスでは、労働可能な者を収容し労働を課すもので、当初は報酬を与える作業場として設立された。

③　慈善組織協会の創立とセツルメント運動のはじまり

　救貧法の適用を受けない貧民者、孤児、浮浪児に対しては、篤志家による慈善事業が行われていた。1869年に設立された「慈善組織協会」（COS：Charity Organization Society）は、地区ごとの要救済者の調査、民間の慈善事業の連絡調整、友愛訪問による援助などを行った。この活動は後にアメリカ合衆国に渡り、ソーシャルワークへと発展していく。さらに、貧困を個人の問題としてではなく、労働者階級の貧困としてとらえ、資本と賃労働という社会関係のなかで貧困が生み出される考え方があらわれた。これにより、貧困層の生活を改善して社会改良を図るセツルメント運動[*9]が始まった。その拠点として、1884年にバーネット夫妻らは「トインビー・ホール」を設立した。

　20世紀初頭に入ると、さらに貧困の原因を社会に求め、その救済を社会の責任とする社会事業の概念が生まれた。ブース（C. Booth）のロンドン調査や、ラウントリー（B.S. Rowntree）のヨーク調査などによって、両市民の約3割が貧困状態にあることが明らかとなった。これらの調査から、貧困は個人の問題ではなく、低賃金と雇用の不安定が貧困の原因であることが指摘され、貧困の社会的救済と予防のための動きが出てきた。その結果、1908年「老齢年金法」、1911年「国民保険法」が成立した。

④　第二次世界大戦後の福祉国家体制の確立

　第二次世界大戦後のイギリスは、「ゆりかごから墓場まで」のスローガンによる福祉国家をめざしていく。1942年に発表された「ベヴァリッジ報告」では、家族手当、無料医療サービス、完全雇用を社会保障の不可欠を前提条件とし、老齢、傷病などによって収入が得られない貧困者に対して、社会保険による社会保障を確立することを計画した。そして、ベヴァリッジ報告に基づく社会保障の諸立法によって、社会保険と国民保健を中心とするイギリスの社会保障が整備されていった。これにより、国家が国民の生活を保障する初の「福祉国家」体制が確立した。

　その後、1968年に対人福祉サービスを中心とした保障を目的とする「シーボーム報告」が出され、個人単位ではなくコミュニティを基盤とした家族サービスの提供を焦点に、地方自治体に社会サービス部を設置し、家族の生活支援を包括的に実施することなどが提案された。これを受けて、1970年「地方自治体社会サービス法」が制定され、地方自治体社会サービス部に対人福祉サービスを統合したコミュニティ・ケア方式[*10]へと転換した。

*6　工場法
児童の労働時間を1日12時間以内に規制し、深夜業を禁止した。1819年の工場法では、9歳以下の児童の労働を禁止し、16歳以下の児童の労働時間は12時間以内とした。

*7　院内救済・院外救済
院内救済は救貧法対象者を収容保護する方法で、収容施設として、労役場、救貧院、懲治監などがある。院外救済は居宅のまま保護する方法をいう。

*8　スピーナムランド制度
賃金補助制度。パン価格と家族員数に応じて算定された最低生活費水準に基づき、生活費を支給した。

*9　セツルメント運動
失業、疾病などによる貧困問題が多い貧困地区に宿泊所・授産所・託児所その他の施設を設け、住民の生活向上のための支援や教育を行う社会事業。19世紀にイギリスのロンドンにおいて、バーネット夫妻が設立したセツルメントハウスであるトインビー・ホールにオックスフォード大学やケンブリッジ大学の教員および学生が住み込み、地域住民との交流を通じて行われた草の根の相互扶助活動。

*10　コミュニティ・ケア方式
1950年代から行われたコミュニティ・ケアは、コミュニティで暮らす精神病患者や精神障害者などに対する地域ケアに重点がおかれていた。しかし、シーボーム報告により、コミュニティ・ケアの形成を地方自治体の責任とし、地方自治体による福祉政策は、関連する社会資源やサービスを用いた広範囲な対象者のためのコミュニティによるケアに焦点をおいた。

イギリスでは、1970年代の経済危機をきっかけに「福祉見直し論」が唱えられた。1979年のサッチャー（M. Thatcher）政権発足以降、イギリスの福祉国家政策は大きな転換を迎えた。金融・財政の引き締め、公有企業の民営化などの対策がとられ、社会福祉・社会保障の支出削減などが図られた。このように福祉に関する国の責任は大きく縮減されたが、地域レベルでのサービスは強化された。

1980年代に入り地域福祉のあり方が論じられ、1988年に提出された「グリフィス報告」[*11]をもとに1990年には「国民保健サービス及びコミュニティケア法」が成立し、保健医療と対人福祉サービスの民営化を促進し、地域で生活する要支援者のニーズに対応した幅広い福祉サービスを提供する体制が整えられた。

1997年のブレア（T. Blair）政権発足時には、サッチャー時代の民営化を維持しながら新しい福祉国家として「第三の道」[*12]をめざした。1998年に発表された「社会サービスの近代白書」には、サービスの改善、行政と民間の協働などが盛り込まれ、イギリスの社会福祉制度のあり方に大きな影響を与えた。

その後、保守党と自由民主党との連立となったキャメロン（D. Cameron）政権は、財政赤字のために福祉予算を削減したことで、子どもの貧困の増大など、社会的弱者に大きな影響を与えた。

2020年1月31日にイギリスは正式にEUを離脱した。同時期に流行した新型コロナウイルスへの対策が長期化することで、新型コロナウイルス感染者以外の患者への治療にも影響が拡大した。そのためコロナ対策強化や高齢者介護など社会保障の充実のために「国民保険料」の引き上げや、医療体制の強化が図られている。

＊11　グリフィス報告
イギリスにおいてコミュニティ・ケアの指針を示した報告。財政難のため、医療費などの抑制を目的としてコミュニティケアが注目され、コミュニティ・ケアサービスのあり方についてグリフィス卿が諮問され、コミュニティケアの計画策定、サービスの活用などが提言された。

＊12　第三の道
これまでの福祉国家主義ではなく、新自由主義でもない第三の立場として、民間企業とパートナーシップを結ぶことで、経済の繁栄をめざした。

❷　アメリカ合衆国における社会福祉の歴史

①　植民地時代から独立後の貧民救済

アメリカ合衆国（以下、アメリカ）独立以前の植民地時代では、貧困者の救済は最小限にとどめられ、寡婦、孤児、老衰者、病人などの労働に就くことができない者や、戦争・自然災害による犠牲者、貧しい移民など一時的に救済を必要とする者に対し、イギリスのエリザベス救貧法を応用した「植民

地救貧法」が行われた。

　アメリカの独立革命と1800年代の初頭にはじまる産業革命は、失業、貧困、傷病、家族崩壊、浮浪、犯罪など社会問題を拡大した。これらの問題に対処するために、1824年「ニューヨーク州カウンティ救貧院法」が制定され、各地に「救貧院」が設置していく。そこには、孤児、老衰者、障害者、病人、アルコール依存症者などのあらゆる人々が収容されたが、生活は不衛生で食事も不十分であり、教育や訓練も与えられず悲惨な状況であった。

　さらに、産業革命は過酷な児童労働と家庭環境の悪化を生み出した。工場での労働をまぬがれた子どもも、貧困や就労による親の不在などにより正常な家庭生活は奪われ、保護者による監護指導も不十分であったため、少年非行も多く発生した。

② 民間慈善団体・セツルメント運動からソーシャルワークへの発展

　これらの貧困問題に対して、公的救済による貧困救済以外に私的救済事業として民間慈善団体や1877年に設立された慈善組織協会（COS）と、その後に発展したセツルメント運動によって、19世紀半ばから20世紀にかけてアメリカ全土に貧困救済の福祉運動が発展し、現在のソーシャルワークの原形がつくられていく。そして、リッチモンド（M. Richmond）[13]によりソーシャルワークは体系化され、現在のケースワークの理論が確立された。

　アメリカでのセツルメント運動は、貧困問題を個人の問題ではなく、社会の問題としてとらえた。具体的な活動として、スラム地区の劣悪な環境を改善するために、イギリスのセツルメント運動が取り入れられ、1886年ニューヨークにネイバーフッドギルドが開設された。その後、1889年シカゴのスラム街に、アダムズ（J. Addams）とスター（E. Starr）が「ハル・ハウス」[14]を設立した。これらの活動は、貧困問題改善のための社会運動に発展し、YMCA（キリスト教男子青年会）などの活動の先駆となりソーシャルワークの確立に大きな影響を与えた。

③ 社会保障法の成立

　1929年の世界恐慌と長期間にわたる不況によって失業者と貧困者が増大した。それに対応するために、ルーズベルト（F.D. Roosevelt）政権は1933年にニューディール政策を発表し、失業対策を国の政策として取り組むこととなった。

*13　M.リッチモンド
COSの友愛訪問員のケース調査活動からケースワークを体系化した。「人間と環境との間の調査」を通じた人々への援助活動がケースワークであるとし、現在のソーシャルケースワークの理論を確立した。

*14　ハル・ハウス
シカゴで設立されたセツルメントハウス。主にヨーロッパからの移民や貧困者を対象に生活支援を行い、社会改良をめざすコミュニティセンターとしての役割も果たした。

1935年には、ニューディール政策の一環として「社会保障法」が成立し、連邦政府がかかわる社会保障制度の枠組みがつくられた。それは、2種類の社会保険制度（年金保険・失業保険）と、公的扶助、社会福祉サービスから成り立っていた。このように、不況対策、失業者や生活困窮者、母子福祉、障害者などの生活問題に取り組んだが医療保険制度は創設されなかった。

　しかし、社会福祉サービスの体系化が不十分であり、1960年代の貧困増加に対応できなかったため、1974年には所得保障と福祉サービスを分離させた社会保障法の改正が行われた。そして、福祉サービスは、州の権限により地域で生活するための個別サービスが提供されることになった。

④　1980年代以降のアメリカの社会福祉

　1970年代のヴェトナム戦争の敗北、長期的不況、生活の不安定化などを機にアメリカはこれまでの社会福祉を維持するのが困難となった。この時期に大統領に就任したレーガン（R. Reagan）は新保守主義志向の政策を唱え、「福祉の見直し」を進め、減税と福祉抑制の方向に転換していった。

　1990年代後半のクリントン（B. Clinton）政権では、福祉から就労への政策に転換し、教育や保育、子育て支援の充実をめざした。1980年代から1990年代のアメリカの社会福祉政策は、ブッシュ（G. Bush）に引き継がれる。

　しかし、医療保険のない国民の問題、ホームレス、青少年非行、児童虐待など多様な福祉問題に直面し、さらに世界的な経済危機を招いた金融危機によって、アメリカは深刻な状況に追い込まれた。このような状況のなか、2009年に誕生したオバマ（B. Obama）政権では、医療制度改革が行われた。公的医療保険の加入を国民に義務づける「医療保険改革法」（オバマケア）が2010年に成立し、アメリカ国民が安心して医療を受けられる制度が整えられた。

　2017年にトランプ（D. Trump）政権に引き継がれ、移民問題などを含め新たな福祉施策が模索された。トランプ政権によって見直しが進められた「医療保険改革法」であったが、同法の強化を公約に掲げて当選し2021年就任したバイデン（J. Biden）政権により、医療保険制度は維持・拡充されることとなった（バイデン計画）。さらに、新型コロナウイルスへの対策として、医療保険への補助金の増額、現金給付や失業保険の増額給付などが実施された。これらの対策による財政悪化を解消するために、新たな制度改革が計画が進んでいる。

3 スウェーデンにおける社会福祉の歴史

① 福祉国家の萌芽

　スウェーデンは1800年代までは貧しい農業国家であり、貧困救済において
は教会やコミューン*15による救済が中心であった。19世紀後半の産業革命
後、1889年に社会民主党が結成され社会民主主義国家として歩みはじめる。
1913年には世界ではじめて「国民年金法」を制定した。イギリスの保険制度
と比べると、低所得者を除いた強制的な拠出制度であり、対象を労働者だけ
でなく全国民としたことが特徴である。

　さらに、胎児（ゆりかご）から墓場まで国が責任をもち、階級闘争ではな
く協調によって安心して暮らせる社会を建設することを理念とした「国民の
家」構想が進められた。その実現に必要な社会保障は、①所得保障に関する
国民保険法と労働災害保険法等、②児童手当法や社会サービス法、③知的障
害者ケア法、④保健医療サービス法に区分された。

　この「国民の家」は、スウェーデンの福祉国家の基本的哲学となり、1930
年代の後半には多くの社会保障制度が整えられ、福祉国家としての基盤が形
成されていった。

*15 コミューン
日本の市町村に相当す
る基礎自治体。ス
ウェーデンの行政制度
は、国と県およびコ
ミューンで構成されて
いる。

② 福祉国家の確立と社会保障制度

　スウェーデンは、第二次世界大戦には参加せず中立を保ったことから、国
内産業は好況となり、先駆的な社会保障制度を発展させていく。年金制度、
住宅改善、児童福祉、失業対策、教育改革など新しい福祉政策を展開し、戦
後の社会保障が体系化されていく。

　出生率の低下や家族形態の多様化などに対応するために、家庭福祉政策や
男女の共同参画に向けた施策が進められた。具体的には、多様な保育サービ
スに応える保育施設や育児休暇制度、離婚や母子家庭への対応、教育の無料
化などである。高齢者福祉においては、国民年金制度の改正（1946年）に
よって高齢者の経済的自立が強化され、公共の責任で高齢者へのサービスや
ケアを保障するようになった。また、施設ケアから在宅ケアへの転換も図ら
れ、ホームヘルプサービスやデイケア、サービスハウスの建設など在宅サー
ビスの整備が行われた。

　障害者（児）福祉の分野では、障害者の完全な社会参加と平等の実現を目

的として、ノーマライゼーションの理念に基づく施策が実施されていく。障害者の就労の機会の提供やニーズに応じた住宅の提供、デイケア・サービス、ホームヘルプサービス、機能訓練などのサービスも充実していった。

③　ノーマライゼーションの展開と社会サービス法

　ノーマライゼーションは、デンマークのバンク・ミケルセン（N.E.Bank-Mikkelsen）によって提唱され、スウェーデンのニィリエ（B.Nirje）によって広められた理念である。ノーマライゼーションとは、障害者が可能な限り普通の環境で生活できるようにすることであるが、ニィリエは、障害のある人々に人間としての尊厳を保障し、彼らの選択や希望に可能な限り配慮しなければならない、としている。ノーマライゼーションの理念はその後、1975年の国連「障害者権利宣言」、1980年の「国際障害者年行動計画」の基本理念、1981年「国際障害者年」のテーマなど、障害福祉の理念として位置づけられ、世界の社会福祉をはじめ、医療・教育などの領域にも浸透していった。

　さらに、社会福祉の民主化をめざす運動の成果として、1980年に「社会サービス法」*16が制定された。これは、民主主義と社会連携を基盤として、経済的・社会的安定、平等、社会参加の実現、利用者の自己決定権と尊厳を尊重することが目的として定められている。これらの理念の基本に、ノーマライゼーションの原理が掲げられ、社会サービスの責任をコミューン（市）が負うことが明記されている。

④　転機を迎えた社会福祉行政

　1992年に行われたエーデル改革は、これまで県（レーン・ランスティング）*17が担当していた高齢者医療の一部をコミューンに移し、高齢者の在宅介護と長期療養ケアをコミューンの責任で実施することで、医療と福祉の統合化を図った。その結果、高齢者のケアが一本化され、地域における高齢者ケアの質の向上とサービスの整備がコミューンの責任で行われるようになった。これにより、高齢者ケアの質の向上と経費削減が期待された。1993年には「機能障害者援助・サービス法」（LSS法）が制定された。LSS法により「機能障害」という概念が導入され、これまでの分野別障害者福祉関係法が一つの総合的な法律に統合され、障害者への社会サービスは、コミューンに移行された。

　1990年代の経済低迷と高齢社会の進展にともない、財政面の問題が生じた。

その対応として、1999年に新たな年金制度が施行された。また社会サービス法の改正で、コミューンが担っていた社会扶助（日本における生活保護）は、就労による自立を促す求職活動と就労プログラムが組み込まれた「福祉と労働」へと転換した。さらに社会保険の引き締め、就労支援の強化など財政危機への対応が行われた。

　2000年代に入り高齢者人口比率はさらに高まり、公的機関に加え民間企業による高齢者福祉サービスの提供や向上が図られている。また、共働き社会を支えるための保育施設では、保育所不足や子どもの過剰収容が問題となり、コミューンが提供する保育所以外に企業等が提供するサービスの民営化も進んでいる。

4　日本における社会福祉の歴史

①　近世（江戸時代）以前の貧困救済

　古代（奈良・平安時代）における貧困者の救済は、主に血縁、地縁による相互扶助が基本であった。また、仏教伝来以降、仏教思想に基づいた貧困者の救済が行われてきた。推古天皇時代に聖徳太子が設立した「敬田院」「悲田院」「施薬院」「療病院」の「四箇院の制」が慈善救済施設として伝えられている。718年には、公的救済制度として「戸令」*18が制定された。その対象は「鰥寡孤独貧窮老疾」*19で、基本的には近親者が救済を担っていた。

　中世（鎌倉・室町、安土・桃山時代）においても、親族や荘園内の相互扶助が中心に行われていた。さらに、仏教思想による慈善活動や、キリスト教の宣教師による慈善活動も行われていた。

　近世（江戸時代）では、五人組制度を規範とした村落共同体による相互扶助が行われ、人身売買などの禁止、孤児・棄児などの保護が行われた。

②　戦前の社会福祉

▼明治維新後の貧困救済

　1868年に明治維新政権が成立すると、資本主義体制のもとで「富国強兵」「殖産興業」を掲げた新しい国家施策が打ち出された。一方で人口の流動や産業革命の進展などにより、低賃金で働く労働者の生活は困窮し、劣悪な労働条件の問題が発生した。

*18　戸令
律令に編成された法令。身体障がいを残疾、廃疾、篤疾の3段階にわけ、有疾者、高齢者、貧困者等への保護などを定めた。

*19　鰥寡孤独貧窮老疾
「鰥」は、61歳以上の妻のない者、「寡」は50歳以上の夫のない者、「孤」は16歳以下で父のない者、「独」は61歳以上で子のない者、「貧窮」は財貨に困る者、「老」は、66歳以上の者、「疾」は疾病者をさす。

政府は公的救済制度として、1874（明治7）年「恤救規則」を定め、1929（昭和4）年の「救護法」制定まで継続された。「恤救規則」は、血縁や近隣同士による相互扶助を基本理念としていたため、救済の対象者は、障害者、70歳以上の老衰者、疾病により労働できない者、13歳以下の子どもなど、誰の助けも期待できない困窮者に限定していた。この厳しい規定のために、「恤救規則」による救済が適応された者は少数にすぎず、産業革命の影響もあり、生活困窮者はさらに増加していった。

恤救規則以後、政府による貧窮者対策は行われず、この状況を補うために民間の慈善事業家による慈善救済事業が進められていった。福田会育児院（1879〈明治12〉年）、奥浦慈恵院（1881〈明治14〉年）、石井十次[20]の岡山孤児院（1887〈明治20〉年）などの孤児院（児童養護施設）が多く設立された。1891（明治24）年には、石井亮一[21]が滝乃川学園（知的障害児施設）の前身といわれる「孤女学院」を開設した。また、保育施設として、1890（明治23）年に勤労者の乳幼児を昼間だけ保育する託児所が赤沢鍾美によって新潟市に開設された。高齢者施設としては、エリザベス・ソーントン（E. Thornton）による聖ヒルダ養老院（1895〈明治28〉年）、大阪養老院（1902〈明治35〉年）などが創設されていく。

さらに、非行少年や犯罪少年の増加などに対応するために、1900（明治33）年「感化法」が成立した。これは、犯罪児童に対して懲罰ではなく、家庭あるいは地方自治体設置の感化院（現在の児童自立支援施設）で感化教育を行うことを目的とする感化救済事業であった。この先駆けとして1899（明治32）年に、留岡幸助[22]が東京で「巣鴨家庭学校」を設立した。

▼大正期から第二次世界大戦終了までの救済事業

大正期に入ると、第一次世界大戦（1914〜1918年）の勝利によって経済は一時期好景気となるが、物価の高騰、米騒動、戦後恐慌、関東大震災などから、国民の社会不安は高まっていった。さらに労働争議や、婦人解放運動、農村における小作人と地主間の小作争議の多発など社会問題は深刻化していく。このような状況に対応するために、1920（大正9）年には社会事業行政を行う内務省社会局が設置された。

昭和に入ると、東北地方の凶作、三陸沖地震などの災害や、昭和恐慌によって、国民の生活は経済的にも大打撃を受け、失業者や貧困者の増加、児童虐待、非行、母子心中などの社会問題が多発した。このような社会情勢に対して、1929（昭和4）年に「救護法」[23]が制定され、国の公的扶助義務が確立されることになった。この時期には、児童福祉に関する法律として1933（昭和8）年「少年救護法」「児童虐待防止法」が制定され、1937（昭

[20] 石井十次
日本で初めて孤児院（児童養護施設）を創設した明治期の児童福祉事業家。1887年岡山市に「孤児教育会（後の岡山孤児院）」を創設。「児童福祉の父」と呼ばれ、小舎制度や里親制度を導入した。また、児童の教育・職業訓練・就職斡旋等にも尽力するなど生涯を孤児救済に捧げた。

[21] 石井亮一
日本で初めて知的障害児施設「滝乃川学園」を創設した、知的障害児・者福祉の先駆者。1891年「孤女学院（後の滝乃川学園）」を創設し、被災で孤児となった女子を救済した。そこで知的障害児と出会ったことで、知的障害児に対する教育を開始し、知的障害児教育に一生を捧げた。

[22] 留岡幸助
留岡幸助は、「巣鴨家庭学校」設立後、1914年には北海道の国有地の払い下げを受けて、家庭学校の分校と農場を開設する。現在も北海道家庭学校として社会福祉法人が経営する数少ない児童自立支援施設として、広大な敷地と自然のなかで、子どもの更生のための教育を実践している。

[23] 救護法
救護の種類は、生活扶助、医療扶助、助産扶助、生業扶助であり、その対象を、①65歳以上の老衰者、②13歳以下の幼者、③妊産婦、④傷病あるいは身体または精神の障害により労務を行うのに支障のある者で、扶養義務者がいない者とされていた。

和12）年「母子保護法」制定によって貧困母子世帯に対する扶助が行われた。

　1938（昭和13）年には、厚生省が設置され、社会事業法も制定された。しかし、日中戦争の全面化、太平洋戦争へと軍事的緊張が高まる過程で、日本は戦争に必要な人的資源を確保するために、個人の救済よりも健兵健民政策へと移行していったのである。

③　戦後の社会福祉の展開―福祉三法体制から福祉六法体制へ

　1945（昭和20）年の第二次世界大戦終結後、日本は社会的にも経済的にも混乱状態が続いた。そのような状況のなか、GHQ（連合国軍総司令部）の指導のもとで社会福祉施策が行われていった。緊急対策として、戦災者・引揚者などの生活困窮者、戦災孤児、浮浪児などの要保護児童、障害のある人が救済の対象とされた。

　1946（昭和21）年「（旧）生活保護法」が制定され（1950〈昭和25〉年に全面改正し新たな「生活保護法」を制定）、1947（昭和22）年「児童福祉法」、1949（昭和24）年「身体障害者福祉法」が制定された。これらは、「福祉三法」と呼ばれ、戦後社会福祉の基礎となった。これに先立ち「日本国憲法」が公布され、基本的人権や生存権の保障などの理念が各福祉法に反映された。

　1950年代後半からの高度経済成長は、国民の生活水準を豊かにする一方で工業化、都市化、過密過疎化、核家族化などの進行、貧困問題、公害問題など新たな社会問題を生んだ。これらの社会不安に対して、1961（昭和36）年「皆保険・皆年金」制度が実施された。また、1960（昭和35）年「精神薄弱者福祉法」（1998〈平成10〉年「知的障害者福祉法」に改題）、1963（昭和38）年「老人福祉法」、1964（昭和39）年「母子福祉法」（2014〈平成26〉年に「母子及び父子並びに寡婦福祉法」に改題）の３つの福祉法が制定した。先に制定された「福祉三法」と合わせて「福祉六法」体制が確立され、社会福祉関連法や社会福祉施設の整備など社会福祉施策が展開されていった。

④　福祉の見直しと福祉改革

　日本の経済成長によって、わが国の社会福祉制度は拡大されていく。1973（昭和48）年には医療保険制度や年金制度の改革を行い、同年の「老人福祉法」改正によって老人医療費無料化制度が導入され、社会保障関係費は大幅に増加した。この1973年を「福祉元年」とし、福祉国家への転換となった。

　しかし、同年秋のオイルショックにより日本経済は大打撃を受け、「福祉

見直し」が求められた。在宅福祉を中心とした家族や地域の自助努力による「日本型福祉社会」が強調され、社会福祉サービスの費用負担について「受益者負担」に関する議論が展開された。1980年代は、社会福祉の長期的な見直しが検討された。1982（昭和57）年「老人保健法」の制定で、老人医療無料化から一部自己負担となった。また、健康保険法の改正による費用負担制度の導入や、年金給付率引き下げなどが実施された。

　さらに、社会福祉施設の増加や処遇の社会化などに対応するため、1987（昭和62）年「社会福祉士及び介護福祉士法」の制定によって、福祉専門職の国家資格の法制化が実った。1989（平成元）年「今後の社会福祉の在り方について」の報告書では、社会福祉事業の範囲の見直し、市町村の役割重視、在宅福祉の充実と施設福祉との連携強化、福祉サービスなどの供給主体のあり方、など社会福祉改革の方向性が示され、法改正や社会福祉計画の策定などが展開されていった。

⑤　新しい社会福祉の理念と基礎の整備

　急増する高齢者福祉の需要に対応するために、1989（平成元）年「高齢者保健福祉推進十か年戦略」（ゴールドプラン）を策定し、高齢者の在宅福祉の整備が推進された。その実現のため「老人福祉法等福祉関係八法」を改正し、在宅福祉サービスと施設福祉サービスの市町村への一元化、市町村および都道府県の老人保健福祉計画策の義務化が実施された。

　1994（平成6）年には「21世紀福祉ビジョン」が提案され、「高齢者保健福祉推進十か年戦略の見直し」（新ゴールドプラン）が策定された。また、少子化対策として、1994（平成6）年「エンゼルプラン」、1999（平成11）年には「新エンゼルプラン」が策定され、保育サービスを中心とした子育て支援が進められた。障害者福祉においては、1995（平成7）年「障害者プラン～ノーマライゼーション7か年戦略」が策定され、加えて「精神保健及び精神障害者福祉に関する法律」（精神保健福祉法）も制定された。さらに、高齢社会における介護のあり方が問われ、介護保険法が1997（平成9）年に成立するなど、21世紀に向けた社会福祉の基礎が整えられていく。

　また、1995（平成7）年に発生した阪神・淡路大震災を機に、市民が災害ボランティアとして積極的に参加するようになり、社会貢献活動の重要性が認識されるようになった。この年は「ボランティア元年」と呼ばれている。さらに、地方分権化にともない、障害者や高齢者の生活を支える地域福祉活動の重要性が認識されるようになり、住民の福祉活動への支援、ボランティ

ア活動の推進、NPO活動なども広がっていった。

⑥　社会福祉基礎構造改革と社会福祉の新しい展開

　少子高齢化、核家族化の進行、金融危機、地域格差の問題などにより、多様な福祉のあり方や需要の増加をもたらした。これに対応するために、1999（平成11）年「社会福祉基礎構造改革について」が発表された。この内容は、個人の自立を基本とし、選択権を尊重した制度の確立、質の高いサービスの拡充、地域での生活を総合的に支援するための地域福祉の充実が示された。

　この改革の中心として2000（平成12）年に「社会福祉事業法」が改正され「社会福祉法」へと改称された。同法の成立によって、社会福祉制度の主なものが措置制度から利用契約制度に移行した。高齢者福祉の分野では、同年に開始された介護保険制度に利用契約制度が導入された。障害児・者福祉分野では、2003（平成15）年「支援費制度」が導入された。しかし、財源不足、障害種別格差、地域格差などが問題になり、2005（平成17）年には「障害者自立支援法」が成立し翌年から実施された。

　「障害者自立支援法」によって、障害種別ごとの異なる法律に基づいた障害者福祉サービスを改め、法律の一元化による共通制度の下で福祉サービスを提供することになった。しかし、一定額の自己負担による利用者の経済的負担の増加、自治体によるサービスの地域格差などの問題で改正が求められた。そこで、2012（平成24）年６月「障害者の日常生活及び社会生活を総合的に支援するための法律（障害者総合支援法）」が成立し、2013（平成25）年４月より施行された。

　少子高齢社会が進展し、老年人口の急速な増加による社会保障費の増大や、家族機能の低下による育児や介護の問題が深刻化するなか、緊急の少子化対策として男女共同参画社会の推進、「少子化社会対策基本法」による「少子化社会対策大綱」の策定や、次世代育成支援をふまえた子育て支援などへの取り組みが行われていった。

⑦　社会保障と税の一体改革と地域共生社会

　少子高齢化に加え、雇用環境の変化や人口減少などにより、社会保障給付費の改善や長期的に安定した財源の確保が課題となった。そのため、子ども・子育て支援や医療・介護などのサービスの改善、雇用や貧困・格差問題への対応など各福祉分野の改革に向けた社会保障・税一体改革が進められ、2012

（平成24）年8月「社会保障制度改革推進法」が制定された。

　これを受けて、段階的な消費税の引き上げや、2015（平成27）年「子ども・子育て支援新制度」実施・社会的養育の充実など新たな子ども・子育て支援が進められた。また、年金制度や生活保護制度の見直し、2015（平成27）年「生活困窮者自立支援法」「子どもの貧困対策の推進に関する法律」の制定など貧困対策も実施された。医療・介護では、地域で適切な在宅医療・在宅介護が受けられるように地域包括ケアシステムの取り組みが進められ、2014（平成26）年に医療法と介護保険法改正案などを一括にした「医療介護総合確保推進法」が成立した。

　さらに、進展する少子高齢化や福祉ニーズの多様化・複雑化に対応するために地域住民が主体的に地域課題に取り組み、制度・分野を超えて「丸ごと」つながることで地域を創る「地域共生社会」が注目され、2016（平成28）年「ニッポン一億総活躍プラン」（閣議決定）に「地域共生社会」の実現が盛り込まれた。そして、2017（平成29）年「地域包括ケアシステムの強化のための介護保険法等の一部を改正する法律」が成立し、介護保険法、社会福祉法、障害者総合支援法、児童福祉法が見直され、各制度の適用を拡げ「全世代・全対象型地域包括支援体制」をめざすこととなる。

⑧　子ども・家庭福祉政策への新たな転換

　急増する子ども虐待問題への対策強化を図るために2016（平成28）年に「児童福祉法」が改正された。これにより「子どもが権利の主体」「子どもの最善の利益の優先」が明確化され、国内法において初めて子どもが「権利の主体」として位置づけられた。また、「児童虐待防止法」や「児童福祉法」「母子保健法」「民法」などの改正によって、子ども虐待への対策強化や社会的養護の充実・強化、子どもの権利擁護などの対策が展開されてきた。

　しかし、子ども家庭福祉に関わる法整備や施策が進められるにも関わらず、子ども虐待件数の急増や虐待による死亡事案、貧困問題、いじめや自殺、コロナ禍による子どもや家庭の課題などが多様化・深刻化している。その対応として、福祉・教育・医療などさまざまな分野において「子どもの権利」を包括的に保障する体制整備が求められ、2023（令和5）年4月に「こども家庭庁」が発足された[*24]。これまで個別に運営されてきた子ども政策の司令塔機能をこども家庭庁に一本化することで、子ども政策の一体的な推進が図られることとなる。

　さらに、2023（令和5）年4月に「こども基本法」が施行された。同法で

*24　こども家庭庁
第6章p.86参照。

は、日本国憲法および児童の権利に関する条約に基づき、子ども施策を総合的に推進することを目的としている。対象者を18歳で区切らず「心身の発達の過程にある者」とし、若者の権利も大切にする法律となっている。このように、こども家庭庁の創設や「こども基本法」の施行により、子ども政策の推進が期待されている。

　また、子ども虐待と重複して発生する家庭内暴力（DV）や貧困、性暴力などさまざまな事情で日常生活や社会生活に困難を抱えた女性の問題は、コロナ禍も重なり、より一層複雑・深刻化している。2022（令和４）年３月「困難な問題を抱える女性への支援に関する法律」が制定し、女性相談支援センターの設置など女性の福祉や権利擁護を軸とした施策が講じられる（2024（令和６）年４月施行）。

🔖 まとめてみよう

> ①　イギリスがめざした「福祉国家」についてまとめてみよう。
> ②　アメリカのソーシャルワークの特徴についてまとめてみよう。
> ③　スウェーデンの社会福祉の特徴をまとめてみよう。
> ④　日本において、福祉の見直しが必要となった背景と見直しの方向についてまとめてみよう。

【参考文献】
Walter I. Trattner（古川孝順訳）『アメリカ社会福祉の歴史』川島書店　1978年
新井光吉『アメリカの福祉国家政策』九州大学出版会　2002年
一番ヶ瀬康子『アメリカ社会福祉発達史』光生館　1989年
宇佐見耕一他編『世界の社会福祉年鑑2022 第22集』旬報社　2022年
宇山勝儀・森長秀編『社会福祉概論』光生館　2010年
大津泰子『子ども家庭福祉』ミネルヴァ書房　2023年
九州社会福祉研究会『21世紀の現代社会福祉用語辞典（第２版）』学文社　2019年
厚生労働省『2021年海外情報報告（2021）』https://www.mhlw.go.jp/wp/hakusho/kaigai1221（2023年３月25日閲覧）
厚生労働統計協会編『国民の福祉と介護の動向2022／2023』厚生労働統計協会　2022年
財務省　財務総合政策研究所「第12章　スウェーデンにおける国と地方の役割分担」https://www.mof.go.jp/pri/research/conference/zk079/zk079_012.pdf（2023年12月18日閲覧）
社会福祉の動向編集委員会編『社会福祉の動向2023』中央法規出版　2022年
高島昌二編『スウェーデンの家族・福祉・国家』ミネルヴァ書房　1997年
高島進『イギリス社会福祉発達論』ミネルヴァ書房　1979年
高島進『社会福祉の歴史』ミネルヴァ書房　1995年

仲村優一・一番ケ瀬康子編『世界の社会福祉1　スウェーデン　フィンランド』旬報社
　1998年
仲村優一・一番ケ瀬康子編『世界の社会福祉4　イギリス』旬報社　1999年
仲村優一・一番ケ瀬康子編『世界の社会福祉9　アメリカ　カナダ』旬報社　2000年
右田紀久恵他編『社会福祉の歴史—政策と運動の展開』有斐閣　2001年
吉田久一他編『社会福祉思想史入門』勁草書房　2000年

第4章　生活を守る社会保障制度

✎ 病院にかかるときにもっていく保険証って、なぜ必要なの？

みらいさん　先日、歯医者さんに少し診てもらっただけで、3000円もかかったのです。ちゃんと保険証ももっていったのに！

こういち先生　そう！　高いと感じたかもしれないけど、きちんと保険からも支払われているよ。医療保険に加入することを証明する保険証があれば、自己負担の割合は3割となります。自分で3000円負担したということは、実際には約1万円かかったということなのですよ。つまり、約7000円が保険から支払われているのですよ。

みらいさん　へえー。でも、この前、母から聞いたのですが、いとこがケガをして1か月入院したら、病院での支払いが、保険証を使っても何十万円もかかったといってました。自己負担分が3割といっても、本来の治療費がこんなに高いのでは負担が大きすぎますよね。

こういち先生　なるほど、その点についても、保険のお陰であまり心配しないでいいようになっているんだ。実は、医療保険によって1か月の自己負担の上限額が決められているので、病院に支払った額が上限額を超えた場合には、後日にその超過分が全額返ってくるのです。それを高額療養費っていうのだけど、みらいさんのいとこの場合にも、必ず後日にお金が返ってくるはずだよ。

みらいさん　そうなのですか。知りませんでした。

こういち先生　それに、女性の場合は、出産のときには被保険者に出産・育児一時金も支払われます。

みらいさん　いくらぐらいなのですか。

こういち先生　自治体ごとに多少の違いはあるけど、概ね今は一児につき50万円ぐらいかな。

みらいさん　すごい！　保険証がなければ、病気や出産のときに大変な負担をしなければならないのですね！

こういち先生　そうだね。その医療保険制度に加入していることを証明する保険証は、病気やけがのときに助けてくれるものだけど、その他にも、失業や介護状態に対応する社会保険や、経済的困難などの生活上の困難にしっかりと対応してくれる国の社会保障制度がいろいろとあるのですよ。

みらいさん　そうか、私たちの生活は社会保険などの社会保障制度でいろいろと守られているのですね。

こういち先生　その通り！　それでは、私たちの生活を守る社会保障制度を学んでいこう。

1 社会保障の概念と体系

① 社会保障とは

▼ナショナルミニマムの保障

　社会保障を考える場合、重要な視点となるのがナショナルミニマムの理念である。社会保障の内容は国ごとに異なるが、ナショナルミニマムの考えは19世紀末にイギリスのウェッブ夫妻により提唱されたもので、国民の生活において必要不可欠な最低条件を国が定めて保障すべきとする理念である。つまり、ナショナルミニマムとは、国家責任としての「国民の最低生活保障水準」[1] を意味するものである。その後、この考えは、イギリス（1942年の「ベヴァリッジ報告」）をはじめとして広く先進諸国の社会保障政策の基本理念となった。国は違っても、社会保障の概念の根幹には「ナショナルミニマムの保障」がある。

▼理念としての個人の尊厳や自由の保障

　1948年に国連で採択された「世界人権宣言」（表4－1）では、「社会保障を受ける権利」が謳われている。そこでの社会保障の考えは単に「国民の最低生活保障」といったことに絞られたものではなく、社会生活を包括した広がりのある理念的なものとなっており、現代の福祉国家のめざすところにも通じている。このように社会保障とは、経済・社会・文化において、可能な限り個人の権利が実現されて、個人の尊厳や自由が守られるような社会的条件（国の組織や資源）を整備していくことと、とらえられている。

表4－1　世界人権宣言（抜粋）

第22条　すべて人は、社会の一員として、社会保障を受ける権利を有し、かつ、国家的努力及び国際的協力により、また、各国の組織及び資源に応じて、自己の尊厳と自己の人格の自由な発展とに欠くことのできない経済的、社会的及び文化的権利の実現に対する権利を有する。

② わが国における社会保障の概念

▼生存権の保障

　わが国においては、日本国憲法第25条に規定された国民の「健康で文化的な最低限度の生活を営む権利」いわゆる「生存権」を国家責任において保障

することが、社会保障の基本理念となっている（表4－2）。それは、国の責任によって国民の最低生活保障を担保するという意味で、まさにナショナルミニマムの保障という考えと重なる。

　さらに第13条「幸福追求権」・第14条「平等権」の保障も、社会保障の重要な理念として位置づけられる。

表4－2　日本国憲法

> 第25条　すべて国民は、健康で文化的な最低限度の生活を営む権利を有する。
> ②　国は、すべての生活部面について、社会福祉、社会保障及び公衆衛生の向上及び増進に努めなければならない。

▼社会保障の概念

　わが国においてはじめて社会保障の概念を整理し明示したのが、1950（昭和25）年の社会保障制度審議会「社会保障制度に関する勧告」であった（表4－3）。その後、わが国の社会保障制度の体系は、基本的にこの勧告の考え方を踏襲することとなる。

表4－3　社会保障制度審議会「社会保障制度に関する勧告」（抜粋）

> 社会保障制度とは、疾病、負傷、分娩、廃疾、死亡、老齢、失業、多子その他困窮の原因に対し、保険的方法又は直接公の負担において経済的保障の途を講じ、生活困窮に陥った者に対しては、国家扶助によって最低限度の生活を保障するとともに、公衆衛生及び社会福祉の向上を図り、もって、すべての国民が文化的社会の成員たるに値する生活を営むことができるようにすることをいうのである。

出典：厚生労働統計協会『保険と年金の動向』厚生労働統計協会　2022年　p.4

▼国民の生活を守る制度

　今日の社会における、人口減少と高齢化の進行や単独世帯・ひとり親家庭の増加、近隣関係の希薄化といった家族構造や社会状況の大きな変化は、誰もが直面しうる事故や病気、障害、老齢、失業などのリスクが生活基盤を大きく揺るがすこととなる。社会保障は、こうした国民生活を脅かす生活面の諸リスクに備えて、国民の生活を守るために国が整えている制度である。

③ わが国の社会保障の体系

▼社会保障の体系

わが国の社会保障の体系は、先述の「社会保障制度に関する勧告」の考えに基づく。この勧告では、社会保障制度は「社会保険」「公的扶助」「社会福祉」および「公衆衛生」の４つの部門から成るものとし、広義では「恩給及び戦争犠牲者援護」を含んでいる。

ここでは、本勧告に基づきながら、「社会保障」と「社会福祉」との関係をそれぞれ広義と狭義に分けて整理した体系図が図４－１である。

図４－１　社会福祉・社会保障の体系

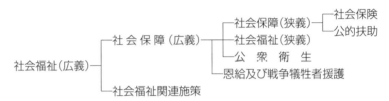

出典：宇山勝儀他編『三訂　社会福祉概論』光生館　2010年　p.109

▼社会保険と公的扶助

図４－１のとおり、狭義の社会保障（社会保障の根幹を成すもの）は、社会保険と公的扶助である。これらが目的とするのは、生活困窮の予防と救済のための所得保障である。このうち社会保険は、生活の困窮に備えた保険方式による事前的な予防制度である。一方、公的扶助は、現に生活に困窮している者に対して税方式による事後的な救済制度である。

2 社会保険

① 社会保険制度の概要

▼社会保険とは

社会保険とは、生活困窮の原因となるような生活上の一定のリスク（保険事故）の発生に対して、事前に保険料を拠出しておく（お金を納める）ことにより、既定の保険給付（金銭やサービスなど）が受けられるという保険方

式により対応する制度である。

▼社会保険制度の特徴

社会保険は次のような特徴がある。

・保険者（制度の運営管理者）は、国、地方公共団体または公的機関。

・被保険者（保険加入者）は、全国民（強制加入）。

・財源は、国民の拠出する保険料が中心（運営面は公費で負担）。

・対象とされる保険事故とは、事前に定められた生活上のリスク。

・保険給付の要件は事前の（一定期間以上の）保険料拠出。

・保険給付の内容はあらかじめ設定。

▼わが国の社会保険

わが国の社会保険制度は、図4－2のとおり「年金保険」「医療保険」「介護保険」「雇用保険」「労働者災害補償保険（労災保険）」の5分野からなる。

図4－2　わが国の社会保険

種　　類	保険事故	民間企業の雇用労働者	自営業者等	公務員・私学教員
年金保険	老齢・障害・死亡	国民年金（基礎年金）		
		厚生年金	—	厚生年金
医療保険[注1]	傷病・出産	健康保険（全国健康保険協会、健康保険組合）船員保険	国民健康保険（都道府県・市町村国民健康保険、国民健康保険組合）	共済組合（国家公務員共済、地方公務員等共済、私学教職員共済）
		後期高齢者医療制度（75歳～）[注2]		
介護保険	要介護・要支援状態	介護保険（40歳以上～）		
雇用保険	失業	雇用保険	—	—[注3]
労災保険	労働災害・通勤災害	労災保険	—[注4]	—[注5]

注1　65～75歳未満の者は、加入している医療保険のままであるが、医療保険制度間の財政調整が行われている。

注2　後期高齢者医療は、独立した医療保険制度であり、その被保険者は他の医療保険制度には加入しない。

注3　私立学校の教職員には、雇用保険が適用される。

注4　本来、労災保険の対象外となる自営業者など労働者以外の者でも、その業務の実情、災害の発生状況からみて、特に労働者に準じて保護することが適当とみなされる一定の者（中小事業主や一人親方等）に対しては、特別加入の制度がある。

注5　公務員には、国家公務員災害補償法及び地方公務員補償法により、公費で補償が行なわれる。また、私立学校の教職員には、労災保険が適用される。

出典：「社会福祉学習双書」編集委員会編『社会福祉学習双書2023 第6巻　社会保障』2023年　全国社会福祉協議会p.102を基に筆者作成

②　医療保険

▼医療保険とは

　医療保険とは、疾病、負傷、出産、死亡などによる医療費の過大な出費や所得の一時的中断に対処するため、本人および家族に対して保険給付がなされる制度である。なお、会社員などが仕事上で被る傷病や死亡は、労災保険の対象となり、医療保険では扱われない。

▼医療保険制度のしくみ

　1961（昭和36）年に全国民が医療保険に入る「国民皆保険」体制が整備された。医療保険は、以下のように職域保険と地域保険に分けられる。

　職域保険（職場を通じて入る保険）
・全国健康保険協会管掌健康保険（中小企業などの労働者）
・組合管掌健康保険（人企業の労働者）／船員保険
・共済組合保険（公務員、教員など）
・国民健康保険組合保険（自営業者組合の加入者）
　地域保険（住んでいる地域を通じて入る保険）
・市町村国民健康保険（自営業者、農業者、失業者など）

　給付方法は、直接の金銭給付ではなく、医療費の被保険者の一部負担額を除くその額を、保険者が医療機関に間接的に支給する。

　患者の自己負担割合は義務教育就学前までの子どもは2割、義務教育就学後から70歳未満の人は3割、70歳以上75歳未満の人は2割となっている。75歳以上の人には、「後期高齢者医療制度」[*1]がある。給付方法などはその他の医療保険とほぼ同じで、自己負担割合は1割（一定の収入がある場合は2割または3割）となっている。また、自己負担額の上限が設定されており、それを超えたときは高額医療費の補助がある。

　国民健康保険の課題としては、未納・未加入の問題や高齢化・高度医療による医療費の増大などで、制度の運営が厳しくなっていることがあげられる。

③　年金保険

▼年金保険とは

　年金保険とは、老齢、障害、死亡によって生じる所得の減少・喪失に対して、本人または遺族の生活を維持・安定させるために、一定額の金銭給付を

*1　後期高齢者医療制度
2008（平成20）年4月から実施された医療保険制度で、75歳以上の国民が全員加入する。

継続して行う長期保険制度である。

▼年金保険制度のしくみ

　公的年金制度は、20歳以上60歳未満の全国民が加入する国民年金（基礎年金）と民間サラリーマン等の雇用労働者が加入する厚生年金保険がある。また、自営業者などの国民年金のみの加入者に対する上乗せ年金として国民年金基金、個人型確定拠出年金（iDeCo）がある。厚生年金保険の上乗せ年金としては、厚生年金基金、確定給付企業年金および確定拠出型年金（企業型）、個人型確定拠出年金がある。また会社員、公務員などの被扶養配偶者の上乗せ年金として個人型確定拠出年金がある（図4－3）。

図4－3　わが国の年金制度の体系

○現役世代は全て国民年金の被保険者となり、高齢期となれば、基礎年金の給付を受ける。（1階部分）
○民間サラリーマンや公務員等は、これに加え、厚生年金保険に加入し、基礎年金の上乗せとして報酬比例年金の給付を受ける。（2階部分）
○また、希望する者は、iDeCo（個人型確定拠出年金）等の私的年金に任意で加入し、さらに上乗せの給付を受けることができる。（3階部分）

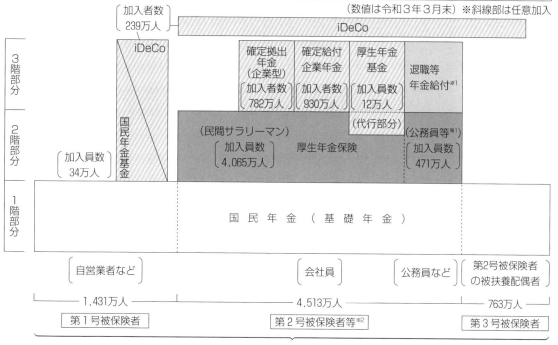

※1　被用者年金制度の一元化に伴い、平成27年10月1日から公務員および私学教職員も厚生年金に加入。また、共済年金の職域加算部分は廃止され、新たに退職等年金給付が創設。ただし、平成27年9月30日までの共済年金に加入していた期間分については、平成27年10月以降においても、加入期間に応じた職域加算部分を支給。

※2　第2号被保険者等とは、被用者年金被保険者のことをいう（第2号被保険者のほか、65歳以上で老齢、または、退職を支給事由とする年金給付の受給権を有する者を含む）。

資料：「令和5年版　厚生労働白書」2023年

▼基礎年金（国民年金）の被保険者

　被保険者は、次の３つに分類される。

・第１号被保険者（自営業者やその妻などで20歳以上60歳未満の者）

・第２号被保険者（会社員や公務員・教員など）

・第３号被保険者（第２号被保険者の被扶養の配偶者*2）

▼年金の支給（保険の給付）

　共通となる基礎年金には、老齢基礎年金、障害基礎年金、遺族基礎年金の３種類の給付がある。また、会社員や公務員などの雇用労働者には、さらに報酬比例の年金が上乗せされる形で、老齢厚生年金、障害厚生年金、遺族厚生年金の給付がある。

　基礎年金の場合、支給要件は次の通りである。

・老齢基礎年金（加入期間が10年以上、原則65歳に達すると支給）

・障害基礎年金（加入期間中に障害者となったときに支給）

・遺族基礎年金（生計維持者が死亡したとき、その妻と子に支給）

　年金制度の課題として年金保険においては、国民年金のみ加入者の納付率の低さや未加入の問題などもあり、財源を安定確保し、将来に向けて持続可能な制度運営をしていくかが大きな課題となっている。

④　介護保険

▼介護保険とは

　介護保険とは、特定疾病や老化などにより要支援・要介護状態となった人に対して、介護サービス（現物給付）を提供する保険制度である。他の保険制度と異なるのは、要介護状態に対して保険給付を行うため、被保険者が40歳以上となっていることである。

▼介護保険制度のしくみ

　介護保険の保険者は、市町村および特別区である。被保険者は65歳以上の者（第１号被保険者）と40歳以上65歳未満の医療保険加入者（第２号被保険者）がある。

　保険給付を受けるには、保険者に要介護認定の申請をして、心身の状態が要支援・要介護のいずれかに認定される必要がある*3。なお、第２号被保険者は、老化などによる特定の疾患による要支援・要介護状態の場合にのみ、保険が給付される。

　給付内容は、居宅サービス（訪問介護や通所介護など）、施設サービス（要介護認定者のみ：介護老人福祉施設や介護老人保健施設など）、地域密着型

サービスのほか、福祉用具の貸与や購入費、住宅改修費の支給などがある。

利用料の９割が保険から支払われ、自己負担は利用したサービスの費用の１割となっている（一定以上の所得者は２割または３割*4）。

*4
ただし、月額44,000円の負担上限が設定されている。施設サービスにおける居住費と食費、日常生活費は、原則自己負担。

⑤　労働保険

▼労働保険

雇用保険と労働者災害補償保険（労災保険）は「労働保険」と呼ばれ、労務上一体的に扱われている。その適用事業所は、民間の事業所（船員は除く）で、職種や規模にかかわらず強制加入が原則である。

▼雇用保険とは

雇用保険とは、被保険者の失業に対して、再就職までの間、就職を支援し生活の安定を図るための給付を行う保険制度である。

▼雇用保険制度のしくみ

給付対象となる労働者は、一般労働者、高年齢継続労働者、短期雇用特例労働者、日雇労働者に分類されている。

雇用保険制度の主な内容と、「失業等給付」（金銭給付）の内容は図４－４の通りである。

図４－４　雇用保険制度の主な内容（主要な給付）

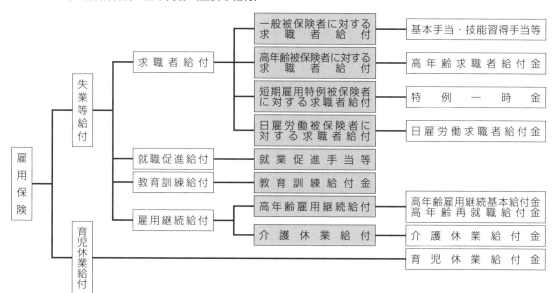

出典：厚生労働省「雇用保険制度」https://www.mhlw.go.jp/new-info/kobetu/roudou/gyousei/hoken/2020/dl/040330-2b-11.pdf（2023年５月１日閲覧）

▼労働者災害補償保険（労災保険）とは

労災保険とは、労働者が業務上または通勤上で起こった傷病、障害、死亡などに対して、社会復帰や生活援護のための給付を行う制度である。

▼労災保険制度のしくみ

保険料は他の４つの社会保険とは異なり、事業主が全額負担し、本制度で給付を受けるには、労災認定が必要となる。保険給付の要件は、①休職が必要な場合、②障害が残った場合、③死亡した場合、④介護が必要となった場合、⑤脳・心臓に異常が出た場合、の各々において細かく規定されている。

③ 公的扶助

① 公的扶助の概要

▼公的扶助とは

公的扶助とは、国がナショナルミニマム（国民の最低生活保障水準）の保障を直接的に担う制度である。つまり、経済的困窮に陥り最低生活を維持できなくなった国民に対して、国民が納める税金を財源として最低生活を保障し、その人の自立を支援する制度である。公的扶助は、現に経済的困窮に陥った者に対する事後的・救貧的な制度であり、その他の公的救済施策などの「最後の受け皿」として位置づけられる制度である。

▼公的扶助としての生活保護

わが国では、憲法第25条に規定される「健康で文化的な最低限度の生活を営む権利」、いわゆる「生存権」の保障を経済的観点から直接的に担う制度として生活保護制度が設けられている。この制度がまさに公的扶助の役割を担う形となっていることから、公的扶助と生活保護は、ほぼ同義のものとして扱われている。

なお、公的扶助（生活保護）では、事前の拠出は求めないため（事前の保険料の徴収はない）、国民の税金によって保護がなされる。そのため、受給希望者に対しては一定の資力調査（ミーンズテスト）を実施して受給資格の有無を決定する。このことがスティグマ*5を生じさせやすいという指摘がある一方で、高齢化の進展による高齢受給世帯の増加や近年の長引く不況による稼働年齢の生活保護世帯の増加が課題となっており、財政を圧迫している。そこで生活困窮者の自立と就労の促進をめざし、2013（平成25）年に生活困窮者自立支援法が成立した（70頁参照）。

*5　スティグマ
汚名の烙印を押される意味から社会福祉では、福祉を受けることへの恥辱感、劣等感という意味で使われることが多い。

② 生活保護と社会保険

生活保護と社会保険との制度上の違いは表4－4の通りである。

表4－4 生活保護と社会保険

	生活保護（公的扶助）	社会保険（相互扶助）
機　　能	生活困窮を事後的に救済	生活困窮を事前に予防
給付対象	生活困窮者のみ	該当する被保険者全員
給付要件	資力調査による困窮事実の確定	事前の加入や保険料の拠出
給付内容	最低限の水準に不足する分だけ補足	標準化・規格化された給付を自動的に支給
財　　源	税金（国費）	保険料が中心
長　　所	・事前に保険料等を支払っておく必要がなく、生活困窮に陥った理由も問わず、誰にでも無差別平等に対応すること ・生活困窮者だけを対象として、その困窮の程度に応じて支給するので、財源を集中でき、効率的に最低生活を保障できること	・保険事故の発生と同時に自動的に一定の給付が受けられる ・保険料拠出の見返りとしての受給であり、受給に気がねや後ろめたさがないこと ・保険料の拠出が給付に結びつくので、所得比例制の場合、それまでの所得の一定割合が保障されること
短　　所	・受給資格を判定するために、個人の生活に立ち入った資力調査を行うため、対象者の恥辱感をともないがちなこと	・保険料を払わなかったり、払えなかったりした場合は、受給権が得られなかったり、十分な保障が得られないこと

出典：山縣文治・岡田忠克編『よくわかる社会福祉』ミネルヴァ書房　2002年
pp.104－105を筆者が加筆修正

③ 生活保護の原理と原則

▼生活保護の基本原理

生活保護法において、生活保護の基本原理としての基本理念や法的位置づけを次のように明示している。

表4－5 生活保護の基本原理

①国家責任の原理 （第1条）	国がその責任において直接保護を行い、最低生活の保障とその人の自立助長を図ること（本法の目的にあたる）
②無差別平等の原理 （第2条）	性別や社会的身分などにかかわらず、生活困窮に陥った原因も問わず、現在の経済状態だけに着目して（無差別平等に）保護を行うこと

③最低生活保障の原理 （第3条）	最低限度の生活の保障といっても、「健康で文化的な生活水準」の内容を維持できるものでなければならないこと
④補足性の原理 （第4条）	保護は、困窮者がその利用できる物的・人的な手段・能力をすべて活用しても（つまり、資産活用の努力や扶養義務者による扶養、他法による給付などでも）、なお不足する場合に、初めて行われること

▼生活保護の原則

生活保護を実施するために、基本原理に基づき次の4原則を規定している。

表4-6　生活保護の原則

①申請保護の原則 （第7条）	保護は、要保護者、その扶養義務者、同居の親族による申請により行われること（ただし、急迫した状況では、申請がなくても保護を行える）
②基準及び程度の原則 （第8条）	国が保護の基準として最低生活費のモデルを設定し、困窮者の収入額と最低生活費を比較して、その不足した差額分のみを保護する方式であること
③必要即応の原則 （第9条）	保護は、要保護者の年齢別、性別、健康状態など個人または世帯の実際のニーズの相違を考慮して行うこと（制度の機械的・画一的運用の弊害を防ぐため）
④世帯単位の原則 （第10条）	保護は（同一住居・同一生計の）世帯を単位として行われること（ただし、世帯単位での扱いが不適当なときは、個人単位で行うことも可能＝世帯分離）

④　生活保護の実施

▼生活保護の種類

生活保護には、最低生活保障のために、次の8種類の給付がある。

表4-7　生活保護の種類

種　類	内　　容	給付（原則）
①生活扶助	衣食その他日常生活に必要な費用（個人を単位とする「第1類」と光熱費など世帯を単位とする「第2類」、その他各種加算や移送費などが含まれる）	金銭給付＊6
②教育扶助	義務教育に必要な経費（学用品費、給食費など）	金銭給付
③住宅扶助	家賃、地代、住宅維持費・補修に必要な経費	金銭給付
④医療扶助	医療（診療・薬剤・施術）、看護、移送などの費用	現物給付＊7
⑤介護扶助	介護サービス利用に必要な費用（介護サービス利用者負担額や施設の食事等＊8）	現物給付

＊6　金銭給付
金銭の給付や貸与によって保護を行うこと。

＊7　現物給付
物品の給付や貸与医療やサービスの提供などによって保護を行うこと。

＊8
介護保険の被保険者（第1号および第2号被保険者）は自己負担分である1割を、介護保険の被保険者以外の者（40～65歳未満の医療保険未加入者）は10割を生活保護から給付される。

⑥出産扶助	分娩などにかかる経費	金銭給付
⑦生業扶助	生業に必要な資金や技能修得のための費用、就労にあたっての必要な費用	金銭給付
⑧葬祭扶助	葬祭のために必要な経費	金銭給付

▼実施機関

　保護の決定および実施の権限は、国から委任される形で、都道府県知事、市長、福祉事務所を設置している町村長が有し、その設置する福祉事務所の長にその権限を委任している。したがって、要保護者*⁹の住んでいる地域の福祉事務所が実施機関となっている。

▼保護費の財源

　国家責任の原理から、保護の費用の負担率は、国が4分の3、委任されている都道府県、市、町村が4分の1となっている。

＊9　要保護者
生活保護を受けているといないにかかわらず、保護が必要な人。ちなみに現に保護を受けている人は「被保護者」という。

⑤　保護施設

　生活困窮の要保護者のための保護施設は、次の5種類である。

表4-8　保護施設

①救護施設	心身の著しい障害のため日常生活を営むことが困難な要保護者に生活扶助を行うための入所施設
②更生施設	心身の理由により養護や生活指導が必要な要保護者に生活扶助を行うための入所施設
③医療保護施設	医療が必要な要保護者に医療の給付を行うための施設
④授産施設	心身の理由や世帯の事情により就業能力の限られている者に、就労や技能修得の機会を与え自立を助長する施設
⑤宿所提供施設	住居のない要保護者の世帯に住宅扶助を行うための施設

⑥　社会手当

　生活保護と社会保険のどちらにも区分しづらいものに「社会手当」がある。なぜなら、保険料などの事前の拠出をともなわずに給付される点では公的扶助と同じだが、資力調査などは実施せずに給付される点が異なっているからである（一定の所得制限あり）。したがって、社会手当は社会保険と公的扶助の中間的性格をもった給付（無拠出の現金給付）といえる。

　社会手当も所得保障において重要な役割を担うものである。主な社会手当

には、表4-9に示したように、児童手当や児童扶養手当、特別児童扶養手当、特別障害者手当、障害児福祉手当などがある。

表4-9　主な社会手当の内容（2023年度）

	対象者	支給額（月額）	費用負担
児童手当	中学校修了前の児童の養育者	①所得制限未満の場合 3歳未満：1万5,000円 3歳以上小学校修了前 第1・2子1万円、 第3子以降1万5,000円 中学生：1万円 ②所得制限限度額以上で所得上限限度額未満の場合 5,000円（当面の特例給付）	公費（国、都道府県、市町村）＋事業主（被用者分のみ）
児童扶養手当	18歳の年度末までの子（障害児は20歳未満）を養育する母子世帯の母、父子世帯の父等（遺族年金の受給者を除く）	全部支給……4万4,140円 （2人め1万420円　3人め以降6,250円/人を加算） 一部支給4万4,130円~1万410円	国…1/3 都道府県または市…2/3
特別児童扶養手当	20歳未満の障害児の養育者	1級………5万3,700円 2級………3万5,760円 （児童扶養手当と併給できる）	国
障害児福祉手当	常時介護を要する20歳未満の在宅の重度障害児	1万5,220円	国…3/4 都道府県または市…1/4
特別障害者手当	常時介護を要する20歳以上の在宅の重度障害者	2万7,980円 （障害年金と併給できる）	国…3/4 都道府県または市…1/4

出典：「社会福祉学習双書」編集委員会編『社会福祉学習双書2023 第6巻 社会保障』
　　2023年　全国社会福祉協議会 p.281を筆者一部改変

⑦　生活困窮者自立支援制度

▼制度の概要

　生活困窮者自立支援制度とは、生活保護に至る前の段階の生活困窮者、つまり現に経済的に困窮し、要保護者（生活保護の対象者）となる「おそれのある者」を対象として、その自立の促進のための包括的な支援事業を実施する制度である。この制度を定めた生活困窮者自立支援法は2015（平成27）年4月に施行、2018（平成30）年10月には改正法が施行された。2018年の改正では、表4-9にあげる事業の実施に加えて、生活保護制度においては、生活保護世帯の子どもの大学などへの進学支援や医療扶助における後発医療品

の原則化などの措置を講じている。またひとり親家庭に対しては児童扶養手
当の支払回数の見直しなどが行われた。

▼制度における事業内容

この制度では、全国の福祉事務所設置自治体が実施主体の中心となって、
表4－10のような事業を実施する*10。

*10
福祉事務所を設置して
いない町村でも相談な
どの事業を実施する。

表4－10　生活困窮者自立支援制度の各事業

事業名	事業内容
自立相談支援事業	〈一人ひとりに即した支援プランを作成する〉 生活の困窮や不安の相談を受け付け、その人一人ひとりに合った具体的な支援プランを作成し自立に向けた支援を行う。
住居確保給付金の支給	〈家賃相当額を支給する〉 離職などで住居を失った人などに、一定期間、家賃相当額を支給する。生活の土台である住居を整えた上で、就職に向けた支援を行う。
就労準備支援事業	〈一般就労に向けた基礎能力を養う〉 「他の人とうまくやっていけない」など、直ちに就労が困難な人に、6ヶ月から1年間、プログラムにそって一般就労の基礎能力を養いながら、就労支援や就労機会の提供を行う。
家計相談支援事業	〈家計の立て直しを多面的に支援する〉 家計状況の根本的課題を把握し、家計の自己管理をしていけるように、状況に応じて支援計画の作成や必要に応じて貸付のあっせん等を行い、早期の生活再生を支援する。
就労訓練事業	〈その人に合った多様な働き方による就労の場を提供する〉 直ちに一般就労することが難しい人には、その人に合った作業機会を提供しながら、個別の就労支援プログラムに基づき、一般就労に向けた中・長期にわたる支援を行う。
生活困窮世帯の子どもの学習支援	〈子どもの明るい将来に向けて学習や進路等の支援を行う〉 生活困窮世帯の子どもへの学習支援を始め、生活習慣・育成環境の改善に関する支援、進路支援、高校の中退防止等に関する支援等を行う。

出典：厚生労働省ホームページ「生活困窮者自立支援制度」(https://www.mhlw.go.jp/stf/seisakunitsuite/bunya/0000073432.html)を筆者一部改変(2023年5月1日閲覧)。

⑧　その他の低所得者施策

▼生活福祉資金貸付制度

　低所得世帯、障害者世帯、高齢者世帯、失業者世帯を対象として、その自立更生を目的として低利または無利子で各種の資金貸付を行う制度である。実施主体は都道府県社会福祉協議会で、申込みなどの窓口業務は委託により市町村社会福祉協議会が（民生委員と連携を取りながら）行っている。

▼母子父子寡婦福祉資金貸付金

　ひとり親家庭の父母などが、就労や児童の就学などで資金が必要となったときに、都道府県、指定都市または中核市から貸し付けを受けられる資金で、ひとり親家庭の父母の経済的自立を支援するとともに、生活意欲を促進し、その扶養している児童の福祉を増進することを目的としている[11]。

*11
貸付利率は原則無利子である。

▼公営住宅

　公営住宅法により、国民としての健康で文化的な生活が営めるように配慮された住宅（公営住宅）を住宅に困窮する低所得者に対して廉価な家賃で賃貸する施策が、国と地方公共団体の協力により実施されている。

▼子どもの貧困対策推進法

　近年、子どもの貧困が社会問題として取り上げられることが多くなった。子どもの貧困とは、OECD（経済協力開発機構）の定義を用いると、その国の等価可処分所得[12]の中央値の50％以下で暮らす17歳以下の貧困状態（相対的貧困）の子どものことをいう。

*12
税や社会保険料などを差し引いた世帯所得を世帯人員の平方根で割って調整した所得。

　わが国の2015（平成27）年の子どもの貧困率（調整後の所得で約122万円以下）は、13.9％になっており、OECD加盟国のなかでは高い数値である。そこで国は、貧困の状況にある子どもが健やかに育成される環境を整備し、また教育の機会均等を図るため、子どもの貧困対策を総合的に推進することを目的として、「子どもの貧困対策の推進に関する法律」が、2014（平成26）1月から施行された。この法律の基本理念は①子どもの将来がその生まれ育った環境によって左右されることのない社会を実現することをめざすこと、そのために②（子どもの貧困対策の大綱を作成する）国と（その実施計画を策定する）地方公共団体が相互に連携して総合的な取り組みを行わなければならないことを、子どもの貧困対策として規定している。

🔍 まとめてみよう

> ①　憲法第25条第2項「国は…社会福祉、社会保障及び公衆衛生の向上及び増進に努めなければならない」の条文において、下線部「社会保障」に含まれる内容を、図4－1（社会福祉・社会保障の体系）を参照しながら考察してみよう。
>
> ②　社会保険と公的扶助の制度上の違いを、自分なりのわかりやすい言葉でまとめてみよう。
>
> ③　生活保護の受給に際しては、対象者にスティグマが抱かれがちだといわれますが、その理由を説明してみよう。

【参考文献】

「社会福祉学習双書」編集委員会『社会保障（社会福祉学習双書2023 第6巻）』全国社会福祉協議会　2022年

厚生労働統計協会『保険と年金の動向2022/2023』厚生労働統計協会　2022年

厚生労働統計協会『国民の福祉と介護の動向2022/2023』厚生労働統計協会　2022年

「社会福祉学習双書」編集委員会『社会福祉の原理と政策（社会福祉学習双書2022 第1巻）』全国社会福祉協議会　2022年

井元真澄・坂本健編『実践に活かす社会福祉（シリーズ・保育の基礎を学ぶ1）』ミネルヴァ書房　2020年

山縣文治・岡田忠克編『よくわかる社会福祉　第10版』ミネルヴァ書房　2014年

宇山勝儀・森長秀編『三訂　社会福祉概論』光生館　2010年

直島正樹・原田旬哉編『図解で学ぶ保育 社会福祉』萌文書林　2015年

厚生労働省ホームページ　https://www.mhlw.go.jp（2023年5月1日閲覧）

第5章　社会福祉の法体系と制度

✎ 社会福祉の法体系と制度をどうして学ばなければならないの？

みらいさん　保育士をめざしている私たちが、どうして高齢者や障害者などの社会福祉の法律や制度を学ぶのですか？

こういち先生　保育士は、保育の専門職だけど、大きくとらえると社会福祉の専門職でもあるということは最初に学んだね。つまり保育士は、子どもと、その保護者も支援する立場なんだ。保護者に障害があったり、介護の必要なお年寄りと同居してたりとか考えられるよね。そんなとき、保育士だからといって、保育のこと以外は知りませんでいいのかな？

みらいさん　そうですね。そのような保護者に対応するとき、全く知らないではすまされませんね。でも、法律とかは難しそうで……。

こういち先生　たとえば、今は児童福祉法のなかに保育が必要な子どもを預かる施設として保育所があるけれど、戦前の社会事業は子どもを保護したり教育したりする施設のほとんどが私的に行われていたんだ。だから、とっても苦労が多かったんだけど、社会福祉の法律が整備されていくことで、保育所や児童養護施設などが公的に認められ安定した運営ができるようになったんだよ。君たちのめざす保育士だって、法律の裏づけがあるから安心して保育士として仕事ができるんだ。その意味を考えれば、法・制度が大切なことだとわかるよね。

みらいさん　法律によって、私たち保育士が専門職として社会的制度のなかに位置づけられているのですね。

こういち先生　そうだね。同じように社会福祉関係の法律がなければ、誰もが平等に制度としての福祉サービスを利用することもできなくなるんだよ。
　この章で、一緒に社会福祉の法制度について学んでいこう！

1 日本における法体系と日本国憲法

① 法体系の理解

　日本の法令は日本国憲法を頂点に、国同士や、国連などを介し国家間で交わす「条約」、国家の立法機関である国会で制定される「法律」、内閣が定める「政令」、所管する各省の大臣が定める「省令」、地方公共団体が定める「条例」がある。この他、国や地方公共団体などが広く一般に向けて行う「通知」や、通知などの内容を国民に知らせる「告示」がある。これらは、行政機関が国民に知らせることが目的で、法令とは区別されている。

図5-1　法体系の概念

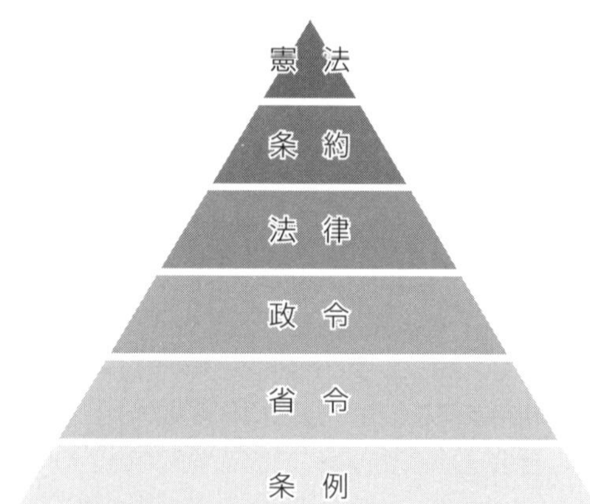

② 日本国憲法と社会福祉

　第二次世界大戦後の日本は、食糧不足や治安の悪化などにより、生活が困窮する人々が増加し、生きることもままならない状況であった。

　そこで、1946（昭和21）年に公布された日本国憲法では、「社会福祉」という言葉がはじめて登場した。憲法には、「すべて国民は、健康で文化的な最低限度の生活を営む権利を有する」と「国は、すべての生活部面について、社会福祉、社会保障及び公衆衛生の向上及び増進に努めなければならない」と記されている。すなわち、国民の健康で文化的な最低限度の生活、生存権と社会福祉、社会保障および公衆衛生の向上、増進により、国民の生活保障を国の責任で取り組むことが明記されている。

❷　社会福祉を支える法制度の考え方と社会福祉に関する法律

①　社会福祉を支える法制度の考え方

　戦後当初の社会福祉のとらえ方・考え方については、事後対応により保護的で、対象も限定的で救済・扶助、恩恵的な考えが強かった。

　しかし、現在の社会福祉は、すべての人々がよりよく生きるための主体性や自立して生きる自立支援、自分らしく生きる自己実現、未然予防や防止も含めた包括的な福祉をめざした考え方となっている。

　現代の社会福祉の対象は、「ゆりかごから墓場まで」といわれるように、人の生涯には、さまざまなライフサイクルがあり、年齢や生活スタイルによるさまざまなライフイベントを経て、ライフステージを進んでいく。そのなかで、人や社会・環境との相互作用により、いろいろな生活課題が生じるため、その生活課題を法律や制度でもって解決（軽減）しながら一人ひとりの自立、自己実現へと導いていくのである。生活課題として喫緊の問題となっているのが、急激な少子化、高齢化、人口減少がある。その他、ひとり親家庭の問題、さまざまな障害に関する事業やサービス、支援に関する問題や貧困などの経済的な問題など、生活課題は多岐にわたり、それらを取り巻く法律も重層的で複合している。なかでも特に社会福祉法、生活保護法、児童福祉法、障害者や高齢者にかかわる法律は保育とも密接につながっており、日常誰しもが抱えうる生活課題について定められている。

表5－1　福祉の考え方

項　目	戦　後	現　在
理　念	ウェルフェア（welfare）としての福祉	ウェルビーイング（well-being）としての福祉
特　徴	保護・救済・扶助	主体性・自己実現・自立支援
対　象	特定の人々に対する限定的福祉・心もしくは、身体に傷つき・経済的に困窮	すべての人々を対象とした包括的福祉・心もしくは、身体に傷つき・経済的に困窮・心身ともに健康
価値観	「最低限度の生活」最低保障の原理	「（より）健康で文化的な生活」自分らしい生活の保障
対　応	事後的福祉	積極的福祉・予防的福祉
権利擁護	消極的権利侵害につながる可能性	積極的一人一人の最善の利益に基づく

❷ 社会福祉法

▼社会福祉事業法から社会福祉法へ

社会福祉は、1990年代後半の急速な少子高齢化社会の問題を受け、時代のニーズに応じた制度づくりとして「社会福祉基礎構造改革」が推し進められた。この改革では、社会の変化による福祉ニーズの多様化、少子化と超高齢化社会に備え、利用者と事業提供者との対等な関係性および市民に開かれた施設づくりのための情報公開、幅広いニーズに対応するための設置主体の参入促進、住民の積極的参加による地域福祉の醸成など、これからの時代を生きる人々の福祉を担う方向性を示したのである。

この改革がきっかけとなり、1951（昭和26）年に制定された「社会福祉事業法」が見直され、2000（平成12）年に「社会福祉法」が成立した。この改正では、社会福祉法人の設立要件の緩和や、運営の弾力化により多様な経営主体の参入をめざすこと、地域福祉の推進、社会福祉協議会、共同募金、民生委員・児童委員の活性化なども定められている。社会福祉事業法における福祉サービスの利用方法は、「措置制度」によるものであったが、社会福祉法では利用者と事業提供者との対等な関係性でもって、施設やサービスを選択し、契約する「利用契約制度」となった。そのため十分な判断が難しい認知症高齢者・知的障害者などでも、必要なサービスが利用できるように支援するしくみとして「日常生活自立支援事業」を制度化した。

一方、児童福祉に関する社会的養護関連の施設には、利用者のニーズを行政庁が判断し、行政処分を行う必要性があることから、現在も措置制度を適用している。

社会福祉法の改正にあわせ、身体障害者福祉法、知的障害者福祉法、児童福祉法、民生委員法、生活保護法も一部改正され、同時に介護保険制度も発足した。

▼社会福祉法の目的と概要

社会福祉法は、日本の社会福祉の目的、福祉サービスの定義・理念、福祉サービスの提供体制の確保等に関する責務や対象者別の各社会福祉関連法規において福祉サービスに共通する基本的事項を規定した法律である。その目的を第1条に定めている。

（目的）
第1条　この法律は、社会福祉を目的とする事業の全分野における共通的基本事項を定め、社会福祉を目的とする他の法律と相まつて、福祉サービスの利用者の利益の保護及び地域における社会福祉（以下「地域福祉」という。）の推進を図るとともに、社会福祉事業の公明かつ適正な実施の確保及び社会福祉を目的とす

> る事業の健全な発達を図り、もつて社会福祉の増進に資することを目的とする。

　その他、「社会福祉事業」についての定義や取り決め、福祉サービスの基本的理念、社会福祉法人、福祉事務所に関する取り決め、地域福祉の推進、共同募金、人材確保などの社会福祉の基本となる規定が定められている。

　また社会福祉法では、利用者の権利を尊重し、福祉は事業者や行政だけでなく、地域住民とともに進めていく地域共生社会の実現を掲げている。

③　福祉六法

　「児童福祉法」「母子及び父子並びに寡婦福祉法」「身体障害者福祉法」「知的障害者福祉法」「生活保護法」「老人福祉法」はまとめて一般的に福祉六法と言われている。対象はそれぞれの法律によって規定されるものの、子ども・保護者・障害者・高齢者・生活困窮者など、福祉を必要とするすべての国民を網羅し、最善の暮らしが法律により保障されている。

▼児童福祉法

　児童福祉法では児童の権利に関する条約の精神にのっとり、子どもが権利の主体であること、子どもの意見が尊重されること、子どもの最善の利益が考慮されること等が明確に示されている。

　第1条では、子どもが養育において「愛され、保護されること」は権利であるとしている。対象は18歳未満の子ども、保護者、妊産婦などとしている。

▼母子及び父子並びに寡婦福祉法

　その目的は、母子家庭や父子家庭（母子家庭等）および寡婦の福祉に関する原理を明らかにするとともに、その生活の安定と向上のために必要な措置を講じ、母子家庭等および寡婦の福祉を図ることである。

　この法律における児童とは、手当や年金など経済的支援の観点から20歳未満の者までを範囲としている。また、2014（平成26）年の法改正までは「母子及び寡婦福祉法」という名称であったが、現代のひとり親家庭への支援の拡充や子どもの貧困対策に資するため名称が変更された。

▼身体障害者福祉法

　その目的は、身体障害者の自立と社会経済活動への参加を促進するため、身体障害者を援助し、および必要に応じて保護し、もって身体障害者の福祉の増進をはかることである。具体的には、身体障害者手帳の交付、障害者支援施設等への入所等の措置、費用等に関して定めている。対象は、18歳以上の身体障害者である。

▼知的障害者福祉法

　その目的は、知的障害者の自立と社会経済活動への参加を促進するため、知的障害者を援助するとともに必要な保護を行い、知的障害者の福祉を図ることである。

▼生活保護法

　この法律は日本国憲法第25条の「生存権」の理念に基づき、国が生活に困窮するすべての国民に対し、その困窮の程度に応じ必要な保護を行い、最低限の生活を保障するとともに、その自立を助長することを目的としている（第4章参照）。

▼老人福祉法

　この法律の目的は、老人の福祉に関する原理を明らかにするとともに、老人に対し、その心身の健康の保持及び生活の安定のために必要な措置を講じ、もつて老人の福祉を図ることである。老人福祉法には、高齢者福祉を管轄する施設、機関、事業について定められている。

④　社会福祉に関するその他の法律

▼児童福祉に関する法律

　児童福祉法、母子及びに父子並びに寡婦福祉法のほかに「こども基本法」「児童手当法」「児童扶養手当法」「特別児童扶養手当等の支給に関する法律」「母子保健法」「児童虐待の防止等に関する法律」「児童買春、児童ポルノに係る行為等の規制及び処罰並びに児童の保護等に関する法律」「子ども・子育て支援法」などがある。

▼障害者に関する法律

　身体障害者福祉法、知的障害者福祉法のほかに「障害者基本法」「精神保健及び精神障害者福祉に関する法律（精神保健福祉法）」「発達障害者支援法」「障害者の日常生活及び社会生活を総合的に支援するための法律（障害者総合支援法）」などがある。

▼高齢者に関する法律

　老人福祉法のほかに「高齢者の医療の確保に関する法律」「介護保険法」などがある。

▼その他

　社会福祉に関するその他の法律としては、「民法」「民生委員法」「配偶者からの暴力の防止及び被害者の保護等に関する法律」「母体保護法」「学校教育法」などが挙げられる。これらの法律以外にも社会福祉にはさまざまな法

表５－２　わが国の戦後の社会福祉（児童福祉）に関する法律等の動向

年　号	時代背景	社会福祉に関する法律等（下線は児童福祉に関する主な法律等）
1946(昭和21)年	戦後　日本国憲法制定	生活保護法制定
1947(昭和22)年	孤児、浮浪児が全国に約12万人	児童福祉法制定
1949(昭和24)年		身体障害者福祉法制定
1951(昭和26)年		社会福祉事業法制定（2000〈平成12〉年、「社会福祉法」へ）児童憲章制定
1958(昭和33)年		国民健康保険法制定
1959(昭和34)年	児童権利宣言（国連）	国民年金法制定
1960(昭和35)年		精神薄弱者福祉法（1998〈平成10〉年、「知的障害者福祉法」へ）
1963(昭和38)年		老人福祉法制定
1964(昭和39)年		母子福祉法制定（1981〈昭和56〉年、「母子及び寡婦福祉法」へ）、特別児童扶養手当等に関する法律制定　福祉六法の完成
1970(昭和45)年	高齢化率が14%を超える	心身障害者対策基本法（1993〈平成5〉年、「障害者基本法」へ）
1971(昭和46)年	第2次ベビーブーム（～昭和49年）	児童手当法制定
1973(昭和48)年	福祉元年	
1979(昭和56)年	国際児童年（国連）	
1981(昭和56)年		児童福祉法改正、母子及び寡婦福祉法に改称（母子福祉法改正）
1982(昭和57)年		老人保健法（2006〈平成18〉年、「高齢者の医療の確保に関する法律」へ）
1987(昭和62)年		精神保健法（1995〈平成7〉年、「精神保健及び精神障害者福祉に関する法律」へ）
1989(平成 元)年	合計特殊出生率が1.57に（1.57ショック）消費税法施行（3%）	
1994(平成 6)年	高齢化率が14%を超える	エンゼルプランの策定、緊急保育対策5か年事業
1997(平成 9)年	児童福祉法制定50年、消費税が5%に引き上げ	児童福祉法改正、社会福祉法が施行され、児童福祉分野における契約制度の導入
1999(平成11)年	国際高齢者年（国連）、世界の人口60億人に	新エンゼルプランの策定
2000(平成12)年	児童虐待が顕在化し社会問題に。社会福祉基礎構造改革	児童虐待防止法制定、児童手当法改正
2001(平成13)年	厚生労働省発足	健やか親子21（～2010〈平成22〉年）、配偶者からの暴力の防止及び被害者の保護に関する法律制定
2003(平成15)年		少子化対策基本法制定、次世代育成対策推進法制定、児童福祉法改正
2004(平成16)年		児童虐待防止法改正、児童福祉法改正、児童手当法改正、少子化対策大綱、子ども・子育て応援プランの策定
2005(平成17)年	合計特殊出生率が過去最低の1.26に	障害者自立支援法（2012〈平成24〉年、「障害者総合支援法」へ）
2006(平成18)年	障害者の権利に関する条約	児童手当法改正、認定こども園法制定、就学前の子どもに関する教育、保育等の総合的な提供の推進に関する法律制定
2008(平成20)年	リーマンショックによる金融危機	児童福祉法改正
2010(平成22)年	民主党に政権交代	子ども子育てビジョン、子ども手当創設、児童扶養手当法改正、「子ども・子育て新システムの基本制度案要綱」決定
2012(平成24)年	自民党に政権復帰	障害者総合支援法制定　児童手当法改正、子ども・子育て支援法制定
2013(平成25)年		子ども・子育て会議の設置、待機児童解消加速化プランの制定、子どもの貧困対策の推進に関する法律制定
2014(平成26)年	消費税が8%に引き上げ	障害者権利条約の批准　児童福祉法改正、母子及び父子並びに寡婦福祉法改正
2015(平成27)年	児童虐待の相談件数が10万件を超える	児童虐待相談全国共通ダイヤルの3桁化「189」の開始
2016(平成28)年	出生数が100万人を下回る	児童福祉法改正、児童虐待防止法改正、児童扶養手当法改正、母子保健法改正
2017(平成29)年		児童福祉法改正、児童虐待防止法改正・子育て安心プラン策定
2019(令和 元)年	消費税が10%に引き上げ　出生数が初の90万人割れ	幼児教育・保育の無償化の開始
2022(令和 4)年	新型コロナウイルスの流行（令和2年～）	こども基本法・こども家庭庁設置法の成立、児童福祉法改正

出典：社会福祉の動向編集委員会『社会福祉の動向2023』を基に筆者作成

律が密接にかかわっている。

3 福祉サービスの利用

　2000（平成12）年に社会福祉法が施行されたことにより、「措置制度」に加え、利用者がサービスや施設を選択し、事業者と対等な立場で契約をする「契約制度」が導入された。

① 措置制度

　措置制度は、福祉サービス等の利用についての必要性を行政が判断した場合、職権によりサービスの種類や提供機関が決定される仕組みである（図5－2）。措置制度は利用者の意向が尊重されにくいということから、今日の福祉分野では、乳児院・児童養護施設・児童心理治療施設・児童自立支援施設等の児童福祉施設が措置制度で運用している。

② 契約制度

　契約制度では、母子生活支援施設や助産施設を利用する際の行政との契約、介護サービスや障害福祉サービスを利用する際の施設や事業者との契約、教育・保育施設を利用する際の施設との契約がある（図5－2）。
　母子生活支援施設や助産施設を利用する場合は、利用したい施設を選択し、自治体に申込を行う。自治体からはサービス提供の委託が行われ、利用者にサービスが提供される。利用料については、利用者が自治体に費用を支払う形態を取っている。
　介護保険制度では、利用者は、市町村の要介護認定を受けて、指定施設との契約によりサービスを利用することができる。利用者は利用者負担額（応益負担）を支払い、市町村は介護給付費を支給（指定事業者が代理受領）される。
　障害福祉サービスにおける自立支援給付では、利用者は、市町村の自立支援給付支給決定を受けて、指定施設との契約によりサービスを利用することができる。また、本人・扶養義務者は利用者負担額（定率負担）を支払い、市町村は自立支援給付費を支給（指定事業者・施設が代理受領）される（図5－2）。障害福祉サービスには、介護給付、訓練給付、相談支援に区分さ

図5-2　措置制度と各契約制度の概要

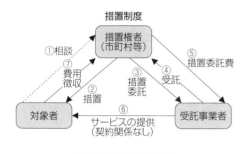

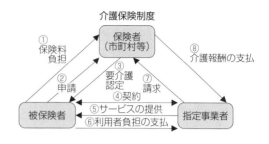

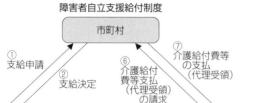

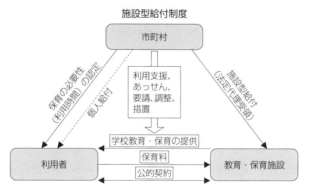

資料：千葉茂明・宮田伸朗編『四訂　新・社会福祉概論』みらい　2008年　p.73、厚生労働統計協議会編『国民の福祉と介護の動向2017/2018』2017年　p.91を一部改変

　れる。この他、障害者総合支援法のサービスの一つである総合的な支援として地域生活支援事業などにより、障害者の生活を支えている。

　保育所・認定こども園等の教育・保育施設の利用では、施設の利用者は市町村に保育の必要性の認定申請（保育・教育給付〈支給〉認定）を行い、市町村はその認定を行う。利用先の決定後、利用者と教育・保育施設は契約を結ぶ。利用者は施設に保育料[*1]を支払い、幼児教育・保育が提供される。ただし私立保育所の場合は、以前と同様に行政との契約となる。

*1
保育料については、0〜2歳児の住民税非課税世帯と3〜5歳児は無償。

✎ まとめてみよう

① p.81の年表からそれぞれの法律の改正には、どのような背景や目的があったのか整理してみよう。また、児童福祉法の改正について調べてみよう。
② 契約制度と措置制度の利用者にとっての利点や課題を考え、話し合ってみよう。その上で、社会的養護関連の施設が引き続き措置制度を取っている理由を考えてみよう。
③ 保育原理などの授業で学んだ保育の歴史と本章で学んだ社会福祉の制度や法体系を照らし合わせてみよう。同じように保育に関する法律や施策、動向との関係もみてみよう。

【参考文献】
社会福祉の動向編集委員会編『社会福祉の動向2017』中央法規出版　2017年
山縣文治・岡田忠克編『よくわかる社会福祉　第11版』ミネルヴァ書房　2016年
橋本好市・宮田徹編『保育と社会福祉　第3版』みらい　2019年
保育福祉小六法編集委員会編『保育福祉小六法　2023年版』みらい　2023年

第6章　社会福祉の実施機関と行財政

📖 どうして福祉を担当する行政機関はたくさんあるの？

みらいさん　福祉の行政機関を調べてみると、とてもたくさんあるけど、なぜこんなに必要なのかしら？

こういち先生　確かに福祉の相談をするところはたくさんあるね。

みらいさん　どうして市役所の窓口だけではだめなのでしょうか？

こういち先生　もし、市役所だけですべての福祉にかかわることをしてしまうと、市役所の職員の数をもっと増やさなければならないし、事務処理が膨大でデータの入力ミスや連絡ミスなどのヒューマンエラーが頻繁に起こる可能性があるよね。

みらいさん　確かにそうですけど。理由はそれだけなのですか？

こういち先生　いいえ、それだけが理由ではありません。もっと重要な理由があります。

みらいさん　それは、なんでしょうか？

こういち先生　実は専門的に分業することで、いろいろな問題を深く掘り下げて相談に応じ、対応することができるという点です。もし、市役所ですべて行ってしまえば、膨大な利用者の数になり、一人ひとりに対してきめ細かく対応することができなくなるし、職員が制度的な相談から専門的な身体的・精神的な相談や判定まで、すべてこなすことは困難ですよね。

みらいさん　確かに、そうですね。

こういち先生　だから、福祉の行政機関はその専門分野に応じて設置しているのですよ。もちろん一般の人にはあまり知られていないので、行政が窓口となってさまざまな専門機関を紹介や斡旋してくれたり、最近では行政機関だけでなく社会福祉法人などの民間事業者も福祉サービスの相談から提供まで行っているので、よりきめ細やかな対応が可能になっているんだ。

みらいさん　ということは、行政機関だけでなく民間事業者も窓口となってくれているので、どんな問題であっても対応することができるということですよね。

こういち先生　その通りだね。身近に相談できるところがたくさんあるほうが安心だよね。保育士としても、いろいろな機関の名称や役割を知っていないと、連携したり、保護者の相談に応じて紹介したりすることができないからね。それでは、社会福祉の実施機関と行財政のしくみを学んでいきましょう。

1 国、都道府県、市町村の福祉行政機関

保育にかかわる福祉の行政機関として、国、都道府県、市町村がそれぞれで役割を分担し、国民の福祉に関する政策の立案や実施、福祉サービスの提供などを行っており、重要な役割を担っている。

① 厚生労働省

厚生労働省は、わが国における福祉行政の中枢機関である。2001（平成13）年の中央省庁再編により厚生省（1938〔昭和13〕年設置）と労働省（1947〔昭和22〕年設置）が統合され、現在の形態となった。健康、医療、子ども、子育て、福祉、介護、雇用、労働、年金等を所管している。

主な取り組みとしては、「国民生活の保障・向上」と「経済の発展」を目指すために、社会福祉、社会保障、公衆衛生の向上・増進と、働く環境の整備、職業の安定・人材の育成を総合的に推進している。

厚生労働省の内部部局には、大臣官房、医政局、健康局、医薬・生活衛生局、労働基準局、職業安定局、雇用環境・均等局、社会・援護局、老健局、保険局、年金局、人材開発統括官、政策統括官が置かれており、外局には中央労働委員会が置かれている。また、厚生労働省の施設等機関として、国立障害者リハビリテーションセンター、国立ハンセン病療養所なども設置されている。

② 社会保障審議会

社会保障審議会は、厚生労働省設置法第7条に基づき厚生労働省に置かれる国の社会保障に関する重要事項を調査審議する諮問機関[*1]である。審議会の委員は30人以内とし、任期は2年である。

厚生労働大臣の諮問に応じて年金問題をはじめとした社会保障問題や人口問題などに関する調査審議をしたり、これらの事項に関し、厚生労働大臣や関係行政機関に意見を述べることもできる。

③ こども家庭庁

こども家庭庁は、2023（令和5）年4月1日にスローガンとしている「こ

*1
厚生労働省の諮問機関として他には、厚生科学審議会、労働政策審議会、医道審議会、薬事・食品衛生審議会、中央最低賃金審議会、労働保険審査会、中央社会保険医療協議会、社会保険審査会、独立行政法人評価委員会、疾病・障害認定審査会、援護審査会等がある。

図6－1　社会福祉の実施体制の概要

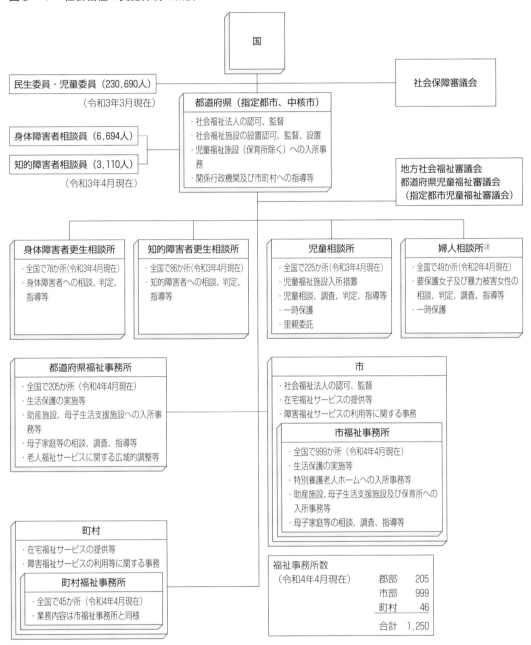

注：2024（令和4）年度から「女性相談支援センター」と改称。
出典：厚生労働省「令和4年度版厚生労働白書　資料編」
　　　https://www.mhlw.go.jp/wp/hakusyo/kousei/21-2/dl/08.pdf（2023年6月29日閲覧）

どもまんなか」社会の実現のための司令塔として内閣府の外局の位置づけで、設置された。主な取り組みとしては、①子どもの視点に立った司令塔機能の発揮、こども基本法の着実な実施、②子どもが健やかで安全・安心に成長できる環境の提供、③結婚・妊娠・出産・子育てに夢や希望を感じられる社会の実現、少子化の克服、④成育環境にかかわらず誰一人取り残すことなく健やかな成長の保障としている。これまで内閣府、文部科学省、厚生労働省のそれぞれで行われていた子どもに関する取り組みを一体的に実施できるように、各事務の移管等が行われた[*2]。

具体的業務としては、子ども・子育て支援給付その他の子どもおよび子どもを養育している者に必要な支援、子どもの保育・養護、子どものある家庭における子育ての支援体制の整備、地域における子どもの適切な遊び・生活の場の確保、子ども・子どものある家庭・妊産婦その他母性の福祉の増進等である。

こども家庭庁には内部部局として、長官官房、成育局、支援局が置かれている。また、こども家庭庁の施設等機関として、国立自立支援施設（きぬ川学院・武蔵野学院）も所管となっている。

*2
なお、幼稚園については「教育」という観点から、引き続き文部科学省の管轄としている。

④　都道府県・市町村の福祉行政

▼都道府県の福祉行政

都道府県の福祉行政は、一般的に福祉部や健康福祉部などの部局と子育て支援課や家庭課などのような部課が置かれている。

具体的には、福祉事務所や児童相談所などを設置し、生活保護を始めとした支援を行うとともに、社会福祉事業を行うものに対する許認可、改善命令、調査などを行う監督官庁としての役割を果たしている。専門的な福祉サービスの提供や判定については、福祉事務所や児童相談所、身体障害者更生相談所、知的障害者更生相談所などが行っている。

▼市町村の福祉行政

市町村の福祉行政も都道府県と同様に、部局と部課が置かれている。具体的には、市町村は福祉事務所を設置し、福祉六法（生活保護法、児童福祉法、母子及び父子並びに寡婦福祉法、老人福祉法、身体障害者福祉法及び知的障害者福祉法）に定める援護、育成または更生の措置に関する事務を司る第一線の社会福祉行政機関として機能している。

▼広域連合

広域連合とは、複数の自治体にまたがる広域的な行政事務を処理するため

に設けることができる行政機関の組合である*3。行政に関するさまざまな広域的ニーズに柔軟かつ効率的に対応するとともに、権限委譲の受け入れ体制を整備するため、1995（平成7）年から施行された。

　広域連合は、都道府県、市町村、特別区が設置することができ、これらの事務で広域にわたり処理することが適当であると認められるものに関し、広域計画を作成し、必要な連絡調整を図り、総合的かつ計画的に広域行政を推進している。社会保障関係では、介護保険や後期高齢者医療制度において利用されている。

＊3
広域連合には全都道府県に設置されている後期高齢者広域連合や関西広域連合など、117団体がある（2023〔令和5〕年4月1日現在）。

❷　福祉の専門行政機関

　多様な福祉行政の窓口となる福祉事務所や、児童福祉にかかわる中心的な役割を担っている児童相談所、その他相談機関が法律に基づき設置されている。これらの機関は、地域住民の福祉ニーズに応じたサービスの提供や、相談支援を行い、地域住民と福祉サービスをつなぐ役割を担っている。

①　福祉事務所

　福祉事務所は、社会福祉法第14条に「福祉に関する事務所」として定められており、さまざまな福祉行政の窓口となる第一線の社会福祉行政機関として都道府県と市に設置が義務づけられている。町村の設置は任意となっている。

　都道府県福祉事務所は、児童福祉法、母子及び父子並びに寡婦福祉法、生活保護法に関する業務を行っている。市および任意で設置した町村福祉事務所は児童福祉法、母子及び父子並びに寡婦福祉法、生活保護法、身体障害者福祉法、知的障害者福祉法、老人福祉法に関する業務を行っている。

　福祉事務所には、所長、指導監督を行う所員（査察指導員）、現業を行う所員（現業員）、事務を行う所員（事務員）が配置されている。また、指導監督を行う所員と現業を行う所員については、社会福祉主事任用資格が必要となる。

②　児童相談所

　児童相談所は、児童福祉法第12条に基づき、各都道府県に設けられた児童

福祉の行政機関である。都道府県と政令指定都市に設置が義務づけられており、中核市（人口20万人以上）および特別区（東京23区）と児童相談所設置市（児童相談所を設置する市として政令で定める市）についても任意で設置することができる[*4]。

業務内容は、家庭や学校、地域などからの子どもに関する問題についての相談に応じ、必要な調査や診断（社会診断、心理診断、医学診断、行動診断、その他の診断）に基づいて判定を行い、その子どもや家庭にとって最も効果的な支援を行う。また必要に応じ、子どもの一時保護、児童福祉施設への入所、里親等へ委託する措置などの業務も行っている。

児童相談所には、所長、所員を置くとされており、児童福祉司、児童心理司、医師、保育士、児童指導員等の専門職により業務が行われている。

③ その他の相談機関

▼身体障害者更生相談所

身体障害者更生相談所は、身体障害者福祉法第11条に基づき設置されている身体障害者の福祉に関する行政機関である。

業務内容は、①身体障害者に関する問題について、専門的な知識や技術を必要とする場合の相談に応じる、②身体障害者の医学的、心理学的、機能的判定を行う、③障害者総合支援法に規定する補装具の処方や適合判定を行うなどの業務を担っている。なお、これらの業務は必要に応じて巡回して行うことができる。

都道府県に設置が義務づけされており、身体障害者福祉司を置かなければならない。

▼知的障害者更生相談所

知的障害者更生相談所は、知的障害者福祉法第12条に基づき、設置されている知的障害者の福祉に関する行政機関である。

業務内容は、①知的障害に関する問題について、専門的な知識や技術を必要とする場合の相談に応じる、②18歳以上の知的障害者の医学的、心理学的、職能的判定を行う、などの業務を担っている。なお、これらの業務は必要に応じて巡回業務を行うことができる。

都道府県に設置が義務づけされており、知的障害者福祉司を置かなければならない。

▼女性相談支援センター[*5]

困難な問題を抱える女性への支援に関する法律第9条に基づき設置されて

[*4]
中核市では、横須賀市、金沢市、明石市、奈良市の4か所に設置されている。特別区は東京都港区、世田谷区、中野区、豊島区、荒川区、板橋区、江戸川区の7か所に設置されている（2023〔令和5〕年4月）。

[*5]
2024（令和6）年度に婦人相談所から名称変更。

いる、困難な問題を抱える女性*6への支援等にかかわる機関である。配偶者からの暴力の防止及び被害者の保護等に関する法律（DV防止法）での、配偶者暴力相談支援センターの機能を担う施設の一つとして位置づけられている。

業務内容は、①対象女性の立場に立った相談、②一時保護、③医学的・心理学的な支援、④自立して生活するための関連制度に関する情報提供等、⑤居住して保護を受けることができる施設の利用に関する情報提供等を行う。

▼児童家庭支援センター*7

児童家庭支援センターとは、児童福祉法第44条の2に定められている、子ども、家庭、地域住民等からの子育て等に関する相談に応じ、必要な助言、指導を行う機関である。

業務内容は、①子どもに関する家庭などからの相談のうち、専門的な知識や技術を必要とするものに応じる、②市町村の求めに応じ、技術的助言や必要な支援を行う、③児童相談所において、施設入所までは要しないが要保護性がある子ども、施設を退所後間もない子ども等、継続的な指導措置が必要であると判断された子どもおよびその家庭について、指導措置を受託して指導を行う、④里親およびファミリーホームからの相談に応じる等、必要な支援を行う、⑤児童相談所、市町村、里親、児童福祉施設、要保護児童対策地域協議会、民生委員、学校等との連絡調整を行うこと、などがあり、その多くが児童養護施設等の基幹的な児童福祉施設に付設されている。また、相談担当職員として、児童福祉司が置かれている。

▼こども家庭センター

これまで市区町村に、母子保健法に基づく「子育て世代包括支援センター」と児童福祉法に基づく「子ども家庭総合支援拠点」が併存してきた。児童福祉法改正に伴い、2023（令和5）年4月から、こども家庭庁の所管で全ての妊産婦、子育て世帯、子どもを一体的に相談支援する機関として位置づけた（第8章参照）。

▼地域包括支援センター

地域包括支援センターとは、高齢者の保健医療の向上および福祉の増進を包括的に支援することを目的とする機関である。地域包括ケア実現に向けた中核的な機関として市町村が設置している。

業務内容は、①地域の高齢者の総合相談、②権利擁護、③地域の支援体制づくり、③介護予防の必要な支援などを行っている。社会福祉士、保健師、主任介護支援専門員の三職種を置くこととされており、業務分担し連携しながら業務を行っている。

*6
困難な問題を抱える女性への支援に関する法律では、「困難な問題を抱える女性」を、「性的な被害、家庭の状況、地域社会との関係性その他の様々な事情により日常生活又は社会生活を円滑に営む上で困難な問題を抱える女性（そのおそれのある女性を含む）」としている。

*7
児童家庭支援センターとは、児童福祉法に基づく児童福祉施設の一つである（児童福祉法第7条）。

3 福祉の民間専門機関と団体

　福祉にかかわる民間の専門機関や団体には、社会福祉法人、社会福祉協議会、NPO法人などがある。これらの組織は、地域の福祉推進の中核としての役割を担い、地域社会における福祉サービスの提供や支援など、地域住民の生活を支える重要な役割を果たしている。

① 社会福祉法人

　社会福祉法人は、社会福祉事業を行うことを目的として、社会福祉法の定めるところにより設立された法人である。

　社会福祉法人が行う事業は、①第一種社会福祉事業および第二種社会福祉事業、②公益事業（公益を目的に社会福祉を行う事業）、③収益事業（収益を社会福祉事業または公益事業にあてるための事業）である。

　社会福祉法人は、社会福祉事業の公共性から、民法上の公益法人と比較してその設立運営に厳格な規制が定められており、事業内容や財務状況などに関して、所轄庁による厳格な監査が定期的に実施されている。税制などに関しては、補助金の交付や法人税などの優遇措置がある。

② 社会福祉協議会

　社会福祉協議会は、社会福祉法に基づく社会福祉に関する活動を推進することを目的とした営利を目的としない民間組織である。1949（昭和24）年、GHQ（連合国軍総司令部）の指示等により、1951（昭和26）年に中央社会福祉協議会（現：全国社会福祉協議会）、都道府県社会福祉協議会が設立、その後、市町村社会福祉協議会および地区社会福祉協議会が設立された（第11章参照）。

③ NPO法人（特定非営利活動法人）

　NPO（特定非営利活動）とは、ボランティア活動をはじめとするさまざまな社会貢献活動を行い、団体の構成員に対し、収益を分配することを目的としない団体の総称である。このような団体のなかで、特定非営利活動促進法に基づき法人格を取得した法人を「特定非営利活動法人（NPO法人）」という。特定非営利活動促進法では保健、医療または福祉の増進を図る活動や社会教

育の推進を図る活動など20項目が「特定非営利活動」として定められている。

④　社会福祉事業（第1種、第2種）

社会福祉事業とは、社会福祉法第2条を根拠とする福祉事業のことを指す。大きく分けて第1種社会福祉事業、第2種社会福祉事業の2つに分類される。

▼第1種社会福祉事業

第1種社会福祉事業は、社会福祉法第2条第2項に定められている事業を指す。これは、利用者への影響が大きく、経営安定を通じた利用者の保護の必要性が高い事業（主として入所施設サービス）として定められている。

経営主体は、国、地方公共団体、社会福祉法人を原則としている。

▼第2種社会福祉事業

第2種社会福祉事業は、社会福祉法第2条第3項に定められている事業を指す。比較的利用者への影響が小さいという理由から、公的規制の必要性が低い事業（主として居宅サービス）が定められ、経営主体には制限がなく多様な事業体の参入を認めている。

4　社会福祉の計画

社会福祉に関する計画は、「施設福祉サービスや在宅福祉サービス等の福祉サービスの提供に関する計画」と、「地域社会において福祉サービスが利用者や地域住民に的確に機能するように基盤整備をするための計画」の2種類に分けられている。

①　地域福祉に関する計画

地域福祉に関する計画には「地域福祉計画」がある。地域福祉計画は、地域福祉増進のために、都道府県と市町村の各地方公共団体が主体的に策定するように社会福祉法第107条（市町村）、第108条（都道府県）に定められている。

地域福祉計画は、地方公共団体が、地域住民の合意を形成して、地域の実情に応じた地域福祉の推進に自主的かつ積極的に取り組むための一つの有力な手段として法定化された行政計画である。

社会福祉法では、市町村が策定する「市町村地域福祉計画」と都道府県が策定する「都道府県地域福祉支援計画」が定められている（第11章参照）。

表6－2　社会福祉法人の概要

第1種社会福祉事業

- 生活保護法に規定する救護施設、更生施設
- 生計困難者を無料または低額な料金で入所させて生活の扶助を行う施設
- 生計困難者に対して助葬を行う事業
- 児童福祉法に規定する乳児院、母子生活支援施設、児童養護施設、障害児入所施設、児童心理治療施設、児童自立支援施設
- 老人福祉法に規定する養護老人ホーム、特別養護老人ホーム、軽費老人ホーム
- 障害者総合支援法に規定する障害者支援施設
- 困難な問題を抱える女性への支援に関する法律に規定する女性自立支援施設
- 授産施設
- 生計困難者に無利子または低利で資金を融通する事業
- 共同募金を行う事業

第2種社会福祉事業

- 生計困難者に対して日常生活必需品・金銭を与える事業
- 生計困難者生活相談事業
- 生活困窮者自立支援法に規定する認定生活困窮者就労訓練事業
- 児童福祉法に規定する障害児通所支援事業、障害児相談支援事業、児童自立生活援助事業、放課後児童健全育成事業、子育て短期支援事業、乳児家庭全戸訪問事業、養育支援訪問事業、地域子育て支援拠点事業、一時預かり事業、小規模住居型児童養育事業、小規模保育事業、病児保育事業、子育て援助活動支援事業
- 児童福祉法に規定する助産施設、保育所、児童厚生施設、児童家庭支援センター
- 児童福祉増進相談事業（利用者支援事業など）
- 就学前の子どもに関する教育、保育等の総合的な提供の推進に関する法律に規定する幼保連携型認定こども園
- 母子及び父子並びに寡婦福祉法に規定する母子家庭日常生活支援事業、父子家庭日常生活支援事業、寡婦日常生活支援事業
- 母子及び父子並びに寡婦福祉法に規定する母子・父子福祉施設
- 老人福祉法に規定する老人居宅介護等事業、老人デイサービス事業、老人短期入所事業、小規模多機能型居宅介護事業、認知症対応型老人共同生活援助事業、複合型サービス福祉事業
- 老人福祉法に規定する老人デイサービスセンター（日帰り介護施設）、老人短期入所施設、老人福祉センター、老人介護支援センター
- 障害者総合支援法に規定する障害福祉サービス事業、一般相談支援事業、特定相談支援事業、移動支援事業、地域活動支援センター、福祉ホーム
- 身体障害者福祉法に規定する身体障害者生活訓練等事業、手話通訳事業又は介助犬訓練事業若しくは聴導犬訓練事業
- 身体障害者福祉法に規定する身体障害者福祉センター、補装具製作施設、盲導犬訓練施設、視聴覚障害者情報提供施設
- 身体障害者更生相談事業
- 知的障害者更生相談事業
- 生計困難者に無料または低額な料金で簡易住宅を貸し付け、または宿泊所等を利用させる事業
- 生計困難者に無料または低額な料金で診療を行う事業
- 生計困難者に無料または低額な費用で介護老人保健施設、介護医療院を利用させる事業
- 隣保事業
- 福祉サービス利用援助事業
- 各社会福祉事業に関する連絡
- 各社会福祉事業に関する助成

出典：厚生労働省「令和4年度版厚生労働白書　資料編」を一部改変
　　　https://www.mhlw.go.jp/wp/hakusyo/kousei/21-2/dl/08.pdf（2023年6月29日閲覧）

なお、それぞれの計画の策定は任意であったが、2018（平成30）年からは努力義務となった。

②　障害児・者福祉に関する計画

▼障害者基本計画等

障害者基本計画は障害者基本法に基づき、障害者の自立や社会参加の支援等のための施策の総合的、計画的に推進するために策定されるものであり、政府が講ずる障害者のための施策の最も基本的な計画として位置づけられている。障害者基本計画に基づき、都道府県・市町村が地域の実情を踏まえ、障害者のための施策に関する基本的な計画（都道府県障害者計画、市町村障害者計画）を策定しなければならない。

▼障害福祉計画・障害児福祉計画

障害福祉計画は、障害者総合支援法に定められた、障害福祉サービス等の提供体制および自立支援給付等の円滑な実施を確保するための福祉計画である。国が基本指針を定め、都道府県と市町村が作成することとなっている。

障害児福祉計画は、児童福祉法に定められた、障害児通所支援等の提供体制の確保に関する基本的事項や目標に関する事項を定める福祉計画である。国が基本指針を定め、それをもとに都道府県と市町村が作成することとなっている。

障害福祉計画・障害児福祉計画は一体のものとして作成することができ、地域福祉計画や障害者基本計画と調和が保たれたものとして作成される。

③　子どもの福祉に関する計画

▼こども計画

子どもに関する計画として、「こども計画」がある。こども計画とは、こども基本法に基づく、都道府県または市町村におけるこども施策についての計画（都道府県こども計画、市町村こども計画）を指す。この計画は政府が定める、こども施策を総合的に推進するための「こども施策に関する大綱」（こども大綱）に基づいて作成される。また、この計画は子ども・若者育成支援推進法に規定する「子ども・若者計画」、子どもの貧困対策の推進に関する法律に規定する計画等と一体のものとして作成することができる。

▼子ども・子育て支援事業計画

子どもに関する計画として、「子ども・子育て支援事業計画」がある。都

道府県および市町村は、計画期間は5年を1期として、子ども・子育て支援事業計画を定めなければならない。子どもやその保護者、妊産婦が、教育・保育施設や地域の子育て支援事業等を円滑に利用できるように、情報提供などを行い、必要に応じて相談・助言を行う。また、関係機関との連携や調整なども実施し支援することとしている。

④ 高齢者福祉に関する計画

▼介護保険事業計画

介護保険事業計画は、介護保険法に定められた介護保険事業に係る保険給付を円滑に実施するための福祉計画である。国が基本指針を定め、都道府県と市町村が作成することとなっており、3年を1期として期間が定められている。介護保険事業計画は、地域における医療及び介護の総合的な確保の促進に関する法律に規定する「都道府県計画」「市町村計画」の整合性の確保が図られたものでなければならない。また、地域福祉計画や高齢者の居住の安全確保に関する法律に規定する「高齢者居住安定確保計画」等と調和が保たれたものとして作成される。

▼老人福祉計画

老人福祉計画とは、老人福祉法に定められている、老人居宅生活支援事業および老人福祉施設による事業（老人福祉事業）の供給体制の確保に関する計画である。

市町村老人福祉計画は、老人福祉事業の供給体制の確保に関する計画を定めるものとしている。

都道府県老人福祉計画は、市町村老人福祉計画の達成に資するため、各市町村を通ずる広域的な見地から、老人福祉事業の供給体制の確保に関する計画を定めるものとしている。

老人福祉計画は、都道府県は都道府県介護保険事業支援計画、市町村は市町村介護保険事業計画と一体のものとして作成されなければならない。また、地域福祉計画や老人の福祉に関連する事項などを定めた福祉計画と調和が保たれたものでなければならない。

5　福祉の財源

①　近年の社会保障の給付と負担

　社会保障に関する費用の年次比較や国際比較に用いられるものとして「社会保障給付費」がある。社会保障給付費とは、ILO（国際労働機関）が定めた社会保障の基準に基づき、年金・医療・福祉などの社会保障各制度の給付費をまとめたものである。

　2021（令和3）年における社会保障給付費の給付と負担の割合は図6-2の通りとなっており、その費用は年々増加している。また負担割合からわかるように、社会保障に関する費用は国家予算の一部である「社会保障関係費」等の公費や、各制度からの保険料による財源のほかに、サービス利用時の利用者の一部負担等によって賄われている。今後も少子高齢化および人口減少にともない、社会保障の負担のあり方が課題となっている。

②　社会保障関係費

　社会保障関係費とは、国の一般会計予算における歳出のうち社会保障に関係する費用のことを指し約3割を占めている（図6-3）。その内訳は年金給付費、医療給付費、介護給付費、少子化対策費、生活扶助等社会福祉費、保健衛生費、雇用労災対策費となっている。

図6-2　社会保障の給付と負担の現状

○　2021年度（予算ベース）の社会保障給付費は、129.6兆円（対GDP比　23.2%）

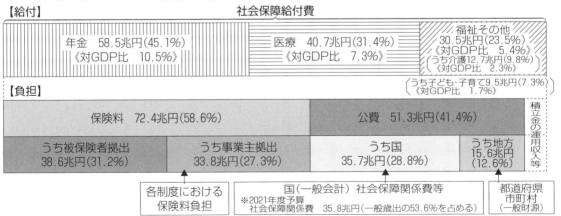

出典：内閣官房全世代型社会保障構築本部事務局「基礎資料集」
　　　https://www.cas.go.jp/jp/seisaku/zensedai_hosyo/dai3/sankou1.pdf（2023年6月29日閲覧）

図6-3　国の一般予算（歳出）の内訳

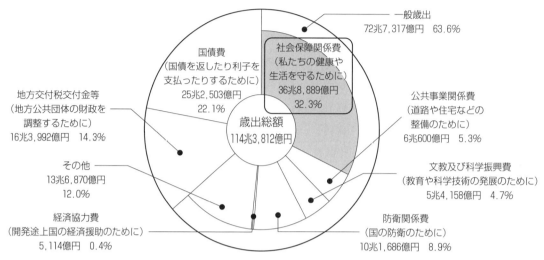

一般歳出
72兆7,317億円　63.6%

国債費
（国債を返したり利子を
支払ったりするために）
25兆2,503億円
22.1%

社会保障関係費
（私たちの健康や
生活を守るために）
36兆8,889億円
32.3%

地方交付税交付金等
（地方公共団体の財政を
調整するために）
16兆3,992億円　14.3%

歳出総額
114兆3,812億円

公共事業関係費
（道路や住宅などの
整備のために）
6兆600億円　5.3%

その他
13兆6,870億円
12.0%

文教及び科学振興費
（教育や科学技術の発展のために）
5兆4,158億円　4.7%

経済協力費
（開発途上国の経済援助のために）
5,114億円　0.4%

防衛関係費
（国の防衛のために）
10兆1,686億円　8.9%

出典：国税庁ホームページ「税の学習コーナー　学習・発展編」
　　　https://www.nta.go.jp/taxes/kids/hatten/page04.htm（2023年6月29日閲覧）

🔍 まとめてみよう

①　こども家庭庁ではどのような役割と取り組みがあったかまとめてみよう。
②　福祉の専門行政機関（福祉事務所、児童相談所、身体障害者更生相談所、
　　知的障害者更生相談所、女性相談支援センター、児童家庭支援センター、
　　子ども家庭センター、地域包括支援センター）のそれぞれ役割と違いをま
　　とめてみよう。
③　第1種社会福祉事業と第2種社会福祉事業を行っている施設は、それぞ
　　れどのような施設があるかまとめてみよう。

【参考文献】
厚生労働統計協会編『国民の福祉と介護の動向　2022/2023』厚生労働統計協会　2022年
保育福祉小六法編集委員会編『保育福祉小六法』みらい　2023年
山縣文治ほか編『社会福祉用語辞典（第8版）』ミネルヴァ書房　2023年
〈参考ホームページ〉
厚生労働省：https://www.mhlw.go.jp/
総務省：https://www.soumu.go.jp/
こども家庭庁：https://www.cfa.go.jp/policies/
全国児童家庭支援センター協議会：https://zenjikasen.com/
内閣府：https://www.npo-homepage.go.jp/about/npo-kisochishiki/npoiroha
内閣官房全世代型社会保障構築本部事務局「基礎資料集」：https://www.cas.go.jp/jp/
　　seisaku/zensedai_hosyo/dai2/sankou1.pdf
令和4年度版厚生労働白書　資料編

第7章　社会福祉の施設

社会福祉施設は多種多様

みらいさん　社会福祉の施設というと高齢者や障害者の施設を思い浮かべますが、他にもあるのですか。

こういち先生　私たちは社会生活を送るなかで、さまざまな生活上の問題に直面するときがあるね。それは高齢者や障害者に限らず、子どもや子どもを育てている家庭なども同様です。社会生活上の問題に直面したとき、それを解決したり、軽減したりするための方法にはいろいろとあるのです。社会福祉施設が提供するサービスを利用するのも方法の一つです。高齢者や障害者を対象とする社会福祉施設はもちろんのこと、子どもや母子・父子のひとり親家庭を対象とする社会福祉施設もあるんだよ。

みらいさん　そうなのですか。子どもを対象とする施設というと、どのような施設があるのですか。

こういち先生　たとえば障害のある子どもたちが利用する施設があるよ。障害のある子どもといっても、さまざまな障害があるから、個々の障害に対応できるように、福祉の専門職や医療関係者などが配置されているんだ。障害のある子どもたちの施設だけではなく、子どもが利用できる施設は他にもたくさんあって児童館も社会福祉施設の１つなんだよ。小学生の頃遊びに行ったことがあるかもしれないよね。それから保育所も社会福祉施設なんだよ。児童福祉法に規定された子どものための社会福祉施設を「児童福祉施設」というのです。

みらいさん　私は保育所に通っていました。児童館にも行ったことがあります。意外と身近なところにあるのですね。保育所や児童館は楽しかった思い出がたくさんあります。でも、社会福祉施設と呼ぶとなんだか暗いイメージが……どうしても。

こういち先生　社会福祉施設には設備や運営についての規則が定められているんだ。適切な環境のなかで、熱意と能力のある職員から適切な支援を受けられるように厳しい基準が設けられているし、苦情等への対応についても定めているんだよ。それは、利用する人が対等に適切な質の高いサービスを受け、その人たちの生活が質的に向上するためのものなんだ。

みらいさん　そうなんですか。社会福祉施設に対してのイメージが変わりそうです。社会福祉施設についてもっと知りたくなってきました。

こういち先生　それでは、社会福祉施設について学んでいこう。

1 社会福祉施設の目的と意義

① 社会福祉施設とは

　社会福祉施設とは、社会生活上の問題を抱える高齢者、子ども、障害者、生活困窮者などに対して、問題の解決や軽減のために種々の社会福祉サービスの提供を行い、これらの者の福祉の増進を図ることを目的として設置された施設のことである。社会福祉施設は、生活保護法による「保護施設」、老人福祉法による「老人福祉施設」、障害者総合支援法による「障害者支援施設等」、身体障害者福祉法による「身体障害者社会参加支援施設」、児童福祉法による「児童福祉施設」、母子及び父子並びに寡婦福祉法による「母子・父子福祉施設」、困難な問題を抱える女性への支援に関する法律による「女性自立支援施設」[*1]、その他に大別することができる。

* 1
2024（令和6）年4月1日に「困難な問題を抱える女性への支援に関する法律」が施行された。
これに伴い、「売春防止法」において要保護女子を収容保護するための施設として規定されていた「婦人保護施設」は、「困難な問題を抱える女性への支援に関する法律」において「女性自立支援施設」へ改称された。

② 社会福祉施設の意義

　社会生活上の問題を抱えたとき、自分自身の努力や家族などからの支援によって問題を解決したり軽減することができる人もいるが、それらでは問題の解決や軽減が難しいこともある。自宅で暮らしながら社会福祉サービスを活用し、問題の解決あるいは軽減を図ることができない場合や、自宅において社会福祉サービスを活用することが難しい場合もある。自宅以外の社会福祉施設などにおいて、日中の時間、あるいは一定期間、長期間にわたって社会福祉サービスを利用し、社会生活上の問題を解決や軽減を図ることもある。

　心身に障害のある子どもや被虐待児童などの場合、安全で充分なサービスが提供され、各種専門職が配置された社会福祉施設が必要とされる。つまり、社会福祉施設には、環境を適切に保障し、高度な専門職によるサービスを提供できる体制にある点に意義がある。

2 社会福祉施設の概要

① 社会福祉施設の種類

　社会福祉施設は、その目的により細分化され、事業種別ごとに第1種社会

表7－1　社会福祉施設の種類（入所・通所・利用別）

保護施設	第1種	救護施設（入所）、更生施設（入所）、授産施設（通所）、宿所提供施設（利用）
	第2種	医療保護施設（利用）
老人福祉施設	第1種	養護老人ホーム（入所）、特別養護老人ホーム（入所）、軽費老人ホーム（入所）
	第2種	老人福祉センター（利用）、老人デイサービスセンター（通所）、老人短期入所施設（入所）、老人介護支援センター（利用）
障害者支援施設等	第1種	障害者支援施設（入所・通所）
	第2種	地域活動支援センター（利用）、福祉ホーム（利用）
身体障害者社会参加支援施設	第1種	－
	第2種	身体障害者福祉センター（利用）、補装具製作施設（利用）、盲導犬訓練施設（利用）、点字図書館（利用）、点字出版施設（利用）、聴覚障害者情報提供施設（利用）
女性自立支援施設	第1種	女性自立支援施設（入所）
	第2種	－
児童福祉施設	第1種	乳児院（入所）、母子生活支援施設（入所）、児童養護施設（入所）、障害児入所施設（入所）、児童心理治療施設（入所・通所）、児童自立支援施設（入所・通所）
	第2種	助産施設（入所）、保育所（通所）、幼保連携型認定こども園（通所）、児童館（利用）、児童遊園（利用）、児童発達支援センター（通所）、児童家庭支援センター（利用）、里親支援センター（利用）
母子・父子福祉施設	第1種	－
	第2種	母子・父子福祉センター（利用）、母子・父子休養ホーム（利用）
その他の社会福祉施設等	第1種	授産施設（通所）
	第2種	無料低額宿泊所（利用）、無料低額診療施設（利用）、隣保館（利用）、へき地保育所（通所）
	その他	盲人ホーム（利用）、へき地保健福祉館（利用）、地域福祉センター（利用）、老人憩の家（利用）、老人休養ホーム（利用）
	公益事業	有料老人ホーム（入所）

注）表中「第1種」＝第1種社会福祉事業、「第2種」＝第2種社会福祉事業
資料：厚生労働統計協会編『国民の福祉と介護の動向　2022/2023』厚生労働統計協会　2022年　pp.322－324を参考に筆者作成

福祉事業と第2種社会福祉事業に振り分けられる（社会福祉法）[*2]。また、利用形態は、入所施設、通所施設、利用施設に分けられる（表7－1）。

*2
第6章93頁参照。

② 社会福祉施設の施設数

　2021（令和3）年10月1日現在の社会福祉施設数をみると、最も多いのは老人福祉施設である。次に児童福祉施設となっている（表7－2）。なお、児童福祉施設については約65％が保育所等（幼保連携型認定こども園、保育所型認定こども園および保育所）となっている。

表7－2　社会福祉施設の種類別にみた施設数

各年10月1日現在

	2017 （平成29）年	2018 （平成30）年	2019 （令和元）年	2020 （令和2）年	2021 （令和3）年
保護施設	291	286	288	289	288
老人福祉施設*	74,782	74,985	75,287	75,237	75,629
障害者支援施設等	5,734	5,619	5,636	5,556	5,530
身体障害者社会参加支援施設	314	317	315	316	315
婦人保護施設	46	46	46	47	47
児童福祉施設等	40,137	43,203	44,616	45,722	46,560
母子・父子福祉施設	56	56	60	56	57
その他の社会福祉施設等	21,016	22,262	22,501	23,509	24,622

資料：厚生労働省「社会福祉施設等調査報告」および厚生労働省「介護サービス施設・事業所調査」を基に筆者作成

＊　厚生労働省「社会福祉施設等調査報告」による老人福祉施設数に、厚生労働省「介護サービス施設・事業所調査」において「介護老人福祉施設」「通所介護事業所」「短期入所生活介護事業所」「地域密着型通所介護事業所」「地域密着型介護老人福祉施設」「認知症対応型通所介護事業所」として把握された数値も含む。

③ 社会福祉施設の設備及び運営に関する基準

　社会福祉法のなかで、都道府県は、社会福祉施設の「設備の規模」「構造」「福祉サービスの提供の方法」「利用者等からの苦情への対応」「その他の社会福祉施設の運営」について、条例で基準を定めなければならない[*3]としており、条例を定めるにあたっては、厚生労働省令で定める基準に従い定めるとしている（表7－3）。

　たとえば、「児童福祉施設の設備及び運営に関する基準」では、児童福祉施設に入所している子どもなどが、衛生的な環境において、素養があり、かつ適切な訓練を受けた職員の指導により、心身ともに健やかにして、社会に適応するように育成されることを保障することを目的に掲げている。児童福祉施設における職員の一般的要件、入所児童に対する虐待の禁止や平等に取り扱う原則、苦情への対応、各児童福祉施設の設備の基準や職員数や配置などについて詳細に規定している。また児童福祉施設は、この基準を超えて常にその設備および運営を向上させなければならないこと、この基準を超えた設備を有している児童福祉施設の運営においては、この基準について設備または運営を低下させてはならないと規定されている。

*3
厚生労働省令で定める基準は最低の基準とし、自治体ごとの状況を勘案して定めることとなっており、都道府県はこの基準を超えて、常に内容を向上させるように努めなければならないとしている。

表7−3　主な社会福祉施設の設備及び運営に関する基準など

救護施設、更生施設、授産施設及び宿所提供施設の設備及び運営に関する基準
養護老人ホームの設備及び運営に関する基準
特別養護老人ホームの設備及び運営に関する基準
軽費老人ホームの設備及び運営に関する基準
障害者総合支援法に基づく障害者支援施設の設備及び運営に関する基準
障害者総合支援法に基づく地域活動支援センターの設備及び運営に関する基準
障害者総合支援法に基づく福祉ホームの設備及び運営に関する基準
身体障害者社会参加支援施設の設備及び運営に関する基準
婦人保護施設の設備及び運営に関する基準
児童福祉施設の設備及び運営に関する基準
母子・父子福祉施設の設置及び運営について

④ 社会福祉施設の運営

▼社会福祉施設の運営主体

　社会福祉法において、社会福祉事業を、第1種社会福祉事業および第2種社会福祉事業に分類している。

　第1種社会福祉事業は公共性が高く、強い規制や監督が求められる事業であることから、国、地方公共団体または社会福祉法人が経営することを原則としている。

　第2種社会福祉事業の経営については、国および都道府県以外の者が事業を開始したときは、事業経営地の都道府県知事に必要な事項を届け出なければならない。つまり、経営主体について明確な規定はない。国や都道府県以外の経営については、社会福祉法人はもちろんのこと、株式会社やNPO法人などによる多様な経営主体も参入可能である。

　社会福祉施設を経営主体によって分類すると、国や地方公共団体による公営施設、社会福祉法人・株式会社やNPO法人などによる私営施設に分類することができる。公営施設は減少傾向にあり、私営施設が増加傾向にある。

▼社会福祉施設の措置費負担割合

　社会福祉施設の運営にあたっては、措置あるいは措置委託された人数に応じた必要な費用（措置費）が公費で負担されている（表7−4）。

　措置費は、事務費と事業費に大別される。事務費は施設に従事する職員の給与などの人件費や旅費および施設の維持管理に要する管理費・運営費に充てられる。事業費は入所者の飲食物費や日常諸経費などの入所者処遇のための費用に充てられる。

表7－4　社会福祉施設の措置費（運営費・給付費）負担割合

施　設　種　別	措置権者（※1）	入　所　先　施　設の　区　分	措置費支弁者（※1）	費用負担			
				国	都　道　府　県 指　定　都　市 中　核　市 児童相談所設置市	市	町　村
保　護　施　設	知　　　　　事 指　定　都　市　市　長 中　核　市　市　長	都道府県立施設 市町村立施設 私　設　施　設	都　道　府　県 指　定　都　市 中　核　市	3/4	1/4	—	—
	市　　　　　長（※2）		市	3/4	—	1/4	—
老　人　福　祉　施　設	市　町　村　長	都道府県立施設 市町村立施設 私　設　施　設	市　　町　　村	—	—	10/10（※4）	
婦　人　保　護　施　設	知　　　　　事	都道府県立施設 市町村立施設 私　設　施　設	都　道　府　県	5/10	5/10	—	—
児　童　福　祉　施　設 （※3）	知　　　　　事 指　定　都　市　市　長 児童相談所設置市市長	都道府県立施設 市町村立施設 私　設　施　設	都　道　府　県 指　定　都　市 児童相談所設置市	1/2	1/2	—	—
母　子　生　活　支　援　施　設 助　産　施　設	市　　　　　長（※2）	都道府県立施設	都　道　府　県	1/2	1/2	—	—
		市町村立施設 私　設　施　設	市	1/2	1/4	1/4	
	知　　　　　事 指　定　都　市　市　長 中　核　市　市　長 児童相談所設置市市長	都道府県立施設 市町村立施設 私　設　施　設	都　道　府　県 指　定　都　市 中　核　市 児童相談所設置市	1/2	1/2		
保　　育　　所 幼保連携型認定こども園 小規模保育事業（所） （※6）	市　町　村　長	私　設　施　設	市　　町　　村	1/2	1/4 （※7）	1/4	
身　体　障　害　者 社　会　参　加　支　援　施　設 （※5）	知　　　　　事 指　定　都　市　市　長 中　核　市　市　長	都道府県立施設 市町村立施設 私　設　施　設	都　道　府　県 指　定　都　市 中　核　市	5/10	5/10	—	—
	市　町　村　長		市　　町　　村	5/10	—	5/10	

（注）
※1．母子生活支援施設、助産施設及び保育所は、児童福祉法が一部改正されたことに伴い、従来の措置（行政処分）がそれぞれ母子保護の実施、助産の実施及び保育の実施（公法上の利用契約関係）に改められた。
※2．福祉事務所を設置している町村の長を含む。福祉事務所を設置している町村の長の場合、措置費支弁者及び費用負担は町村となり、負担割合は市の場合と同じ。
※3．小規模住居型児童養育事業所、児童自立生活援助事業所を含み、保育所、母子生活支援施設、助産施設を除いた児童福祉施設。
※4．老人福祉施設については、平成17年度より養護老人ホーム等保護費負担金が廃止・税源移譲されたことに伴い、措置費の費用負担は全て市町村（指定都市、中核市を含む）において行っている。
※5．改正前の身体障害者福祉法に基づく「身体障害者更生援護施設」は、障害者自立支援法の施行に伴い、平成18年10月より「身体障害者社会参加支援施設」となった。
※6．子ども子育て関連三法により、平成27年4月1日より、幼保連携型認定こども園及び小規模保育事業も対象とされた。また、私立保育所を除く施設・事業に対しては利用者への施設型給付及び地域型保育給付（個人給付）を法定代理受領する形に改められた。
※7．指定都市・中核市は除く。
出典：厚生労働省編『厚生労働白書 令和5年版』2023年　資料編p.201　https://www.mhlw.go.jp/wp/hakusho/kousei/22-2/dl/all.pdf（2023年8月31日閲覧）

📝 まとめてみよう

① 　社会福祉施設について、入所施設、通所施設、利用施設に分類して整理してみよう。

② 　社会福祉施設と設備及び運営に関する基準などについて、その関係を意識しながらその必要性について整理してみよう。

③ 　可能であれば設備及び運営に関する基準などの内容を確認しながらまとめてみよう。

【参考文献】
山縣文治・岡田忠克編『よくわかる社会福祉（第11版）』ミネルヴァ書房　2016年
厚生労働統計協会編『国民の福祉と介護の動向　2022/2023』厚生労働統計協会　2022年

第8章 子ども家庭支援と社会福祉

✒️ **子どもの福祉について学ぶためには、どのような視点が必要なのだろう？**

みらいさん 時は経過しましたが東日本大震災は想像を超える大災害で、当時はとてもショックを受けました。そして、両親が亡くなったり行方不明になったり、家を失った子どもたちのことを思うと悲しく辛いです。

こういち先生 被災した人々や子どもたちへの支援は大きな課題でしたね。保護者が不在となったために養育できず親類や里親さんに預けられたり、施設などで生活をすることとなった子どもたちもいたことでしょう。そのような子どもたちが安心して安定した生活ができるよう支援していくことは、とても重要なことです。

みらいさん どのようなしくみで子どもへの支援をしたり、権利を守ったり、家庭への支援を行っていくのでしょうか？

こういち先生 子どもの生活を支える福祉は、「児童福祉法」に基本的考え方や支援の内容が定められています。第二次世界大戦後に制定された「児童福祉法」は、最初は戦争による保護者の死亡や不明、被災により行く場がなくなり街にあふれた「孤児」や「浮浪児」の保護・養育を第一の目的にはじまった法律です。その後、時代の変化や社会状況に合わせて、何度も改正されてきました。

みらいさん 高校のときに「子どもの権利条約」について少し勉強しましたが、子どもの福祉との関係があるのですか。

こういち先生 1989年の国際連合総会で「子どもの権利条約（児童の権利に関する条約）」が採択され、日本は1994年に批准しました。この条約には、子どもの人権を守り、子ども自身が権利の主体であることが示されています。

みらいさん 子どもの生活を支援する上で、子どもたちが権利の主体であることを忘れてはいけないのですね。でも、児童虐待のニュースを最近よく見かけるのですが……。

こういち先生 虐待は人権が侵害される重大な問題です。保護者のなかには、子どもは親の所有物で、なんでも自由にできると勘違いしたり、しつけの一貫だと主張し、子どもの命や成長が脅かされる行為から事件へと発展するケースが後を絶たないのは心が痛みます。ただ、母親が育児の悩みを誰にも相談できず孤立している場合もあるので、子育て家庭の支援や地域で支え合う方法を考えることも大切なのですよ。

それでは、子どもの人権の尊重をはじめとする基本的な考え方や子どもとその家庭を支える子ども家庭福祉について学んでいきましょう。

1 子ども家庭支援とは

① 保育士に求められる役割

　児童福祉法は、保育士を「専門的知識及び技術をもつて、児童の保育及び児童の保護者に対する保育に関する指導を行うことを業とする者」と定めている。保育所保育指針には、保育所の役割の一つに、「保育所は入所する子どもを保育するとともに、家庭や地域の様々な社会資源との連携を図りながら、入所する子どもの保護者に対する支援及び地域の子育て家庭に関する支援を行う役割を担うものである」と明記している。

　さらに、全国保育士会倫理綱領も保育士の基本姿勢の一つに「私たちは、保護者の子育てを支えます」と宣言し、子どもの幸せのために保護者および家庭への支援を行うことが、全ての保育士の使命・役割であることを示している。したがって保育において、子どもへの支援とともに、家庭への支援を学ぶことは不可欠である。

② 子ども家庭支援の考え方

▼時代にともなう子育ての変化

　第二次世界大戦後、日本は高度経済成長にともない雇用労働者が増え、人々の生活の場は農村から都市部へと集中した。家庭は多世帯から核家族が増え、「夫は働き、妻は家庭を守る」という性別役割分業が定着し、子育てを含む家庭内の業務は女性に求められた。同時に都市化や就労の変化にともない、地域の人間関係も希薄化した結果、育児における母親の孤立や養育機能の低下につながり、母親の子育て不安を招いた。

　その後、女性の社会進出により夫婦共働き世帯が増加した。また、社会の雇用不安や不況により、家計の安定のために夫婦共に働かざるを得ない状況も生じた。1980（昭和55）年は専業主婦世帯が1,114世帯・共働き世帯が614世帯と専業主婦世帯が多かったが、1990年代に逆転し、2022年は専業主婦世帯が539世帯・共働き世帯が1,262世帯である[1]。各家庭において、仕事か子育てかを夫婦で分担するのではなく、仕事も子育ても夫婦で担う時代となった。

　大人の生活スタイルや社会状況が変わるなか、仕事と子育てを含む生活の両立は難しく、各家庭への負担が大きく限界も生じている。地域のなかで、各家庭が子どもを産み・育て・自立させていく機能を、国や社会が支えるこ

との重要性が指摘されている。

▼子ども家庭支援とは

　子ども家庭支援とは具体的にどのような取り組みだろうか。橋本好市は、児童福祉法第3条の2および、2018（平成30）年に厚生労働省雇用均等・児童家庭局が示した「市町村子ども家庭支援指針（ガイドライン）」をもとに、「子ども家庭支援」とは「市町村の責務において子どもと保護者・家庭からの子育てに関するニーズに応じて、当該関係専門機関などが一体的効果的にサービスを提供する取り組み」と述べる。さらに、子ども家庭支援の取り組みについて、「社会に存在する生活主体者として、保護者が抱える困難とその状況を対象として捉え、支えていくこと、そして子どもの最善の利益のために子どもと保護者・家庭、地域を視野に入れた組織的支援体制の構築」が保育所の課題であるとも主張している[2]。橋本が示す課題は、保育所に留まらず子どもの福祉に携わるすべての機関に関係すると考えられる。

　子ども家庭支援には子どもの最善の利益が根底にある。困難が生じたときに限り、一時的に子育ての代替を行うに留まらず、日常の中で各家庭が置かれている状況や生活課題を把握した上で、社会資源を活用しつつ関係機関が連携し、支援を必要とする家庭を地域や社会が支える。その結果、地域のなかですべての子どもが、人間らしく幸せに健康に成長すること（＝子どもの権利保障）につながる。

2　子どもの人権と子ども家庭福祉の理念

　日本国憲法第11条では「国民は、すべての基本的人権の享有を妨げられない。この憲法が国民に保障する基本的人権は、侵すことのできない永久の権利として、現在及び将来の国民に与へられる」と、基本的人権をすべての国民に保障している。当然、国民のなかには子どもも含まれる。ここでは、子どもの権利を守るための取り組みの流れと、その内容について学んでいく。

①　子どもの権利保障に関する流れ

　1900年にスウェーデンの思想家エレン・ケイ（E.K.S. Key）が平和な世の中と子どもの幸せへの思いを込め、『児童の世紀』を発表し「20世紀を児童の世紀」にと主張した。しかし、実際の20世紀は大戦が続く「戦争の世紀」であった。

▼児童の権利に関するジュネーブ宣言

第一次世界大戦終結後、国際連盟が設立された。国際連盟において子どもたちの平和な未来を願い、1924年「児童の権利に関するジュネーブ宣言」（ジュネーブ宣言）が採択された。これは国際的機関が採択した世界初の子どもの権利に関する宣言である。本宣言において「すべての国の男女は、人類が児童に対して最善のものを与えるべき義務を負うこと」と記し、子どもが子どもらしく発達を得られる権利を有していること、児童の救済、保護や援助の必要性を述べている。しかし、虚しくもその後1939年に第二次世界大戦が勃発した。

▼児童の権利に関する宣言（児童権利宣言）

第二次世界大戦が1945年に終結し、国際的平和の維持を目的として国際連合が設立された。1948年に「人権に関する世界宣言」（世界人権宣言）が国際連合で採択され、加えて子どもの人権に特化したものとして、1959年「児童の権利に関する宣言（児童権利宣言）」が国連総会で採択された。ジュネーブ宣言をもとに新たな内容を加え、前文で「児童は、身体的及び精神的に未熟であるため、その出生の前後において、適当な法律上の保護を含めて、特別にこれを守り、かつ、世話することが必要である」と述べている。この宣言では、子どもは社会的に弱い存在であり、守られなければならないという保護意識から子どもの権利が示されている。

▼児童憲章

第二次世界大戦後、日本では1947（昭和22）年に児童福祉法が制定されたが、戦後の混乱期では身売りされる子どもや、貧困により命を落とす子どもが後を絶たなかった。そこで国連の児童権利宣言等をふまえ、日本国憲法や児童福祉法の理念を広めるために、1951（昭和26）年5月5日に児童憲章が制定された。前文に「児童は、人として尊ばれる。児童は、社会の一員として重んぜられる。児童は、よい環境の中で育てられる」と、児童の幸福のための三原則が示されている。

▼児童の権利に関する条約（児童権利条約）

国際連合は世界人権宣言をもとに、人権に関する国際間の決まりを条約化したものとして、1976年に「国際人権規約」を発効した。同様に児童権利宣言を条約化する動きが起こり、1978年、ポーランドが児童の権利に関する条約の草案を国連人権委員会に提出した。その背景には、ユダヤ人孤児のための孤児院の院長を務め、第二次世界大戦中のユダヤ人収容所において、孤児院の子どもたちとともに命を落としたヤヌシュ・コルチャック（J.Korczak）の存在がある。コルチャックが主張していた「子どもの権利の尊重」の理

念*1とこれまでの宣言や条約を踏まえ、1989年「児童の権利に関する条約（児童権利条約）」が国際連合で採択された。

　日本は1990（平成2）年にこの条約に署名し、1994年に世界で158番目の批准国となった（2018年5月時点で196の締約国・地域がある）。

　条約は前文と本文54条から成り立っている。ユニセフ（UNICEF：国際児童基金）では、児童権利条約をわかりやすく解説するために、次の4つの柱を示している。

　ⓐ生きる権利：すべての子どもが、防げる病気などで命を奪われたりせず、病気やケガの治療を受けられ、命が守られる権利を有している。

　ⓑ育つ権利：教育や生活への支援を受け、子どもがもつ自身の能力を充分に伸ばして成長できる権利をもっている。遊びや余暇、信心の自由が守られることも含まれる。

　ⓒ守られる権利：子どもがあらゆる種類の虐待や搾取、有害な労働などから守られる。被害を受けた場合は心身のケアを受け、回復や社会復帰のための措置がとられなければならない。また、障害のある子どもや少数民族の子どもなどは特に守られる。

　ⓓ参加する権利：子どもが自由に意見を述べ、表現すること、活動を行うことや団体を作ることを保障する。

　この4つの柱から、どのような状況下であっても、常に子どもの最善の利益が考慮されなければならないことがわかる。子どもの権利宣言がなされた当時の子どもに関する権利意識は、子どもを社会的に弱い立場ととらえ、保護や援助を与えられる権利としての受動的権利を保障する性格をもっていた。しかし、児童権利条約においては、受動的権利だけでなく、子どもが自由に自らの意見を述べ、権利を行使する主体としての能動的権利を保障している特徴がある。

② 児童福祉法

▼児童福祉法の成立

　第二次世界大戦直後、戦争により肉親を亡くした戦争孤児や家をなくした子どもたちが浮浪児となって溢れていた。子どもたちは盗みや物乞いなどをし、生き延びようとしたが、路上で命を落とす子どもも多くいた。当時の政府は、浮浪児たちは街の治安を悪くするものととらえ、浮浪児問題が課題となっていた。そこで、街の浄化対策として浮浪児の子どもたちを施設に収容するために「狩り込み」*2を行った。

*1　ヤヌス・コルチャックの「子どもの権利の尊重」の理念
ユダヤ人の子どものためのホーム（孤児施設）において、J.コルチャックは、ホームの運営を子どもの自治で行った。子ども達が自分達の意見を出して運営することで、子ども一人一人を尊重し、個性を伸ばし育てることを重視した。

*2　狩り込み
戦後浮浪児の救済や犯罪の抑制を目的としたもの。浮浪児はトラックの荷台に乗せられ、収容施設へと移送されていた。このことを当時は「狩り込み」と呼んでいた。

そのようななか、まず児童の保護収容を目的とした児童保護法案が政府から出された。しかし、保護収容だけではなく児童の福祉そのものを積極的に進める必要性が主張された。その結果、1947（昭和22）年に児童福祉法が制定され、1948（昭和23）年に完全施行され、すべての児童を対象とした児童の福祉の概念が示された。

▼児童福祉法の理念

児童福祉法において、児童とは「満18歳に満たない者」と定義され、その第1条には「全て児童は、児童の権利に関する条約の精神にのっとり、適切に養育されること、その生活を保障されること、愛され、保護されること、その心身の健やかな成長及び発達並びにその自立が図られることその他の福祉を等しく保障される権利を有する」と子ども家庭福祉の基本理念が示されている。この第1条は2016（平成28）年の法改正において、それまでの児童福祉法では触れられていなかった児童権利条約が明記されることとなった。子どもの権利条約の理念を児童福祉法に明示したことで、積極的にその実現をめざしていく姿勢が示された。

▼児童福祉法の責務

児童福祉法第2条および第3条の2、3において、子どもの家庭福祉に関する児童育成の責任、国および地方公共団体の責務が示されている。子どもが家庭で健やかに育つために、すべての国民、国および地方公共団体が子どもの保護者を支援すること、家庭養育が困難な場合は、家庭と同様の養育環境で子どもが養育されるようにしなければならないことを示している。

その他、市町村と都道府県が子ども家庭福祉に関して、適切な養育ができる体制を確保するための施策、互いに助言や情報提供をしながら、子どもの福祉に関する業務が適切かつ円滑に実施することを責務としている。

子どもは原則的には保護者とその家庭において適切に養育される（第一義的責任）。しかし、その責任を保護者のみに向けるのではなく、適切な養育が保護者とその家庭でなされるよう保護者を支援する責務を、国や地方公共団体が担っている。

③ こども基本法の制定

▼こども基本法の成立

児童福祉法を軸として、子ども・子育てに関する法律の制定や施策が複数実施されてきた。例えば「児童虐待の防止等に関する法律」や「子どもの貧困対策の推進に関する法律」の制定、保育所の待機児童対策や幼児教育・保

育無償化の実施などがある。しかし、児童虐待の相談件数増加や少子化の進行には歯止めがかかっていない。

　従来、子ども・子育てに関する取り組みは、複数の法律や府省・自治体によって実施されてきた。それらのこども施策*3を社会全体で機動力を持って総合的かつ強力に実施していくための包括的な基本法が必要であるとの考えから、2022（令和4）年6月こども基本法が国会で成立し、2023（令和5）年4月から施行された。

　こども基本法第1条には、日本国憲法及び児童の権利に関する条約の精神にのっとり、すべてのこどもの権利の擁護が図られ、将来にわたって幸福な生活を送ることができる社会の実現を目指すこと等が示されている。

▼こども基本法の理念と責務

　第3条には、児童権利条約に基づいて、本法律の6つの基本理念が示されている（表8-1）。第4条・第5条では、国や地方公共団体がこども施策を策定し実施する責任を持つこと、第6条は事業主が労働者の職業生活及び家庭生活の充実が図られる雇用環境の整備に努めること、第7条では国民に対してこども施策への関心・理解・協力の努力を求めている。

表8-1　こども基本法に基づくこども施策の6つの基本理念

①すべてのこどもは大切にされ、基本的な人権が守られ、差別されないこと。
②すべてのこどもは、大事に育てられ、生活が守られ、愛され、保護される権利が守られ、平等に教育を受けられること。
③年齢や発達の程度により、自分に直接関係することに意見を言えたり、社会のさまざまな活動に参加できること。
④すべてのこどもは年齢や発達の程度に応じて、意見が尊重され、こどもの今とこれからにとって最もよいことが優先して考えられること。
⑤子育ては家庭を基本としながら、そのサポートが十分に行われ、家庭で育つことが難しいこどもも、家庭と同様の環境が確保されること。
⑥家庭や子育てに夢を持ち、喜びを感じられる社会をつくること。

出典：こども家庭庁「すべてのこども・おとなに知ってほしいこども基本法とは？」pp.7-8　https://www.cas.go.jp/jp/seisaku/kodomo_seisaku_suishin/230323/kihon.pdf

*3
こども基本法において、「こども」を「心身の発達の過程にある者」と定義している。この理念に基づき、こども基本法の条文中や関連施策においても、平仮名表記の「こども」が使用される。本章でもこども基本法に関連する場合の表記は「こども」と示す。

3　子ども家庭支援の施策と動向

① 少子化対策の流れ

　子ども家庭支援施策の1つに少子化対策がある。少子化対策は子どもを産

図8－1　1990（平成2）年から2023（令和5）年までの少子化対策

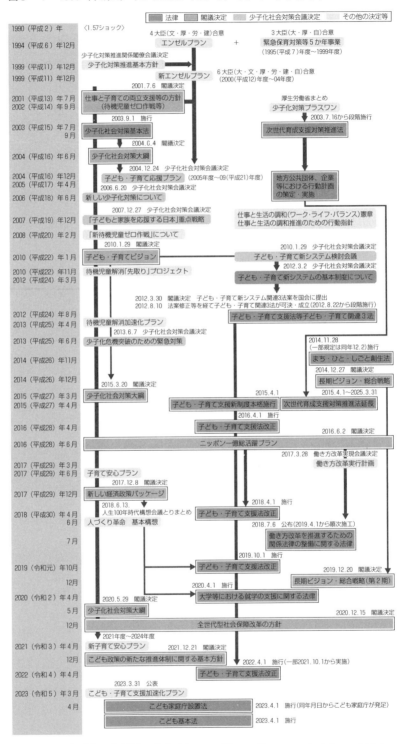

出典：内閣府「少子化対策の歩み」https://www8.cao.go.jp/shoushi/shoushika/data/
pdf/torikumi.pdf（2023年5月1日閲覧）を元に著者作成

み育てやすい社会を整備するための施策でもある。少子化対策としてのスタートは1994（平成6）年の仕事と子育ての両立支援などを目的とした「今後の子育て支援のための施策の基本的方向について（エンゼルプラン）」である。それ以降、さまざまな対策や施策が実施されている（図8－1参照）。

▼子ども・子育て支援新制度の成立

　これまでの多様な取り組みがなされてきたにもかかわらず、少子化には歯止めがかかっていない。2010（平成22）年「子ども・子育てビジョン」の閣議決定により「子ども・子育て新システム検討会議」が発足した。そして、新たに2012（平成24）年、社会保障・税一体改革関連法案として「子ども・子育て支援法案」、「総合こども園法案」、「子ども・子育て支援法及び総合こども園法の施行に伴う関係法律の整備等に関する法律案」の3法案（子ども・子育て関連3法）が成立、2015（平成27）年から実施された。

　この3法に基づく子ども・子育て支援新制度は、幼児期の教育・保育、地域の子ども・子育て支援を総合的に推進し、量と質の確保を図ることを目的とした。また、新制度の実施主体を市町村とし、各市町村で地域の特性に応じた「市町村子ども・子育て支援事業計画」の策定、都道府県は市町村を支援するための「都道府県子ども・子育て支援事業支援計画」の策定を求めている。

▼働き方改革と少子化対策

　2016（平成28）年に「ニッポン一億総活躍プラン」が閣議決定された。子育てと仕事の両立には働き方改革が重要であるとし、2017（平成29）年の「働き方改革実行計画」では、時間外労働の上限規制、長時間労働の是正、非正規雇用の処遇改善等が示された。同年の「子育て安心プラン」では、女性就業率80％に対応できる32万人分の保育の受け皿を整備するなど、働きながら安心して子育てができる社会の構築（整備）が進められた。

　さらに2019（令和元）年「子ども・子育て支援法の一部を改正する法律」によって、幼児教育・保育無償化*4が開始された。子育て家庭に生じる経済的負担の軽減を図ることに加え、家庭の経済状況に関わらず、すべての子どもが適切な幼児教育・保育を得られる機会の保障も意図している。

▼こども家庭庁の創設

　これまで、少子化対策を含め多種多様に実施してきた子ども家庭支援に関する各施策等は、内閣府や厚生労働省等に分散して実施されてきた。こども政策の司令塔機能を一本化し、各省より一段高い立場から、少子化対策を含むこども政策について一元的に行う必要があることをふまえ、2023（令和5）年4月からこども家庭庁が創設された。

*4　幼児教育・保育の無償化
2019（令和元）年10月から開始された。幼稚園の3〜5歳児クラスの子ども（上限月額2.57万円、預かり保育を利用する場合はプラス1.13万円）、保育所・認定こども園の3〜5歳児クラスの子どもおよび0〜2歳児クラスの住民税非課税世帯の子どもの保育料が無償となる。その他、障害児通園施設、地域型保育事業、認可外保育施設の利用も子どもの年齢や一定の条件のもと、利用料が無償となる。

こども家庭庁は、常にこどもの最善の利益を第一に考え、こどもに関する取組・政策を社会の真ん中に据えて（「こどもまんなか社会」）、こどもの視点で、こどもを取り巻くあらゆる環境を視野に入れ、こどもの権利を保障し、こどもを誰一人取り残さず、健やかな成長を社会全体で後押しすることを基本方針としている。

② 子どもを取り巻く問題とその支援

少子化対策以外にも、子どもや家庭に生じた多様な状況を支援するために、さまざまな施策が実施されている。

▼ひとり親家庭・寡婦等への支援

厚生労働省「令和3年度全国ひとり親世帯等調査」において、2021（令和3）年11月時点における、ひとり親世帯数は、母子世帯119.5万世帯、父子世帯14.9万世帯であった。ひとり親家庭になった理由としては、離婚が大きな割合を占め、母子世帯79.5％、父子世帯69.7％であった。2020（令和2）年の世帯年間収入の平均は、母子世帯373万円、父子世帯600万円であった。児童がいる世帯の平均収入は813.5万円であり、ひとり親世帯の収入の低さがわかる。特に母子家庭においては半分以下であり、子どもの貧困問題とも大きく関係してくる。

ひとり親家庭への支援は、「母子及び父子並びに寡婦福祉法」を基本とし、保護者の生活支援や就業支援などが実施される。加えて、児童扶養手当の支給や保育所などの優先入所、母子生活支援施設への入所、養育費相談支援センターの設置などがある。

▼子ども虐待

2021（令和3）年度の児童虐待相談対応件数（以下、虐待対応件数）は、20万7,660件と報告された。虐待対応件数の調査が開始された1990（平成2）年度以降、毎年度、相談件数は増加傾向にある[4]。

2000（平成12）年に制定された「児童虐待の防止等に関する法律」（児童虐待防止法）では、虐待にあたる行為を4つに分けて示している。

ⓐ児童の身体に外傷が生じ、又は生じるおそれのある暴行を加えること（身体的虐待）。

ⓑ児童にわいせつな行為をすること又は児童をしてわいせつな行為をさせること（性的虐待）。

ⓒ児童の心身の正常な発達を妨げるような著しい減食又は長時間の放置、保護者以外の同居人による前二号又は次号に掲げる行為と同様の行為の

放置その他の保護者としての監護を著しく怠ること（ネグレクト・育児放棄）。

ⓓ児童に対する著しい暴言又は著しく拒絶的な対応、児童が同居する家庭における配偶者に対する暴力、その他の児童に著しい心理的外傷を与える言動を行うこと（心理的虐待）。

これらの虐待行為が、単一で行われることもあれば、複数の行為が重複している場合もある。また、2019（令和元）年の児童福祉法改正では、しつけによる体罰の禁止が示された。2022（令和４）年には民法が改正され、懲戒規定が削除されるとともに、体罰の禁止も明記された。たとえ子どものしつけのためと思った行為であっても、その行為が子どもの監護や教育に必要な範囲を超え、子どもの権利を侵害する場合は虐待である。

子ども虐待は場合によっては子どもの死に至る。重篤化を防ぐためには、早期発見・通告その後の適切な対応が不可欠となる。2014（平成26）年以降、虐待を受けた子どもをはじめとする支援対象児童とその保護者への対応を図るために、各地方公共団体において「要保護児童対策地域協議会（要対協）」が運営されている。虐待などが生じた場合、要対協を中心に児童相談所や地域の多様な機関と連携し、子どもの心身の治療ケアや自立支援、保護者への相談対応や心理ケア、生活支援などが実施される。

▼子どもの貧困問題

貧困には、「絶対的貧困」と「相対的貧困」の２つの定義がある。「絶対的貧困」とは、生存維持に最低限必要なものが確保できない生活レベルにある貧困をいう。「相対的貧困」とは、国や地域のなかで、平均的な生活レベルや活動に参加できない所得状況にあり、人並みの生活ができない状態をいう。子どもの貧困問題は「相対的貧困」からとらえたものである。

厚生労働省「2019年国民生活基礎調査の概況」によると、子どもの貧困率は14.0％であり、貧困状況にある子どもは、2015（平成27）年において７人に１人の割合で存在していることを示している。

子どもの貧困や、それによる影響などをふまえ、貧困状況にある子どもが健やかに育成される環境の整備と教育の機会均等など、子どもの貧困対策を総合的に推進することを目的として、2013（平成25）年に「子どもの貧困対策の推進に関する法律」が制定された。「子どもの貧困」は経済的な状況だけでなく、医療、余暇活動、遊び、日常的な養育・学習環境、学校教育（教育格差）などのさまざまな生活場面に影響する。多様な機会を制約されることで、子どもの能力や自己肯定感が低くなるなどの影響がある。貧困による不利が、進学や就職などの選択肢をも制約し、大人になってからも貧困が継

続し、世代間での貧困の連鎖が生じてしまうことが危惧されている。

▼多様な支援に対応する「こども家庭センター」

上記以外にも、社会的な支援をする家庭の状況は多様にある。たとえば、ヤングケアラーと呼ばれる、本来大人が行うような家事や家族の世話・介護などを日常的に行う子ども、若年妊娠、不登校、いじめ、非行などの問題を抱えた子ども、子どもの障害や発達の遅れ、保護者の障害や疾患などである。

2022（令和4）年の児童福祉法および母子保健法の改正により、2024（令和6）年以降「こども家庭センター」の設置が各市町村の努力義務として推進される[*5]。子育て世帯に生じる多様な支援を把握し、こども家庭センターが中核となり支援提供計画（サポートプラン）を作成し、児童相談所や市町村の保健・医療・福祉・教育・民間支援団体等と連携した支援を行う。また、妊娠の届出から、乳幼児期に留まらず18歳未満の子どもとその家庭が対象となる。

＊5　こども家庭センター
こども家庭センターは、2016（平成28）年に創設された子育て世代包括支援センター（母子健康包括支援センター）と、子ども家庭総合支援拠点を一体化し、市区町村に設置される。

③ 社会的養護を必要とする子ども

▼社会的養護とは

厚生労働省は社会的養護を「保護者のない児童や、保護者に監護させることが適当でない児童を、公的責任で社会的に養育し、保護するとともに、養育に大きな困難を抱える家庭への支援を行うこと」と定義している。また、社会的養護は、「子どもの最善の利益のために」と「社会全体で子どもを育む」ことを理念としている。

虐待や貧困などさまざまな理由を背景に、家庭で養育されることが困難な子どもがいる。また、家庭で養育が得られても不十分な状態が生じている場合もある。その際に、公的に子どもや家庭を支えるのが社会的養護である。

▼社会的養護を行う場

社会的養護を必要とする子どもがいる場合、状況に応じて児童養護施設等への入所措置が行われる。社会的養護の体系は、大きく施設養護と家庭養護に区別される。施設養護の場には乳児院、児童養護施設、児童心理治療施設、児童自立支援施設、母子生活支援施設、障害児入所施設がある。子どもの状況や必要とする支援内容に応じて入所施設が決定される。

家庭養護には、里親や小規模住居型児童養育事業（ファミリーホーム）などがある。一定の研修を受けた養育者の自宅で養育者やその家族とともに生活する。

▼家庭養護・里親委託の推進

2009年に国際連合は「児童の代替的養護に関する指針」を採択した。これは、子どもの権利条約の発行から20年が経つことを期に、子どもの保護および福祉に関する規程の実施を強化することを目的として発表された。本指針において、子どもの養育に関し、家庭・実親による養育が第一であること、それが叶わない場合は、親族もしくは里親、ファミリーホームなどの家庭的な環境、小規模化された施設養育であることが主張された。

従来わが国は、社会的養護を必要とする子どもの養育を、乳児院や児童養護施設などにおいて、大舎制*6を中心に行ってきた。そのため本指針をきっかけに、社会的養護のあり方を大きく方針転換した。

2016（平成28）年に改正された「新しい社会的養育ビジョン」が掲げられ、実親による養育が困難な場合、里親や特別養子縁組などの家庭養育優先の理念などが規定された。子どもが地域のなかで家庭に近い養育環境の下で安心して自分を委ね、当たり前の生活を得られる社会的養護の場の整備が推進された*7。その結果、2011（平成23）は13.5％だった里親委託率（ファミリーホームによる養育含む）が、10年後の2021（令和3）年には23.5％に上昇している[4]。

なお、2022（令和4）年に改正された児童福祉法では、里親委託や里親への支援を更に強化するために「里親支援センター」を児童福祉施設として位置づけ、2024（令和6）年4月から施行される。

*6　大舎制
20人以上の子どもが1施設で生活する。男女別・年齢別で1部屋を複数人で共有し、食事は食堂でとる施設が多い。集団として子どもを管理しやすい反面、子どもへの個別対応やプライバシー保護が難しいなどの課題がある。

*7
新しい社会的養育ビジョンのなかで、里親委託率については「3歳未満については概ね5年以内に、それ以外の就学前の子どもについては概ね7年以内に75％以上を実現し、学童期以降は概ね10年以内を目途に50％以上を実現する」としている。

❹　保育施策の動向

日本の就学前施設は、従来幼稚園と保育所の二元化の状況であった。しかし、地域の実情や保護者の多様な保育ニーズに応えるために、2006（平成18）年に「就学前の子どもに関する教育、保育等の総合的な提供の推進に関する法律（認定こども園法）」に基づく認定こども園制度が開始された。さらに、2012（平成24）年の子ども・子育て関連3法の制定、2015（平成27）年の実施にともない、幼保連携型認定こども園の制度が整備された。

2019（令和元）年10月には幼児教育・保育無償化も始まった。子育て家庭への支援の必要性に応じて、保育政策も変化している。

図8−2　就学前の保育施設

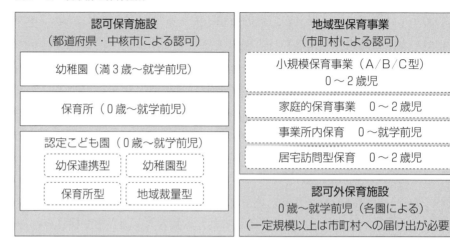

出典：内閣府子ども・子育て本部「子ども・子育て支援新制度について（令和元年6月）」
　　　を基に著者作成

①　主な就学前保育施設

　現在、就学前の保育を行う施設は、大きく認可保育施設、地域型保育事業、
認可外保育施設に分けられる（図8−2）。

②　認可保育施設

▼幼稚園

　幼稚園は文部科学省が管轄[8]し、学校教育法において「幼稚園は義務教
育及びその後の教育の基礎を培うものとして、幼児を保育し、幼児の健やか
な成長のために適当な環境を与えて、その心身の発達を助長することを目的
とする」と定められる学校の1つである。

　幼稚園は満3歳からの利用が可能であり、利用希望する場合、幼稚園に直
接利用申し込みをする。利用料は無償化により無料である[9]。

▼保育所

　保育所はこども家庭庁が管轄[8]し、児童福祉法において「保育を必要と
する乳児・幼児を日々保護者の下から通わせて保育を行うことを目的とする
施設（利用定員が20人以上であるものに限り、幼保連携型認定こども園を除
く）とする」と定められる。保育所を利用するためには、保護者の就労など
の保育を必要とする事由があることが要件となる。

　また、保育を必要とする子どもに対する保育の実施責任は市町村にある。

表8－2　保育の必要認定区分と利用手続き等

保育の必要認定区分	対　象	保育料	利用手続き	利用可能認可保育施設
1号認定 （教育標準時間認定）	満3歳以上児で 教育を希望する	無償	園と直接契約	幼稚園 認定こども園
2号認定 （保育認定）	満3歳以上児で 保育を必要、希望する	無償	市町村に申請	保育所 認定こども園
3号認定 （保育認定）	満3歳未満児で 保育を必要、希望する	市町村が定める ※非課税世帯は無償	市町村に申請	保育所 認定こども園

出典：内閣府子ども・子育て本部「子ども・子育て支援新制度について（令和元年6月）」を基に著者作成

そのため、保育所を利用する場合、園に直接申し込みをするのではなく、ま
ず市町村の「保育の必要認定」（表8－2参照）を受けなければならない。
認定を受けた後、市町村に利用希望の申込みをし、市町村が利用調整および
利用保育所の決定を行う。保育料は、2号認定の子どもおよび住民税非課税
世帯の3号認定の子どもは無償化により無料である。3号認定の無償化に該
当しない子どもの利用料は、各市町村が設定する。

▼認定こども園

　認定こども園はこども家庭庁が管轄[8]し、ⓐ幼保連携型、ⓑ幼稚園型、
ⓒ保育所型、ⓓ地域裁量型の4つに区分される。ⓐ幼保連携型認定こども園
は、児童福祉法において「義務教育及びその後の教育の基礎を培うものとし
ての満3歳以上の幼児に対する教育及び保育を必要とする乳児・幼児に対す
る保育を一体的に行い、これらの乳児又は幼児の健やかな成長が図られるよ
うな適当な環境を与えて、その心身の発達を助長することを目的とする施設」
と定められ、学校（幼稚園）としての機能と、児童福祉施設（保育所）とし
ての機能をあわせもつ施設にあたる。

　利用手続きは、1号認定の子どもは幼稚園と同様、2号・3号認定の子ど
もは保育所と同様となる。保育料は1号・2号認定の子どもは無償化によっ
て無料である。3号認定の子どもは保育所と同様となる（表8－1参照）。

③　地域型保育事業

　地域型保育事業は児童福祉法および、子ども・子育て支援法に定められ、
実施には市町村の認可を必要とする。ⓐ小規模保育事業、ⓑ家庭的保育事業、
ⓒ事業所内保育事業、ⓓ居宅訪問型保育事業の4つがある。事業の種類によっ
て利用できる子どもの年齢や、保育士の配置基準が異なる（表8－3）。

表8－3　地域型保育事業

事業類型		事業主体	定員	職員数	職員資格
小規模保育事業	A型	市町村民間事業者等	6〜19人	保育所配置基準＋1名	保育士
	B型				1／2が保育士
	C型			0〜2歳児3：1（補助者を置く場合5：2）	家庭的保育者※
家庭的保育事業		市町村民間事業者等	1〜5人	0〜2歳児3：1（補助者を置く場合5：2）	家庭的保育者（＋家庭的保育補助者）
事業所内保育事業		事業主等	－	定員20名以上：保育所と同様定員19名以下：小規模事業A／B型と同様	
居宅訪問型保育事業		市町村民間事業者等	－	0〜2歳児　1：1	研修を修了するなど市町村長が認める者

※家庭的保育者とは、市町村長が行う研修を修了した保育士、保育士と同等以上の知識および経験を有すると市町村長が認める者をいう。
出典：内閣府子ども・子育て本部「子ども・子育て支援新制度について（令和元年6月）」を元に著者作成

④　認可外保育施設

　認可外保育施設とは、児童福祉法に基づく都道府県知事などの認可を受けていない保育施設のことをいう。夜遅くまで子どもを預けられること等の利点もある一方で、1990年代後半頃から、保育所等の認可保育施設に子どもを預けることが叶わず、認可外保育施設を利用する家庭が急増した。2021（令和3）年3月時点における無認可保育施設は2万263か所あり、23万46人の子どもが利用している[5]。

　近年は認可外保育施設で生じる事故にも厳しい目が向けられている。厚生労働省は、2017（平成29）年に認可外保育施設に対し、子どもの死亡など重大事故が起きた場合、自治体に報告することを義務付けた。多様な保育施設が存在することで、保護者のさまざまなニーズに応えることができる利点はあるが、子どもの命や尊厳が無条件に守られることが不可欠である。保育者の専門性や倫理、行政の管理体制の構築などが求められている。

✎ まとめてみよう

> ①　なぜ子どもだけではなく、子どもと家庭の双方を支援するようになったのか、その背景や必要性についてまとめてみよう。
>
> ②　子どもの権利を侵害する物事や出来事として、具体的にどのようなものがあるか、ⅰ子どもによる子どもの権利侵害、ⅱ大人による子どもの権利侵害、ⅲ政府・行政による子どもの権利侵害の3つの視点から、考えてまとめてみよう。
>
> ③　子ども虐待や、貧困、保育所待機児童問題など、現代の子どもと家庭に関する問題のなかで、感心のあるものを取り上げ、実態と対応についてまとめてみよう。

【引用文献】

1）労働政策研究・研修機構ホームページ「専業主婦世帯と共働き世帯 1980〜2022年」https://www.jil.go.jp/kokunai/statistics/timeseries/html/g0212.html（2023年 5 月 1 日閲覧）

2）橋本好市「第 1 章　子ども家庭支援の意義・役割」橋本好市・直島正樹編著『保育実践に求められる子ども家庭支援』ミネルヴァ書房　2019年　pp.21－22

3）厚生労働省「令和 3 年度 児童相談所での児童虐待相談対応件数」https://www.mhlw.go.jp/content/001040752.pdf（2023年 5 月 1 日閲覧）

4）こども家庭庁支援局家庭福祉課「社会的養育の推進に向けて（令和 5 年 4 月 5 日）」https://www.cfa.go.jp/assets/contents/node/basic_page/field_ref_resources/8aba23f3-abb8-4f95-8202-f0fd487fbe16/e979bd1e/20230401_policies_shakaiteki-yougo_67.pdf（2023年 5 月 1 日閲覧）

5）厚生労働省「令和 2 年度 認可外保育施設の現況取りまとめ」https://www.mhlw.go.jp/content/11900000/000986318.pdf（2023年 5 月 1 日閲覧）

【参考文献】

こども家庭庁ホームページ　https://www.cfa.go.jp/

吉田幸恵・山縣文治編『新版 よくわかる子ども家庭福祉　第 2 版』ミネルヴァ書房　2023年

全国保育団体連絡会・保育研究所編『保育白書2022年版』ちいさいなかま社　2022年

中山徹『子どものための保育制度改革』自治体研究社　2021年

第9章　共生社会と障害者福祉

✏ 「共生社会」ってなんだろう？

みらいさん　先日、市役所に出かけたら「障がい者支援」というパンフレットがあって、ふと気になったのですが、ショウガイのガイの字は「がい」と書く場合と「害」と書く場合とがあるんですね。大学で使っている教科書は「障害」と書いてありました。

こういち先生　そうですね。ショウガイの表記には、そのほかに「障碍」がありますし、「チャレンジド」のようにショウガイを使わないという考え方もあります。もともとは「害」の字は「公害」や「害虫」のように不快なイメージがあって、人を表すときに相応しくないという意見があって、代替案として出てきた表記なんですね。

みらいさん　確かに、「障害者」というと「害がある人」ということになって失礼な気もします。でも、教科書も「障害」と書いてあったし、法律の名称も「障害」を使っていますね。

こういち先生　そうなんです。実は、この議論は2003（平成15）年ごろから出てきていて、2015（平成27）年には23都道府県や政令指定都市、企業などが「障がい」を採用すると発表しています。

みらいさん　「障がい」にするというところと「障害」のままのところがあると混乱しませんか。

こういち先生　その通り。国もこの問題を重くみて、統一するべきと考え、有識者会議において検討したり、2015年には国会質疑にもこの問題が取り上げられました。ただ、結局は結論は出せずに終わってしまったのです。

みらいさん　なぜですか。

こういち先生　一番大きな理由は障害当事者団体の意見によるものだったと思います。障害当事者にすれば、「障害」の「害」は障害者そのものに害があるという意味ではなく、障害者とは社会から害を受けているという意味にとるべきだということなんです。これを「社会モデル」の考え方と言いますが、社会が変わることで障害はなくせるのだというこのモデルは、今や国際的にも障害を考える上で大事な考え方になっています。「障がい」と書くことによって、こうした議論そのものを見えなくしてしまうこと、社会が障害者の問題を見なくなってしまうことがもっとも怖いことだということなんですね。

みらいさん　なるほど。なんとなくわかるような気がしますが、私はどっちを書くべきですか。

こういち先生　先ほども言ったように、国会質疑でも結論が出なかった問題です。つまりどちらで書いても良い、間違いではないのです。それをふまえて、この問題を自分のこととしてしっかり考えて続けていくことが大事ですね。本章では、その判断材料になる障害のとらえ方と障害者福祉について勉強していきましょう。

1 「障害」のとらえ方

① 「障害」と社会

▼障害の社会モデル

　障害のとらえ方は、時代によって変化してきた。現在では、国際的にも国内的にも「障害は『社会モデル』でとらえる」といわれているが、一般社会にそれが広まっているとは言い難く、いまだ社会モデルの対極にあたる「医学モデル」が主流であるといえる。

　医学モデルは、障害は医学的に診断できるその人の身体の問題であって、本来あってはならず、障害は治療の対象という考え方である。これに対し、社会モデルは、障害はその人の身体に属するものではなく、障害は環境（社会）との関係性によって生ずるものであり、障害の有無にかかわりなく住みよい社会にするためには社会のあり方を変えるべきという考え方である。

　社会モデルが主張するのは、まず多数派本位につくられた社会において不便に感じている少数派の存在に気づくこと、そして、少数派である障害者の不便は、多数派だけを想定してつくられた社会の側によって作られたので、その解消のためには社会の側が何らかを改善すべきという点にある。

　一例として、「左利き」について考えてみよう。多くの人が右利きであるこの社会は、右利き用につくられているシステムが多い。たとえば、駅の改札のカードリーダーは右にあり、ファミリーレストランのスープバーにあるレードルも、トランプの札も右利き用である。多くの右利きの人は、左利きの人が不便そうにしているのを見たとしても気にも留めない。このように、身近にいる少数派の不便に気づかない多数派の人が、障害のある人たちの不便に気づくことは難しい。

　社会モデルのとらえ方を理解することによって、たまたま少数派である人たちが不便を強いられるこの理不尽さを知り、社会を変える意識をもって生活することができるだろう。

▼ICF（国際生活機能分類）

　1960年代から世界中に広まってきた社会モデルと、対立する医学モデルを統合させたのが、WHO（世界保健機関）発行のICF（International Classification of Functioning, Disability and Health：国際生活機能分類）である（図9－1）。ICFは、障害を、身体的な構造や心身機能だけで医学的に評価するだけでなく、社会モデルの視点を取り入れ、障害は個人と社会（環

図9-1　ICFの構成要素間の相互作用図

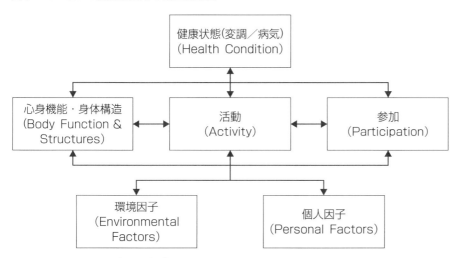

出典：世界保健機関（WHO）「国際生活機能分類―国際障害分類改定版―」中央法規出
　　　版　2003年を一部加筆

境）の相互作用によって引き起こされるものとした。多数派の使いやすさを
意図してつくられた制度やしくみ、「多数派ができること」を基準にした常識、
それに基づく差別的態度などさまざまな社会環境要因が、個人の心身機能や
身体構造と相互に作用し合い「活動のしにくさ」や「参加のしにくさ」をつ
くっているという考え方である。

　ICFは構成要素が互いに影響し合って、障害という現象を作り出している
ことを示し、各要素は双方向の矢印でつながっているように、相互作用し合っ
ている。現在では、このICFの概念が世界中の国々の障害に関する法律や制
度の基礎となっている。

▼共生社会

　社会モデルでとらえるとき、障害は政治の問題になるともいわれる。障害
とは治療の対象ではなく、政治的努力によって変えることができるものであ
ると考えられる。障害者基本法は、2011（平成23）年の改正で、その目的を
「全ての国民が、障害の有無によつて分け隔てられることなく、相互に人格
と個性を尊重し合いながら共生する社会を実現する」こととし、私たちがめ
ざす社会を「共生社会」と定めた。

　「健常者と障害者がともに暮らす社会」を考えるとき、「助ける者」と「助
けられる者」という上下関係が形成されやすい。障害者基本法の「分け隔て
られることなく」とは、障害者とそうでない人を分類しないということであ
り、どちらも同等に「人」として尊ばれる社会である。「弱者を助ける主体」

と「弱者として助けられる客体」という主客の存在する社会、障害者が常に客体に置かれる社会は「共生社会」とはいえないのである。

② 障害者の権利に関する条約

▼障害者権利条約とは

障害者の人権を保障する「障害者の権利に関する条約（障害者権利条約）」[*1]は、2006（平成18）年に国連で採択され、わが国は、国内法を整えたのち2014（平成26）年にこれを批准した。

障害者権利条約では、障害者を「長期的な身体的、精神的、知的又は感覚的な機能障害であって、様々な障壁との相互作用により他の者との平等を基礎として社会に完全かつ効果的に参加することを妨げ得るものを有する者を含む」と定義しており、障害を単なる個人的問題としてとらえるのではなく、障害は「様々な障壁との相互作用」によって生じるものである、というICFの概念が盛り込まれている。

障害者権利条約の目的は、「全ての障害者によるあらゆる人権及び基本的自由の完全かつ平等な享有を促進し、保護し、及び確保すること並びに障害者の固有の尊厳の尊重を促進すること」である。注目したいのは、ここにあげられた「あらゆる人権」「基本的自由」「固有の尊厳」は、決して新しい考え方ではないということである。これらの概念は、これまでの人権宣言でも、すべての人にあたり前に保障するべきといわれてきた権利である。障害者権利条約は、それまで人としてあたり前のことも保障されてこなかった障害者の権利を改めて問うものである。

障害者権利条約には「他の者との平等を基礎として」という文言が多用されている。この言葉には、他の人に当然保障されてきた権利を障害のある人にも保障するという意味が込められている。

▼障害者権利条約が示した新しい概念

障害者権利条約には、それまでの医学モデル中心だった障害者福祉の概念を刷新する新しい概念が盛り込まれた。その一つは第2条に示された「障害に基づく差別に、合理的配慮[*2]の否定が含まれる」という点である。

これまで、「障害に基づく差別」とは、障害者の人権を侵害することや妨害することだったが、「他の者との平等」を基礎とすれば、まず障害者が人権を行使できるような環境であるかが問われるのである。人権を行使できる環境への配慮が前提となり、過度な負担がない場合に「配慮をしないこと」は差別となる、という解釈を示したのである。

*1
条約とは、法的拘束力をもつ国際文書である。条約に批准した締約国は条約の諸規定を自国の法令の中に取り入れるためのあらゆる措置をとらなければならず、さらに年次報告を提出して国際的な監視をうけることになる。

*2　合理的配慮
障害者権利条約第2条に「障害者が他の者との平等を基礎として全ての人権及び基本的自由を享有し、又は行使することを確保するための必要かつ適当な変更及び調整であって、特定の場合において必要とされるものであり、かつ、均衡を失した又は過度の負担を課さないもの」と定義されている。

　例をあげると、車椅子ユーザーに「公共施設の2階に行くことを禁止する」や「2階に行こうとするのを妨害する」ことはこれまでも差別と認識されることはあったが、障害者権利条約では、「そもそも車椅子で2階に行くことができるようにエレベーターを設置しておくのが当然であり、エレベーターを用意しないことは差別である」つまり、車椅子ユーザーにも他の人と同様に、自由に上の階に行く権利を保障すべきということである。とした。この考え方は、国内法にも大きく影響している。

　さらに、新しい概念として認識すべきは、障害者権利条約における「自立した生活及び地域社会への包容」の概念である。障害者の自立を、「他の者との平等を基礎として、居住地を選択し、どこで誰と生活するかを選択する機会を有すること並びに特定の生活施設で生活する義務を負わないこと」とした。自己選択する自由があること、障害があるという理由で「特定の施設」で生活することを強制されるべきではないことなどが明記されている。

▼ノーマライゼーション

　障害者権利条約には、障害者福祉の分野で1950年代に生まれた「ノーマライゼーション」の理念が反映されている。ノーマライゼーションは、障害者施設にわが子を入所させなくてはならなかったデンマークの知的障害者の親たちの訴えに、当時の社会省の役人であったバンク・ミケルセン（N. E. Bank-Mikkelsen）が共感して生まれた概念である。ミケルセンは、障害があるという理由で自己決定権が奪われた障害者を、第二次世界大戦中、ユダヤ人であるという理由だけで収容所に送られた人たちと同じだと感じ、障害者の処遇改善運動を推進した。1,500人もが収容される大規模施設に強制的に入所させられていた知的障害児者を地域の小規模施設に移し、教育を保障するなど、ミケルセンの主導でデンマークの障害者福祉政策は大きく変わっていった。

　この後、ノーマライゼーションの理念は、スウェーデンのベングト・ニィリエ（B. Nirje）らによって広められ、現在では障害者福祉だけではなく、すべての社会福祉分野における鍵概念となっている。

　ノーマライゼーションの基本は「障害者（など社会的弱者）の生活をノーマルにする」ことである。ノーマルとは、のちの障害者権利条約でいう「他の者との平等」な状態であり、ニィリエが提唱した「ノーマライゼーションの基本原理」では、障害者も他の人と同じように、自分が望むリズムで1日を過ごし、1週間のスケジュールを管理し、休日や家族とのお祝い事や行事を含む1年を送り、教育や就労などのノーマルな経験を年齢に応じてする機会があり、男女両性がともに住む世界に暮らし、ノーマルな経済水準とノー

マルな物理的環境がある暮らしを保障（実現）することにある。

❷ わが国の障害者福祉の法体系

① 障害者基本法

▼障害者基本法の制定と改正

　わが国の障害者福祉政策は、「障害者基本法」に依拠している。障害者基本法は、1970（昭和45）年、旧「心身障害者対策基本法」として制定された。1993（平成5）年の改正で「障害者基本法」に改称され、2004（平成16）年の改正では、「何人も、障害者に対して、障害を理由として、差別することその他の権利利益を侵害する行為をしてはならない」という一文が追加された。その後、障害者権利条約の批准に向けた国内法整備の一環として行われた2011（平成23）年の改正では、障害の社会モデルの考えを反映して障害者の定義が拡大された。

　障害者基本法における障害者の定義は「身体障害、知的障害、精神障害（発達障害を含む。）その他の心身の機能の障害（以下「障害」と総称する。）がある者であつて、障害及び社会的障壁により継続的に日常生活又は社会生活に相当な制限を受ける状態にあるもの」である。

　この改正で「社会的障壁」という定義が導入され、障害が医学的な診断だけに基づくものではないことが明確になった。さらに「その他の心身の機能の障害」という語が加えられたことで、わが国の障害者の定義に、難病による障害も含まれることになった。ただし、身体障害、知的障害、（発達障害を含む）精神障害という、従来からの三障害の枠組みは変わらない。それぞれの障害には、身体障害者福祉法、知的障害者福祉法、精神保健及び精神障害者福祉に関する法律（精神保健福祉法）という個別法があり、障害に応じた定義等が規定されている*3。なお、この改正では精神障害に含むと付記された発達障害者への支援については、2004（平成16）年制定の発達障害者支援法*4にて規定している。

▼障害者福祉施策の多様性

　障害者基本法が目標とするところは、「全ての国民が、障害の有無によって分け隔てられることなく、相互に人格と個性を尊重し合いながら共生する社会を実現する」ことである。しかし、医療、介護、年金、教育、療育、職業相談、雇用の促進、情報の利用におけるバリアフリー化、相談、経済的負

*3
身体障害者福祉法では、等級に応じて「身体障害者手帳」が発行され、福祉サービスを受ける際の資料となる。また、精神保健福祉法には「精神障害者保健福祉手帳」の規定がある。しかし、知的障害者福祉法には手帳に関する記述がなく、知的障害者については、都道府県知事（または政令指定都市の市長）が発行する「療育手帳」が福祉サービスを受ける際の資料となる。

*4
発達障害者支援法の対象は、それまで「グレーゾーン」と呼ばれてきた学習障害（LD）、注意欠如多動性障害（ADHD）、知的障害のない自閉症スペクトラムである。発達障害は外見で判別できないため、社会の無理解が最も大きな障壁となるといわれており、国民に発達障害者への理解と社会参加への協力を求めた。また、発達障害児を特別支援教育の対象と定めたことも、それまで支援の外に置かれてきた当事者にとって影響が大きかった。

担の軽減、選挙等における配慮、司法手続きなどにおいて、「障害の有無による分け隔て」が存在している現状がある。今後それぞれの分野の施策が十分に機能できるように取り組んでいく必要がある。

② 障害者総合支援法とサービス

▼障害者総合支援法の成立

　2006（平成18）年に施行された「障害者自立支援法」は、障害当事者団体からの批判が大きく、2012（平成24）年の改正によって「障害者の日常生活及び社会生活を総合的に支援するための法律（障害者総合支援法）」と改称された。

　この法律は、障害者基本法の理念に則り、障害者の日常生活を支援するサービスを規定するもので、障害支援区分[*5]に応じて必要なサービスが提供される「介護給付」と、区分に関係なく原則として希望者に提供される「訓練等給付」「自立支援医療」「補装具」のサービス、障害者本人だけでなく家族や集団にも提供される「地域生活支援事業」の３本柱になっている[*6]。行政の制度上は図９－２のような体系になっているが、ここではこれにとらわれず、主なサービスを「相談支援」「暮らす場の支援」「日中活動の支援」「その他の支援」の４つに分けてみていく。

▼相談支援

　「相談支援」には、社会資源を活用する場合のアドバイスをしたり、ピアカウンセリングの場を提供するなどの一般的な相談支援のほかに、２つの相談給付がある。１つは、障害福祉サービスの利用計画を作成するための「計画相談支援」である。障害福祉サービスには市町村によって多様なサービスがあるため、ニーズに応じたサービスを組み合わせ、各事業所と契約するのは個人の力では難しい。そこで、相談支援事業所の相談支援専門員が当事者が希望する暮らしや、そのために必要なサービスの利用方法について、一人ひとりに応じた「サービス等利用計画」（ケアプラン）を作成するのが「計画相談支援」である。利用計画が作成され、それに沿った支援が受けられるようになった後も、定期的にモニタリングが行われ、必要に応じて見直しが行われることになっている。

　もう一方の相談給付である「地域相談支援」には２つの支援がある。入所施設に入所していたり、精神病院に入院している人が地域生活に移行できるようにするために必要な支援を行う「地域移行支援」と、地域で単身生活を始めた人に対し、その後の地域生活を円滑に進めるために、常時連絡体制を

*5
障害者自立支援法では、サービスの支給量を決める区分として「障害程度区分」が使われた。医学的な障害の重さによって区分けされるこの方式は、身体障害がある人に特に支援が集中し、知的障害など一人でできるが、一つ一つに時間がかかるような障害には支援の手が届きにくいという不公平感があった。そこで、改正された障害者総合支援法では、必要な支援時間で区分けする「障害支援区分」が採用された。

*6
前者2つのサービスを合わせて「自立支援給付」とし、都道府県の支援を受けて行う「地域生活支援事業」とは異なる体系となっている。

図9−2　障害者総合支援法によるサービスの体系

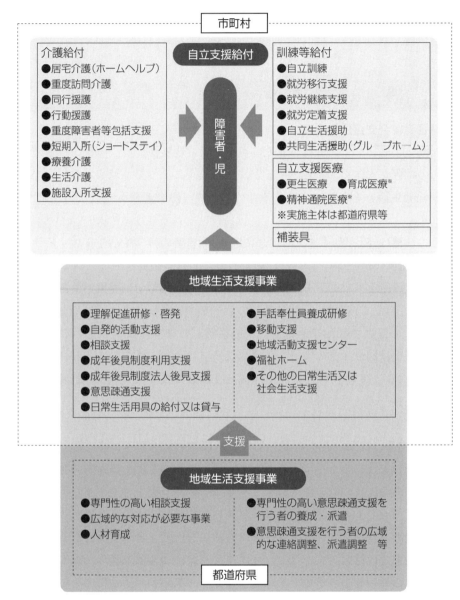

出典：全国社会福祉協議会『障害福祉サービスの利用について（平成27年４月版）』を一部改変

確保し、緊急時にも応対する「地域定着支援」である。

▼暮らす場の支援

　人間としての自由の視点に立てば、障害者権利条約でも示している通り、誰でも自分で暮らす場所を決めて住むのが当然といえる。支援が必要な障害者の暮らしには、障害者入所支援による障害者支援施設での暮らし、グルー

プホーム（共同生活援助）での暮らし、支援を受けて自宅などで暮らす、医療機関での医療ケアの必要な場合には、病院などに入院して暮らすといったスタイルがある。

　障害者支援施設とは、日中は、生活介護などの施設障害福祉サービスを行い、夜間は入浴、排泄または食事の介護などを行う施設である。グループホームとは「夜間において相談その他の日常生活上の援助」を行う施設である。グループホームでは「世話人」という支援者が介護ではない生活支援を行っている。利用者は5名程度で個室と共同居住部分を使い分けて、自由度の高い生活をしている。

　また、施設などを利用しない自立生活にもいくつかのスタイルがある。たとえば「居宅介護」を利用するスタイルや、重度障害者の自立生活を支える支援として注目されている「重度訪問介護」を利用するスタイルがある。「居宅介護」は、ホームヘルパーが食事作りや家事一般をする「家事援助」や、食事や着替え、排泄などの「身体介護」を受けられるサービスである。「重度訪問介護」は、見守りを含めたさまざまな支援内容を組み合わせて長時間受けられるサービスで、身体障害者だけでなく、新たに知的障害者や発達障害者も利用できることになり、利用範囲が広がっているサービスである。

　さらに近年は、施設などを利用しない自立生活を望む人も増えているため、施設やグループホームなどから賃貸住宅などでの一人暮らしに移行するために、準備として日常生活動作の訓練や自立に関する相談などを受ける「自立訓練」、実際に施設などから移行した本人の地域生活を支援するため、一定の期間にわたり、定期的な巡回訪問や随時支援を行う「自立生活援助」がある。

　加えて、自宅で生活する障害者のなかには、日常的に家族の介護を受けている人もいるが、家族からの介護が受けられない事情が生じた場合などには、一時的に入所支援を受ける「短期入所」（ショートステイ）を利用することができる。

　病院などに長期入院している人には、「療養介護」というサービスがある。レクリエーションを含む機能訓練、食事や排泄などの介助、日常生活上の相談など、医療看護以外の面での支援を行うものである。

▼日中活動の支援

　学校卒業後の障害のある人の日中活動は、一般就労のほかに、福祉（的）就労と呼ばれる就労の形態として「就労移行支援」と「就労継続支援」、また福祉的就労支援を経て一般の事業所に「一般就労」した障害者に向けた「就労定着支援」がある。

就労移行支援とは、一般の事業所に就労することを希望する障害者が、就労のための訓練などを有期限で受けるもので、その間の給与は支給されない。就労継続支援は、一般の事業所に就労することが困難な障害者に就労の機会を提供するもので、Ａ型とＢ型がある。Ａ型事業では、事業所と利用者は雇用契約を結ぶ。最低賃金が保障され、社会保険の加入も義務づけられている。Ｂ型事業は「非雇用型」とも呼ばれ、作業内容もＡ型よりも軽い場合が多い。2016（平成28）年のＢ型事業所の工賃は、高いとは言い難く月額平均1万5,000円程度である。就労定着支援では、一般就労に移行した人に、就労に伴う生活面の課題に対応するための支援を行う。

この他に日中活動の支援として、日中の創作的活動や生産活動の機会を提供し、食事や排泄、場合によっては入浴などの介護を受ける「生活介護」の利用がある。

▼その他の支援

外出支援も障害者支援の柱の一つであり、利用者のニーズに応じた支援がある。地域生活支援事業の「移動支援」は、学校や職場、病院など必要な外出のほか、買い物や余暇のための外出を支援する。身体障害者だけでなく、外出に見守りが必要な知的障害者なども利用できる。また、同じ外出サービスでも「行動援護」は、強度行動障害のある障害者が利用する外出サービス、「同行援護」は視覚障害者の移動を支援するもので、この2つは地域生活支援事業ではなく自立支援給付の一つである。

＊7　成年後見制度
215頁参照。

その他、知的障害・精神障害者の財産を守る「成年後見制度」＊7の利用支援や、手話などの意思疎通支援を行う地域生活支援事業、医療面の経済的支援を行う「自立支援医療」などがある。

③　その他の障害者福祉に関する法律

▼障害者差別解消法

障害者権利条約の批准を契機に、2013（平成25）年に成立したのが「障害を理由とする差別の解消の推進に関する法律（障害者差別解消法）」である。障害者基本法に則り、障害を理由とした差別をなくし、行政機関などに合理的配慮を義務化するものである。ただし、この法律では、民間企業の合理的配慮は努力義務にとどまっている。

▼障害者雇用促進法

＊8
特例子会社とは、障害の特性に配慮をした環境を用意した子会社のことである。雇用率の算定には、特例子会社での雇用も含まれる。

「障害者の雇用の促進等に関する法律（障害者雇用促進法）」は、福祉（的）就労ではなく、特例子会社＊8を含む一般企業で就労する「一般就労」の促

進に関する法律である。

　障害者雇用に関する法律は、1960（昭和35）年に制定された身体障害者雇用促進法がはじまりである。1987（昭和62）年に行われた改正により、身体障害だけでなく知的障害・精神障害を含むすべての障害者を対象とした。この法律では企業に、身体障害者・知的障害者の一定割合の雇用が義務づけられており（法定雇用率*9）、雇用率未達成の企業には、障害者雇入れ計画の提出や納付金の徴収がある。さらに障害者雇入れ計画を達成せず、実施勧告にも応じない場合は社名の公開が行われることになっている。

*9
2023（令和5）年現在の法定雇用率は2.3%である。

3　障害のある子どもに関する施策とサービス

① 障害のある子どもへの福祉サービス

　障害者総合支援法には、「居宅介護」や「同行援護」など、障害のある子どもが成人と同様に利用できるサービスがあるが、これに加えて、障害のある子どもについては児童福祉法に基づいた支援サービスがある。

　障害児通所支援として定められているものには「児童発達支援」「放課後等デイサービス」「保育所等訪問支援」「居宅訪問型児童発達支援」である。これらは地域の中核的な療育支援施設である児童発達支援センターあるいは、より地域性を重視した身近な療育の場である児童発達支援事業（所）で行われている。

　「放課後等デイサービス」は、学校の放課後や長期休みの間の支援を強化するもので、創設以来利用者が増加傾向にある。

　「保育所等訪問支援」は、保育所等*10に通う障害児に対して、集団生活適応のための支援として、児童発達支援センターの職員が当該施設を訪問し、専門的な支援・助言・指導などを行うものである。

*10
2018（平成30）年の改正により、乳児院や児童養護施設も含まれた。

　「居宅訪問型児童発達支援」は、既存の通所支援が利用できなかった、比較的重度の障害のある子どものためのサービスである。具体的には人工呼吸器を装着している子どもや、感染症にかかるリスクが高く外出困難な子どもなど、適切な支援が受けられなかった子どもの発達保障の問題に対応するサービスとなっている。一方で、同世代の子どもとの接触機会が少なくなり、閉鎖的な教育・保育になることへの危惧も指摘されている。

　また障害児入所支援は、障害のある子どもを障害児入所施設へ入所させ、日常生活の指導および自活に必要な知識や技能の付与を行う。

② 医療的ケア児の支援

「医療的ケア児」とは、人工呼吸器や胃ろう等を使用し、たんの吸引や経管栄養などの医療的ケアが日常的に必要な児童のことである。在宅の医療的ケア児は医学の進歩に伴って年々増加しており、厚生労働省によると2021（令和3）年には2万人を超えている。昼夜を問わず介護が必要な家族の負担の重さから、その支援の必要が叫ばれるようになり、2021年には「医療的ケア児及びその家族に対する支援に関する法律」が施行された。

この法律により、これまで医師や看護師など医療従事者か家族のみに許可されてきた喀痰吸引などの医療行為を、研修を受けた保育士や教師などができるようにすることが可能となった。事業所等には看護師等またはこれらの医療行為ができる保育士等を配置することが義務づけられている。

医療的ケア児のなかには、重症心身障害児として「障害」の枠内で支援できる子どものほかに、医療的ケアが必要である以外には身体障害でも知的障害でもない子どももおり、これらの子どもにもそれまで受けられなかった支援が届くようになったことも意義深いことである。

③ インクルーシブ教育

ユネスコ（UNESCO：国連教育科学文化機関）の「サラマンカ宣言」（1994年）は、Education for All（万人のための教育）を基本方針に、特別なニーズをもつ子どもを含めたすべての子どもを包み込むインクルーシブ教育の実現をめざしている。インクルーシブ教育とは、障害者権利条約によると、「障害のある者とない者がともに学ぶしくみであり、障害のある者が一般的な教育制度から排除されないこと、自己の生活地域において初等中等教育の機会が与えられること、個人に必要な『合理的配慮』が提供されること」である。人を障害等の違いによって区別せず、どのような状況下の子どもも「みんなちがってみんないい」[1] という前提で、そのときどきに必要な支援をする教育の考え方である。

🐝 まとめてみよう

> ①　障害の医学モデルと社会モデルの違いについて、例をあげてまとめてみ
> よう。
> ②　障害者に関する法律を国際法・国内法ともにまとめてみよう。
> ③　障害のある子どもに関する施策をまとめてみよう。

【引用文献】
1）金子みすゞ「わたしと小鳥とすずと―金子みすゞ童謡集―」JULA出版局　1984年

【参考文献】
長瀬修・東俊裕・川島聡編「障害者の権利条約と日本概要と展望」生活書院　2012年
ベンクト・ニィリエ（河東田博訳）「ノーマライゼーションの原理―普遍化と社会変革
　を求めて」現代書館　2004年
仲村優一監修「エンサイクロペディア　社会福祉学」中央法規出版　2007年

第10章　高齢者福祉と地域包括支援

✏ これからは人生「100年」の時代？！

みらいさん　先日、新聞で平均寿命のニュースをみました。男女ともに 80 歳を超えていて、特に女性は 90 歳近くまで伸びていました。

こういち先生　そうだね。戦後、日本の平均寿命はどんどん伸びて、今では「人生 100 年」といわれてますからね。

みらいさん　「人生 100 年！」すごく長く感じます。私がおばあちゃんになる頃には一体どんな未来になっているんでしょうか……ちょっと想像がつきません。

こういち先生　ハハハ、ここ数年だけでも SNS やスマートフォンの発展で、ずいぶんと便利になりましたから、これから先の将来は、想像できないくらいにいろいろな技術が発達して、ますます便利な社会になっているのでしょうね。ところで、みらいさんは高齢者を支える医療や福祉などの制度も、この数年で大きく変わったことは知っているかな？

みらいさん　え！　そうなんですか？

こういち先生　高齢者を支えるための基本となる法律は、今から半世紀ほど前に成立し、そのときどきの経済や高齢者の人口といった社会状況などをふまえた改革を経て変わっていったのですよ。例えば介護保険や地域包括ケアという言葉を聞いたことはないかな？

みらいさん　介護保険は、確か介護が必要になったときに保険でサービスが利用できるのですよね。地域包括ケアは聞いたことありません。子どもの保育や福祉と違って、高齢者の福祉や介護サービスって、保育士にはあまり関係ないような気がします。

こういち先生　そうかな。例えば園児の祖父母に介護が必要な家族もいるでしょう。そこに保育士が家庭支援をする場合、高齢者のことはわかりませんでいいのかな？　それに、みらいさんのおじいちゃんやおばあちゃん、そしてご両親なども、いずれ介護サービスを利用するかもしれません。やはり、専門知識として最低限の知識は必要なんじゃないかな？

みらいさん　……そうですね。

こういち先生　これからの時代、社会の状況は目まぐるしく変化していくでしょう。特に少子化に伴う人口の減少と高齢化はますます進展します。ここでは、基本的な高齢者福祉や介護保険制度について理解していきましょう。

みらいさん　わかりました！　広い視野と知識をもった保育士になるためにも、しっかりと学習したいと思います。

1 高齢者の福祉

① わが国の高齢者福祉の現状

　周知のとおり、日本社会における「高齢化」という現象は、世界に類を見ないスピードで進んでいる。実際に2020（令和2）年の高齢化率は28.8％であり、現役世代2人で高齢者1人を支えている状況である。さらに、2065（令和47）年には現役世代1人で高齢者1人を支えなければならないと推計されている。

　第2項以降で、「戦前から高齢化社会」、「高齢社会」、「超高齢社会」に分けて年代ごとに追ってみていく。

② 戦前における高齢者への福祉と戦後における高齢化社会の始まり

▼戦前から戦後

　1874（明治7）年施行の「恤救規則」では相互扶助を基本とし、70歳以上の老衰者を対象としていた。その後、1918（大正7）年に生じた米騒動をきっかけに、65歳以上に対象年齢を引き下げ、養老院（現在でいう養護老人ホーム）という救護施設を規定した。同施設は、1946（昭和21）年制定の「（旧）生活保護法」下では救護施設から保護施設へ、さらに1950（昭和25）年制定の「（新）生活保護法」下では養老施設となった。

▼1960年代－高齢者福祉の始まり－

　高度経済成長期に入り、あらゆる福祉や社会保障が拡充されていくと同時に、都市化や核家族化により家族の互助機能が低下し、高齢者への扶養意識も低下した。そこで、高齢者の心身の健康の保持、生活の安定を基本理念とする「老人福祉法」が1963（昭和38）年に制定された[*1]。

▼1970年代－老人医療費の拡大－

　1970（昭和45）年には高齢化率が7％に達し、日本は「高齢化社会」を迎えた。増え続ける高齢者に対して、高度経済成長という状況の後押しもあって1973（昭和48）年に老人福祉法が抜本的に改正された。この改正により、高齢者を対象に、医療費の自己負担分を国と地方公共団体の公費で支援する「老人医療費無料化」制度が創設された。対象年齢は70歳以上で、寝たきりなどの場合は65歳以上であった。このように1973年を起点として、国や地方自治体が積極的に福祉政策を進め、高齢者、障害者、子どもやその家族など

*1
老人福祉法の目的は、あくまで高齢者の健康保持と生活の安定であり、介護は含まれていなかった。

を対象にさまざまな支援制度が整備され始めたことから、1973年は「福祉元年」と呼ばれた*2。

▼1980年代－老人医療費の見直し－

老人医療費の無料化は、高齢者の受診率が高まり「病院待合室のサロン化現象」を引き起こし、老人医療費は増大した。また、社会福祉施設よりも医療機関に入院する方が費用負担は軽く、手続きが容易という理由から「社会的入院」を助長してしまう要因にもなった。さらに、1973（昭和48）年と1979（昭和54）年の２度に渡るオイルショックが医療費の財政圧迫に拍車をかけたこともあり、高齢者の医療費負担の公平化を目的に1982（昭和57）年に「老人保健法」*3が制定され、老人医療費無料化制度は廃止された。

③　高齢社会―ゴールドプランの推進と介護保険制度の導入準備―

日本が高齢化社会に入ってからわずか24年で高齢化率が14％に達し、「高齢社会」に突入した。このように急速な高齢化により20数年で社会が移り変わるのは先進国のなかでも異例であった。

1990（平成２）年には福祉関係八法が改正*4され、高齢者福祉分野でも老人福祉法や老人保健法が大きく改正された。具体的には、1989（平成元）年策定の「高齢者保健福祉推進十か年戦略（ゴールドプラン）」で示された在宅福祉サービスの数値目標達成に向けて、老人保健計画策定が義務化された。また、同じく老人福祉計画の策定も義務化された。ただし、同プランで見積もった数値よりも福祉関係八法改正時の数値目標が上回ったため、10年を待たずして「新・高齢者保健福祉推進十か年戦略（新・ゴールドプラン）」が策定された。そして、1999（平成11）年に新・ゴールドプランが終了することに伴い、「今後5か年間の高齢者保健福祉施策の方向（ゴールドプラン21）」が同年に策定された。

④　超高齢社会―介護保険制度の実施と地域包括ケアシステムの構築―

2000年代に入ると、これまで高齢者福祉を支えてきた法制度だけでは急速な高齢化のスピードに対応しきれなくなった。そこで、2000（平成12）年に「介護保険法」が施行され、高齢者福祉は老人福祉制度と介護保険制度の両輪で支えていくことになった。

そして、介護保険法は2005（平成17）年に改正され、「地域包括支援センター*5が創設された。2007（平成19）年には高齢化率が21％となり、超高

*2
1973年は老人医療費無料化制度の他にも「高額療養費制度」の創設や、「年金の物価スライド制」が導入された。

*3
現在は「高齢者の医療の確保に関する法律」に名称が変更されている。

*4
福祉関係八法の改正とは、①老人福祉法、②身体障害者福祉法、③精神薄弱者福祉法、④児童福祉法、⑤母子及び寡婦福祉法、⑥社会福祉事業法、⑦高齢者の医療の確保に関する法律、⑧社会福祉・医療事業団法の改正のことである。

*5
第6章参照のこと。

齢社会に突入した。これを機に、同センターはさらに重要な役割を担うことになった。介護保険法の2011（平成23）年改正では、地域包括ケアシステム実施の具体策が示され、2014（平成26）年には「地域ケア会議」の設置が努力義務として示された。

　以上、わが国の高齢者福祉にかかわる歴史的背景とその歩みをまとめると、表10-1のとおりである。特に「介護保険制度」や「地域包括ケアシステム」は押さえておくべきポイントである。これらについて次節以降で詳しくみていくことにする。

表10-1　日本の高齢者福祉に関わる法制度の発展過程

年代	高齢化率	65歳以上を15～64歳で支える割合	主な政策
戦前～戦後	4.9% （1950年）	12.1% （1950年）	1874年：「恤救規則」施行 1929年：「救護法」公布 1946年：「(旧) 生活保護法」制定 1950年：「(新) 生活保護法」制定
1960年代	5.7% （1960年）	11.2% （1960年）	1961年：「国民皆保険・皆年金」施行 1963年：「老人福祉法」制定 ・特別養護老人ホーム創設 ・老人家庭奉仕員（ホームヘルパー）法制化
1970年代	7.1% （1970年）	9.8% （1970年）	1973年：「老人福祉法」改正 ・老人医療費無料化
1980年代	9.1% （1980年）	7.4% （1980年）	1982年：「老人保健法」制定 ・老人医療費無料化の廃止 1989年：高齢者保健福祉推進十カ年戦略（ゴールドプラン）策定 ・在宅福祉サービスの推進
1990年代	12.1% （1990年）	5.8% （1990年）	1990年：「老人福祉法」、「老人保健法」改正（福祉八法改正） ・在宅福祉サービスの法定化 ・老人福祉計画および老人保健計画策定義務化 1994年：新・高齢者保健福祉推進十カ年戦略（新・ゴールドプラン）策定
	14.6% （1995年）	4.8% （1995年）	1995年：高齢社会対策基本法 1997年：「介護保険法」成立 1999年：今後5か年間の高齢者保健福祉施策の方向（ゴールドプラン21）策定
2000年代	17.4% （2000年）	3.9% （2000年）	2000年：「介護保険法」施行 2005年：「介護保険法」改正 ・地域包括支援センター創設 2008年：後期高齢者医療の確保に関する法律 ・「後期高齢者医療制度」成立
2010年代	23% （2010年）	2.8% （2010年）	3年ごとの「介護保険法」改正 2011年・2014年・2017年改正 ・地域包括ケアシステムの構築
2020年代	28.8% （2020年）	2.1% （2020年）	2020年改正 ・地域の特性に応じた認知症施策等の推進

出典：内閣府『令和3年版高齢社会白書』をもとに筆者作成

② 介護保険制度

① 介護保険制度の概要

急速な高齢化と介護ニーズの増大を背景に、1997（平成9）年に「介護保険法」が成立し、2000（平成12）年に施行された。

▼介護保険財源の負担割合

公費が50％であり、その内訳は国庫負担が25％、都道府県が12.5％、市町村が12.5％である。また、残りの50％は被保険者の保険料で賄われている。

▼介護保険制度の保険者と被保険者

図10-1は、介護保険制度の概念図である。同制度の保険者は市町村である。被保険者は、65歳以上の者を対象とする「第1号被保険者」と、40歳から64歳までを対象とする「第2号被保険者」に分けられる。前者の保険料拠

図10-1　介護保険制度の概要

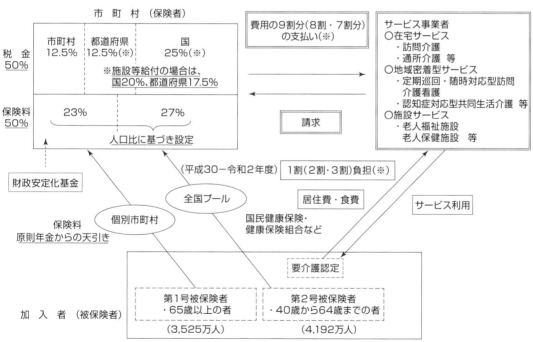

※：一定以上所得者については、費用の2割負担（2015（平成27）年8月施行）または3割負担（2018（同30）年8月施行）。

出典：厚生労働省老健局「介護保険制度の概要　令和3年5月」
　　　https://www.mhlw.go.jp/content/000801559.pdf（2023年5月5日閲覧）

出の約8割は年金から天引きされ、いかなる理由で支援や介護が必要になっても介護保険サービスが適用される。後者の保険料拠出は医療保険料とともに介護保険料を徴収し、介護保険サービス利用は末期がんや関節リウマチなど特定疾病*6のみサービスを受けることができる。

▼**申請から認定に至るまで**

　被保険者が介護保険の給付を受けるためには、市町村に申請する。申請を受けた市町村は、被保険者の心身の状況に関する訪問調査を図10−2の流れで実施する。

　調査には、基本調査について樹形モデルを使って介護にかかる時間をコンピューターで推計して判定する1次判定と、特記事項及び主治医意見書を参考にして、最終的に市町村に置かれる介護認定審査会による判定を行なう2次判定がある。介護認定審査会の審査判定結果に基づき要介護・要支援認定を行い、要介護・要支援認定結果等通知書と被保険者証が本人に郵送される。認定の有効期間は、原則6か月（更新の場合は12か月）である。ただし、心身の状態によって36か月まで延長、3か月まで短縮される場合がある。引き

図10−2　要介護認定の流れ

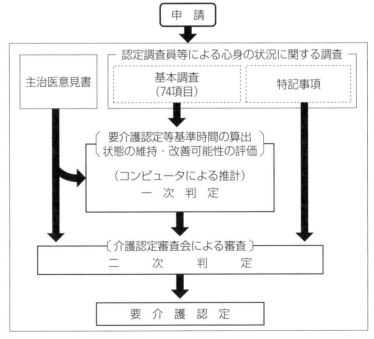

出典：厚生労働省老健局「介護保険制度の概要　令和3年5月」
https://www.mhlw.go.jp/content/000801559.pdf（2023
年5月5日閲覧）

続きサービスを利用する場合は、有効期間満了の日の60日前から更新申請が
できる。なお、要介護（要支援）認定を受けている者で、心身の状態が変わっ
た場合は区分変更申請を行うことができる。

▼介護保険制度のサービス内容

　介護保険制度のサービスを理由できる内容は、要介護認定区分によって異
なる。要介護認定区分は自立（非該当）、要支援１・２、要介護１〜５まで
の８段階に分かれる。要介護と認定された者は、図10−３の「介護給付」部
分が支給される。また、居宅サービスはケアマネジャーが利用者個々のニー

図10−３　介護保険制度のロードマップ

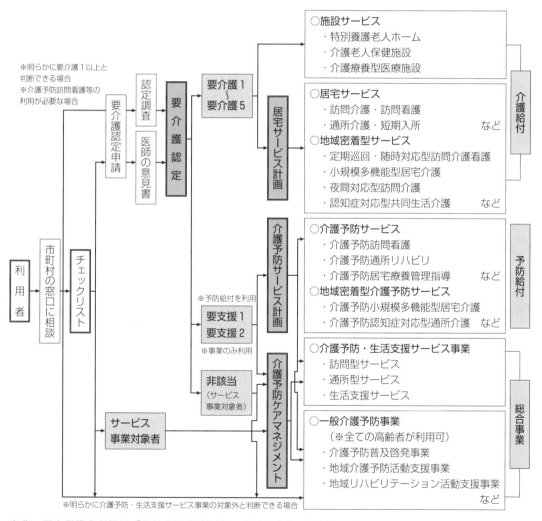

出典：厚生労働省老健局「公的介護保険制度の現状と今後の役割　平成30年度」
　　　https://www.mhlw.go.jp/file/06-Seisakujouhou-12300000-Roukenkyoku/0000213177.
　　　pdf（2023年５月５日閲覧）

ズに応じてサービスを組み合わせてケアプランを作成し、具体的なサービス内容を選択していく。

要支援と認定された者は、図10−3の「予防給付」部分が支給される。また、介護状態にならないように介護予防中心のサービスである「介護予防・生活支援サービス事業」も利用できる。非該当に認定された場合でも「総合事業」として、介護予防・日常生活支援総合事業を利用できる。

② 介護保険制度の改正

介護保険制度は３年ごとに改正されている。これまでの改正時期と主なポイントは以下のとおりである。

▼2005（平成17）年改正

改正の基本的な視点は、①予防重視型システムへの転換、②施設給付の見直し、③新たなサービス体系の確立、④サービスの質の確保・向上、⑤負担の在り方・制度運営の見直しである。改正の背景には、軽度者の大幅な増加や、サービスが自立に結びついていないことが挙げられる。そこで、軽度者の状態像を捉え、できる限り要支援や要介護状態にならないように、あるいは重度化しないように「地域支援事業（介護予防特定高齢者施策）」*7を創設した。

▼2008（平成20）年改正

改正の基本的な視点は、①業務管理の体制整備、②本部への立入検査等、③処分逃れ対策、④指定・更新の欠格自由の見直し、⑤サービス確保対策の充実である。改正の背景には、2007（平成19）年に起きたコムスン事件*8が挙げられる。この事件を機に、事業所の監督を国や都道府県が行い、調査中に廃止した場合は事業の指定や更新ができないルール作りが行われた。

▼2011（平成23）年改正

改正の基本的な視点は、①医療と介護の連携の強化等、②介護人材の確保とサービスの質の向上、③高齢者の住まいの整備等、④認知症対策の推進、⑤保険者による主体的な取組の推進である。改正の背景は、「地域包括ケアシステムの構築」に取り組み、高齢者が住み慣れた地域で自立した生活を送るために医療、介護、予防、住まい、生活支援サービスを切れ目なく提供することが求められた。

▼2014（平成26）年改正

改正の基本的な視点は、①地域包括ケアシステムの構築、②費用負担の公平化である。①は「在宅医療・介護連携の推進」、「認知症施策の推進」、「地

*7
地域支援事業とは、高齢者が要支援・要介護になるのを防ぎ、自立した日常生活を維持するためのサービスを各市町村が実施する事業である。

*8　コムスン事件
コムスンは、自治体から介護事業所の指定を受ける際、職員の人員配置基準を満たしていると偽って申請したため、指定取り消し処分を受けた。当時の介護保険法では、一つの事業所が指定取り消し処分を受けると、その事業者が運営する事業所の新規指定や更新が自動的に５年間認められなくなる「連座制」を設けていた。そこで、コムスンは連座制を逃れるため、都道府県の調査中に事業所を廃止した。また処分後も、同社の親会社が、コムスンの事業を別の子会社に譲渡しようとした。

域ケア会議の推進」、「生活支援サービスの充実・強化」など地域支援事業を充実させることが目標におかれた。②は、低所得者の第1号被保険者の保険料の軽減割合を拡大するべく、一定以上の所得のある利用者の自己負担引き上げが行われた。

▼2017（平成29）年改正

改正の基本的な視点は、①地域包括ケアシステムの深化・推進、②介護保険制度の持続可能性の確保である。①は、「自立支援・重度化防止に向けた保険者機能の強化等の取組の推進」、「医療・介護の連携等」、「地域共生社会の実現に向けた取組の推進等」を目標におかれた。②は2割負担者のうち特に所得の高い層の利用者負担割合を3割に見直すことや、介護納付金への総報酬割の導入が行われた。

▼2020（令和2）年改正

改正の基本的な視点は、①地域住民の複雑化・複合化した支援ニーズに対する市町村の包括的な支援体制の構築の支援、②地域の特性に応じた認知症施策や介護サービス提供体制の整備等の推進、③医療・介護のデータ基盤の整備の推進、④介護人材確保および業務効率化の取組の強化、⑤社会福祉連携推進法人制度の創設である。改正の背景は、従来の属性別の支援体制では対応が困難であること、包括的な支援体制は経費按分に係る事務負担が大きいことが挙げられる。そこで、相談支援、参加支援、地域づくりに向けた支援を実施する事業を創設し、この事業を新たに創設する市町村に対して一体的に執行できるよう交付金を交付することが設けられた。

③　介護保険制度をめぐる現況

介護保険法成立から20年が経過した。20年間で対象者や介護保険の関連費用はどのように変化したかについて確認しておく[9]。

▼利用者の増加

65歳以上被保険者数は、2000（平成12）年4月末は2,165万人であったのに対し、2020（令和2）年4月末は3,558万人と1.6倍に増加した。また、サービス利用者も2000年4月末は149万人であったのに対し、2020年4月末は494万人と3.3倍に増加した。

▼介護費用と保険料

世界に類をみない急速な高齢化に伴い、介護保険の総費用は年々増加しており、2000（平成12）年度は3.6兆円だったのに対し、2018（平成30）年度は11.0兆円と約3倍に増えた。また、65歳以上が支払う保険料は第1期（2000

*9
数値データは、厚生労働省老健局：介護保険制度の概要　令和3年5月　https://www.mhlw.go.jp/content/000801559.pdf（2023年5月6日閲覧）を参照している。

年～2002年）が2,911円だったのに対し、第8期（2021年～2023年）は6,014円と2.5％上がっている。

▼要介護認定状況

　要介護（要支援）認定者は、2000（平成12）年4月末は218万人だったのに対し、2020（令和2）年4月末は669万人と3.1倍に増加した。また、要介護認定率は年齢が上がるにつれて上昇傾向にあり、特に85歳以上が顕著である。

3　地域包括ケアシステム

① 地域包括ケアシステムの概要

　地域包括ケアシステムとは、高齢者や障害者が住み慣れた地域で自立した生活を送るために必要な医療、介護、予防、住まい、生活支援サービスを切れ目なく提供し、支援するシステムのことである。このシステムは、地域の医療機関、介護サービス事業者、地域福祉施設、地域住民等が連携して構築される（図10－5）。

図10－5　地域包括ケアシステムの概念図

出典：厚生労働省「地域包括ケアシステム」
https://www.mhlw.go.jp/stf/seisakunitsuite/bunya/hukushi_kaigo/kaigo_koureisha/chiiki-houkatsu/（2023年5月6日閲覧）

具体的には、病気や障害による状態の悪化の予防や、健康管理や介護予防、病気や障害になった場合には、早期の診断・治療や適切な介護サービスを提供することが挙げられる。また、地域における在宅介護サービスや地域密着型の医療機関の整備、住宅改修や福祉用具の提供なども重要な役割を担っている。

地域包括ケアシステムは「①介護」、「②医療」、「③予防」という専門的なサービスと、その前提としての「④住まい」と「⑤生活支援・福祉サービス」の5つの構成要素が相互に関係し、連携しながら在宅の生活を支えている。

②　認知症と地域包括ケアシステム

認知症は、高齢者に多く見られる病気で、認知機能の低下が進行していく病気であり、2025（令和7）年の認知症の有病者数は約700万人となると推測されている。

そこで、認知症の早期発見や予防のため、地域包括ケアシステムでは定期的な健康診断や認知症リスク評価の実施が行われている。また、地域の医療機関や介護サービス事業者、地域住民との連携により、認知症予防につながる運動プログラムや食事指導などが提供される。

認知症が進行した場合には、在宅介護サービスやケアマネジメントを活用し、地域での生活が行えるように支援する。さらに、地域住民やボランティアの協力による地域支援や、地域に密着した日帰り施設やデイサービスなどを活用することで、認知症を罹患する高齢者も地域で生活を送りながら、社会とのつながりを維持することができる。

最近では、地域包括ケアシステムにおいて、認知症に関する専門知識を持つ「認知症サポーター」の養成や、認知症を抱える高齢者の自立支援に特化した「認知症対応共同型生活介護」[10]の提供など、より効果的な取り組みが行われている。

③　成年後見制度と地域包括ケアシステム

成年後見制度とは、認知症や知的障害、精神障害、身体障害などによって、判断能力が低下し、自分自身の生活や財産の管理ができなくなった場合に、家族や親族、社会福祉士や弁護士などが代わって身上監護や財産管理を行う制度である。具体的には、被後見人の医療・介護サービスの利用や生活支援、契約・財産管理、相続手続きなどを代行することができる。

*10
認知症対応型共同生活介護は、認知症の利用者がグループホームに入所し、家庭的な環境と地域住民との交流のもとで、日常生活上の支援や機能訓練などの専門的なケアを提供するサービスである。グループホームでは、5〜9人の少人数の利用者が介護スタッフとともに共同生活を送る。

また同制度は、被後見人が自立した生活を送るために必要なサポートを提供するとともに、被後見人の権利を保護する役割もある。制度を利用することで、被後見人の生活上の安全・安心を確保し、社会参加や地域生活の維持につながることが期待されている。このように、成年後見制度によって、地域包括ケアシステムの目的である、住み慣れた地域で自立した生活を送ることができるように支援することが期待できる。

まとめてみよう

> ①　日本の高齢者福祉に関する法律や制度の発展過程を時系列で説明できるか確認してみよう。
> ②　介護保険制度の概要を、改正時期と主なポイントを押さえながらまとめてみよう。
> ③　日本の高齢者福祉において今後どのような方向性をとるべきかについて、地域包括ケアシステムを参考にして考えてみよう。

【参考文献】
厚生労働省老健局：介護保険制度の概要　令和3年5月
https://www.mhlw.go.jp/content/000801559.pdf（2023年5月4日内覧）
橋本好市・宮田徹編『保育と社会福祉（第3版）』みらい　2019年
森詩恵『現代日本の介護保険改革』法律文化社　2008年

第11章　地域福祉の意味と推進方法

📝地域福祉って、なんだかイメージしにくくて、よくわからないのですが…

みらいさん　「地域福祉」と聞いて、すぐには何も思い浮かばないのですけど、どんな福祉で、いったいどういう人を対象に何をしているのでしょうか？

こういち先生　そうだね、高齢者福祉や障害者福祉、子ども家庭福祉と聞けば、その対象者や内容がなんとなくでも思い浮かぶけど、地域福祉はその言葉からしてもピンとこないかもしれないね。

みらいさん　そうなのです。地域福祉というくらいだから地域の福祉なんだろうけど、そう考えるとその対象は地域で暮らす人すべてということになるのかしら？

こういち先生　そうですね、私たちの地域社会には子どもから高齢者までさまざまな人々が暮らしているね。地域福祉とは、そこに住む住民一人ひとりの力（協働）によって、安心・安全で誰もが住みよいまちづくり（地域の福祉力）を推進していくことを目的としている福祉の領域なんだよ。

みらいさん　なるほど。法律や制度、公的なサービスも大切だけど、生活の基盤となる住みよいまちづくりのためには何よりも、地域で暮らす住民同士がつながって、お互いに協力し合うことが必要不可欠ということですね。

こういち先生　なかなか鋭いね。では、どうやって地域福祉の推進をしていくかということだけど、それを考えるためには自助・共助・公助の３つの視点で考えるとわかりやすいよ。

みらいさん　うーん、難しい言葉でよくわからないけど……いったいどんな意味なのですか。

こういち先生　そうかぁ、聞き慣れない言葉かもしれないね。まず、自助とは住民一人ひとりが自らの力で対応できる自助努力のことをいうんだ。共助は、住民同士が互いに助け合う相互扶助のこと。公助は公的な制度やサービスによる支援のことです。

みらいさん　なるほど。つまり、自助・共助・公助のそれぞれが役割を果たしながら協働していくことが地域福祉の推進につながるということですね。

こういち先生　そうですね。では、これらの視点を念頭に置きながら、地域福祉について学んでいこう。

1 地域福祉の理念

① 地域福祉の意味

　1950年代後半から1970年代前半までの約20年間、日本は高度経済成長を遂げ、国民の所得水準の上昇、社会保障制度の急速な整備が行われ、物質的な生活水準は飛躍的に向上した。しかし、一方で重化学工業化による公害・騒音問題や都市部への急激な人口の流入による過密化、それにともなう核家族化と地方の過疎化など生活環境は悪化していった。このような急激に変動する社会の潮流に応じるように、地域で起きている生活問題や生活課題について、そこに生活する住民らが協力して解決・改善を図っていこうとする住民運動が活発に行われるようになった。地域住民による能動的な活動が次第に地域福祉へと結びつき、理論化・体系化の試みも活発に行われるようになり徐々に発展を遂げることになった。

　地域福祉の定義については広義、狭義さまざまな見地から提起されてきているが、ここでは地域福祉を「地域で起きている共通した生活問題や課題、ニーズを明らかにし、それらの解決、改善のために住民が主体となって取り組むことで地域の福祉力を高めるしくみをつくり上げていくこと、またそれを支援していくこと」としておく。

② 地域福祉の推進

▼地域福祉の推進に向けて

　2000（平成12）年に「社会福祉事業法」が抜本的に改正され、名称も「社会福祉法」へと改称された。改正された社会福祉法では、「地域住民、社会福祉を目的とする事業を経営する者及び社会福祉に関する活動を行う者は、相互に協力し、福祉サービスを必要とする地域住民が地域社会を構成する一員として日常生活を営み、社会、経済、文化その他あらゆる分野の活動に参加する機会が与えられるように、地域福祉の推進に努めなければならない」と規定している。つまり、社会福祉の関係者のみならず、地域住民を含めた地域社会に暮らす人たちが相互に連携・協力しながら、誰もが安心して自分らしく生活できるように、地域福祉の推進に努めていくことが明示されている。また、地域福祉推進活動の中心的な担い手として、社会福祉協議会を位置づけている。

表11－1　社会福祉法の目的・地域福祉の推進

> （目的）
> **第1条**　この法律は、社会福祉を目的とする事業の全分野における共通的基本事項を
> 定め、社会福祉を目的とする他の法律と相まつて、福祉サービスの利用者の利益の
> 保護及び地域における社会福祉（以下「地域福祉」という。）の推進を図るとともに、
> 社会福祉事業の公明かつ適正な実施の確保及び社会福祉を目的とする事業の健全な
> 発達を図り、もつて社会福祉の増進に資することを目的とする。
> （地域福祉の推進）
> **第4条**　地域住民、社会福祉を目的とする事業を経営する者及び社会福祉に関する活
> 動を行う者は、相互に協力し、福祉サービスを必要とする地域住民が地域社会を構
> 成する一員として日常生活を営み、社会、経済、文化その他あらゆる分野の活動に
> 参加する機会が与えられるように、地域福祉の推進に努めなければならない。

　このように、2000（平成12）年の社会福祉法改正を節目として、地域福祉の推進を重視した制度的改革が進められるようになった。

▼ **「我が事・丸ごと」地域共生社会への実現に向けた取り組みについて**

　これまで、わが国の公的福祉サービスは「高齢者」「障害者」「子ども」といった対象者ごとのニーズを満たすための専門的サービスの提供を中心に展開してきた。しかし、少子高齢化の急速な進展により地域社会が変容していくなかで、従来通りの縦割り型のサービス提供システムでは多様化、複雑化する福祉ニーズに対応しきれない問題が発生してきた。人口減少が進み、公的福祉サービスの充実にも陰りがみえはじめるなかで打ち出されたのが、「地域共生社会」という考えである。これは、福祉は与えるもの、与えられるものといった「支え手側」と「受け手側」に固定するのではなく、地域の人々がともに支え合い、課題解決をしていくことのできる地域社会をめざすものである。そのために、地域づくりを「他人事」ではなく「我が事」として主体的に取り組めるしくみをつくるとともに、地域の課題を「縦割り」ではなく包括的に「丸ごと」受け止めることができる総合支援体制を整備していく必要性が指摘されてきた。

　そこで、2016（平成28）年、厚生労働省に「『我が事・丸ごと』地域共生社会実現本部」が設置され、「地域共生社会」の実現を今後の福祉改革を貫く基本コンセプトに位置づけた。現在は「我が事・丸ごと」の地域づくり・包括的な支援体制の整備を推進していくため、部局横断的に幅広く検討が行われている。

2 地域福祉の担い手

① 社会福祉協議会

　社会福祉協議会（以下、「社協」）は、地域福祉の推進役としての役割を担っており、全国社会福祉協議会（以下、「全社協」）、都道府県社会福祉協議会（以下、「都道府県社協」）、市（区）町村社会福祉協議会（以下、「市町村社協」）など各段階で組織される民営の福祉団体（社会福祉法人）である。そのなかでも地域住民と直接的にかかわり、活動を行っていくのは市町村社協であり、社協の団体のなかで基幹的な存在である。その主な活動は次の4つに分かれる。

①社会福祉を目的とする事業の企画および実施
②社会福祉に関する活動への住民の参加のための援助
③社会福祉を目的とする事業に関する調査、普及、宣伝、連絡、調整および助成
④社会福祉を目的とする事業の健全な発達を図るために必要な事業

　具体的な例をあげると、高齢者や障害者の在宅支援サービスの提供、小中高校などで社会福祉に関する出張授業を行うといった福祉教育支援、地域の福祉ニーズや課題の把握と解決・改善に向けた地域福祉活動計画の策定、ボランティア活動の支援と普及活動など、その活動分野は幅広く「地域福祉のデパート」といわれるほど多岐にわたる。

　さらに、都道府県社協の主な活動内容は、次の4つに分けられる。

①市町村社協が行う事業であって各市町村を通ずる広域的な見地から行うことが適切なもの
②社会福祉を目的とする事業に従事する者の養成および研修
③社会福祉を目的とする事業の経営に関する指導および助言
④市町村社会福祉協議会の相互の連絡および事業の調整

　市町村社協に比べて、都道府県単位を生かしたより広い見地から地域福祉の充実を図るための活動をしている。

　最後に、全社協は社協の中央組織であり、全国各地の社協の相互連絡および調整を行ったり、社会福祉活動の調査研究、各種制度の改善への取り組みなど全国を単位として社会福祉の増進に努めている。

②　民生委員・児童委員

　民生委員は、民生委員法に規定されている、地域における無給の民間ボランティアであり、都道府県知事の推薦により厚生労働大臣が委嘱する。任期は3年（再任あり）で、市町村の区域の一定地区ごとに民生委員が担当する。民生委員法では民生委員とは「社会奉仕の精神をもつて、常に住民の立場に立つて相談に応じ、及び必要な援助を行い、もつて社会福祉の増進に努めるものとする」と規定している。その職務は、①住民の生活状態の適切な把握、②要支援者への相談・助言、③福祉サービスの情報提供、④社会福祉従事者との連携および活動支援、⑤福祉事務所やその他の関係行政機関の業務協力、などであり、これらを同じ住民という視点に立ちながら、地域に根ざした福祉活動を推進している。

　なお、民生委員は児童福祉法に基づく児童委員も兼ねている。児童委員としての職務は、児童および妊産婦について、その生活や環境の状態を把握し、必要であれば支援や指導を行う。また、児童福祉司や福祉事務所の社会福祉主事が行う職務についても協力を行うなど、ボランティアの立場で地域における子育て家庭の支援活動を担っている。

③　ボランティアと市民活動

▼ボランティアの意義

　わが国にボランティアという言葉が広く知れわたったきっかけは、1995（平成7）年に起きた阪神・淡路大震災といわれている[*1]。当時、筆者も被災し、家を失い、避難所暮らしをしていたが、震災直後に全国から多くのボランティアが被災地に集まり、がれきの撤去や炊き出し、救援物資の整理を行うなど被災地の復興支援に取り組む姿をみて、身をもってボランティア活動の重要性とその意義を理解することとなった。

*1
「ボランティア元年」については52頁参照。

▼ボランティアの理念

　一般的にボランティア活動とは、「個人の自由意思に基づき、その技能や時間などを進んで提供し、社会に貢献することであり、ボランティア活動の基本的理念は、自発（自由意思）性、無償（無給）性、公共（公益）性、先駆（開発、発展）性にある」[1]とされている。

　「自発性」とは、外部からの強制ではなく自らの意思決定に従った行動のことである。

　「無償性」とは、金銭的報酬や対価を求めることなく、ボランティア活動

に参加することで、自らの価値や自己実現を見出すことである。

「公共性」とは、その活動が特定の人に向けられたものではなく、すべての人々に向けられたものであり、地域社会に貢献しうる活動のことである。

「先駆性」とは、独自の視点に立ち、社会的ニーズを発見し、いち早く活動を展開していくことである。ボランティア活動とは、これらの基本理念に基づき、多様な展開を図っていくことであるといえる。

また、これらのボランティア活動の推進機関として社会福祉協議会などが中心となり、ボランティアセンターを設置し、ボランティアを必要としている人とボランティア活動を行いたい人をつないだり調整を行うなど、ボランティアコーディネーターが活動の活性化や組織化を図っている。

▼市民活動

ボランティア活動が個人的な活動や継続性のないものも含めるのに対し、ボランティア活動も含めたさらに広い活動を指す言葉として「市民活動」がある。市民活動については、さまざまな定義がなされているが、概ね「政治・宗教・営利を目的とする活動を除き、不特定かつ多数のものの利益の増進に寄与することを目的とする自主的、継続的な活動」と定義できる。

近年、各市町村において「市民活動推進条例」などを制定するなど力を入れており、地域福祉推進の原動力となっている。

④ 地域福祉コーディネーター（コミュニティソーシャルワーカー）

かつて農業、漁業といった第一次産業が中心であった頃は、互いに協力し合うことで生活を維持してきた。そのため、「地域で支え合う」という相互扶助機能の考え方は必要不可欠であった。現代では、第二次、第三次産業従事者の増加、核家族化の増加、プライバシーや個人主義を重視する社会へと大きく変化してきた。そのため、地域の人間関係が希薄になってきたといわれている。このつながりの希薄化が、とりわけ子育て家庭や高齢者、障害者などにおいてさまざまな生活上の問題や課題を生み出す一つの要因と考えられる。

社会における、新たに住民の支え合いを再構築する体制を検討するために、厚生労働省・援護局は「これからの地域福祉のあり方に関する研究会」を2007（平成19）年10月に設置し、議論を重ねてきた。この報告書では、住民同士が支え合う体制をつくるためには、住民間や住民とさまざまな関係者とのネットワークづくりや、地域の社会資源の開発を進める必要があり、そのためには一定の圏域に専門的なコーディネーターが必要であると報告してい

る。このコーディネーターには、次のような活動が期待されている。

①専門的な対応が必要な問題を抱えた者に対し、問題解決のため関係するさ
　まざまな専門家や事業者、ボランティアなどとの連携を図り、総合的かつ
　包括的に支援する。また、自ら解決することのできない問題については適
　切な専門家などにつなぐ。

②住民の地域福祉活動で発見された生活課題の共有化、社会資源の調整や新
　たな活動の開発、地域福祉活動にかかわる人たちのネットワーク形成を図
　るなど、地域福祉活動を促進する。

　さらに、これらコーディネーターの確保には市町村が支援をしていくこと
を求めている。こうしたコーディネーターは自治体により「地域福祉コー
ディネーター」や「コミュニティソーシャルワーカー」と呼ばれており、各
自治体では社協などと連携を図りながら地域福祉コーディネーター（コミュ
ニティソーシャルワーカー）の人材育成や普及活動を進めている。

③　地域福祉の推進方法

①　住民参加（住民自治）と小地域活動

▼住民参加と住民自治

　社会福祉法に、地域住民が地域福祉の推進役として明記されている通り、
地域福祉推進のために必要な原動力はその地域の住民参加である。かつて、
社会福祉は行政主導で計画・運営されてきた。また、社会福祉サービスは限
られた社会的弱者が受けるものとされてきた。しかし、現代の地域社会にお
ける多様化した生活問題や課題の解決、ニーズの発見とその充足のためには、
地域住民が主体となってこれらの取り組みに参加していく必要がある。

　これらの地域福祉推進の基盤となるのが住民自治である。住民自治とは、
住民主体による自治組織であり、町内会や自治会など一定の地域に基づいた
組織のことである。地域福祉とは地域の福祉力を高めるしくみをつくり上げ
ていくことである。そのために必要なことは、住民参加による主体的な取り
組みと、地域全体で支援していく社会を構築していくことであり、これらの
実現のために住民自治の活性化が求められている。

▼小地域活動

　小地域活動とは、私たちの日常生活圏内、たとえば小学校区や町内会、自
治会などを単位とした小さな身近な地域において、当該地域住民が住民のた

めに行う福祉活動を中心とした諸活動のことである。たとえば、市町村社協などの呼びかけで、自治会や婦人会、ボランティア団体、老人クラブなどの地域の団体を構成メンバーとした「地区福祉委員会」を組織し、福祉・保健・医療などの専門機関や関係者らと連携を図りながら活動を行っている。具体的な活動例として、要援護者の見守り、声かけ活動や配食サービス、家事援助といった個別援助活動、住民交流や仲間づくりを目的としたふれあいいきいきサロンや子育てサロン*2といったグループ援助活動などがあり、その地域の生活課題の解決に向けたさまざまな活動が行われている。また、活動の展開を広げていくことで、地域の一人ひとりを支えるネットワーク形成へとつながっているのである。こういった活動が小地域ネットワーク活動として、今日の地域社会における課題解決に向けた大きな役割を果たしている。

*2 ふれあいいきいきサロン・子育てサロン
ふれあいいきいきサロンは、一人暮らしや、家のなかで過ごしがちな高齢者等と、地域住民（ボランティア等）が、自宅から歩いて行ける場所に気軽に集い、ふれあいを通して生きがいづくり・仲間づくりの輪を広げる活動。子育てサロンは主に乳幼児のいる母親を対象としている。ともに社会福祉協議会が普及啓発を行い、活動を支援している。

② コミュニティ・ケア

コミュニティ・ケアとは、生活問題を抱える要援護者を支援する方法として、施設入所によるケアを中心とするのではなく、在宅サービスや通所サービスの提供などにより、可能な限り在宅での生活を維持していけるように支援を提供していくことである。もともとはイギリスにおいて、精神病患者や精神障害者に対する大規模施設への長期入所によるケアからコミュニティ（地域社会）内でのケアへと転換したことに端を発しており、1960年代頃にはイギリスの政策に取り上げられるようになった。

その後、1989年にイギリス政府は、コミュニティ・ケア政策についての報告書、「グリフィス報告」（1988年）に基づく「英国コミュニティ・ケア白書」を発表している。この白書のなかでコミュニティ・ケアを「高齢、精神障害、精神発達遅滞、あるいは身体障害や感覚障害といった問題を抱えている人が、自宅、もしくは地域のなかの家庭的な環境のもとで、できる限り自立した生活ができるよう、必要なサービスや援助をすることである」[2]と明記している。これを基本方針として1990年に「国民保健サービス及びコミュニティケア法」が成立し、コミュニティ・ケア改革が進められた。

1960年代のイギリスの影響を受け、わが国では1969（昭和44）年に東京都社会福祉審議会の「東京都におけるコミュニティ・ケアの進展について」と題する答申において「コミュニティ・ケア」という用語がはじめて公に登場し、1971（昭和46）年の中央社会福祉審議会の答申のなかでも使用されたことで、広く知れわたるようになった。

イギリスのコミュニティ・ケアの理念は、わが国における在宅福祉論にも

影響を与え、在宅福祉サービスの具体的展開が進められるなど、わが国の地域福祉政策への転換の契機となった。

③　地域の組織化と福祉の組織化

1950年代にロス（M.G.Ross）によって体系化された「コミュニティオーガニゼーション」の影響を受け、1960年代から社協を中心に、地域で起こる生活問題や課題に対し、地域社会が主体的に解決へ取り組んでいくために、地域福祉の組織化への試みが始まった。わが国において、これらの地域福祉組織化活動を後押ししたのが岡村重夫らによる組織化論である。

岡村は、地域福祉を構成する要素として、次の３つをあげている。
①最も直接的具体的援助活動としてのコミュニティ・ケア
②コミュニティ・ケアを可能にするための前提条件づくりとしての一般的な地域組織化活動と地域福祉組織化活動
③予防的社会福祉

児童・高齢者・障害者・その他の地域福祉の各分野において、いずれもこれらの３要素を備えなくてはならないと論じている。

地域組織化活動とは、地域福祉にとって望ましい地域社会構造や社会関係を意味し、この一つのねらいは一般的なコミュニティづくりであるとし、この組織化活動を「一般的地域組織化活動」と名づけた。

そして、地域福祉の組織化活動には、このような一般的地域組織化活動だけではなく、直接的に関連をもつコミュニティづくりも必要であるとし、それを「福祉組織化活動」と名づけた。福祉組織化活動とは、地域社会における社会福祉サービスの対象者やその関係者、また同じ立場にある同調者や代弁者、社会福祉関係機関・団体らによって構成される福祉コミュニティづくりを目的とする組織化活動のことであり、一般的地域組織化活動の下位コミュニティ概念として位置づけた。そして、この両者の間には密接な協力関係があることが望ましいと述べている。

このように、地域社会におけるニーズの充足や問題解決のためには、住民が主体となり、コミュニティづくりである地域の組織化の推進とともに、地域福祉を支える社会資源のネットワークを形成できる福祉の組織化を、同時に進めていかなければならない。

④ 地域福祉計画

　社会福祉法には、地域福祉の推進のために国および地方公共団体が社会福祉関係者と協力して、社会福祉を目的とする事業の広範かつ計画的な実施が図られるように必要な措置を講じなければならないと定めている。

　この具体的な推進策として、市町村地域福祉計画、都道府県地域福祉支援計画がある。社会福祉法において市町村地域福祉計画は、「市町村は、地域福祉の推進に関する事項として次に掲げる事項を一体的に定める計画（以下「市町村地域福祉計画」という。）を策定し、又は変更しようとするときは、あらかじめ、住民、社会福祉を目的とする事業を経営する者その他社会福祉に関する活動を行う者の意見を反映させるために必要な措置を講ずるよう努めるとともに、その内容を公表するよう努める」としており、その内容は以下の3つの事項としている。
①地域における福祉サービスの適切な利用の推進に関する事項
②地域における社会福祉を目的とする事業の健全な発達に関する事項
③地域福祉に関する活動への住民の参加の促進に関する事項

　以上の事項について、市町村は住民の意見を十分に反映し、その計画にしたがい誰もが安心して生活できる地域づくりを整備していく必要がある。

　市町村地域福祉計画は、各地域における地域福祉のあり方を示すものといえる。都道府県地域福祉支援計画は、都道府県が市町村地域福祉の支援のために、広域的見地から必要な事項を一体的に定めたものとなっている。

⑤ 共同募金

　共同募金は、都道府県の区域を単位として組織されている社会福祉法人共同募金会が主体となり、毎年1回、10月から12月までの3か月間に行われる寄付金の募集運動であり、「赤い羽根」をシンボルとして、通称「赤い羽根共同募金」といわれている。

　地域福祉の推進がその目的であり、住民相互の「たすけあい」を基調として、地域社会における自主的な活動を通じて、地域福祉に対する理解と参加を推進すると同時に、財源面から民間社会福祉活動の発展に寄与している。なお、共同募金については社会福祉法で、第1種社会福祉事業に規定されており、共同募金事業を行うことを目的として設立される社会福祉法人を「共同募金会」と称し、これ以外の者は共同募金事業を行うことはできないこと

になっている（業務独占）。また、「共同募金会」は、共同募金会（および連合会）以外の者がこの名称や紛らわしい文字を用いてはならないことになっている（名称独占）。以下に、共同募金運動要綱（平成21年度改正）にあげられている５つの原則を載せておく。

共同募金運動要綱

第2　原則

　この運動は、住民に対してさまざまな地域福祉活動の必要性を訴え、一人一人が運動を理解して参加するよう呼びかけるために、共同募金会及び中央共同募金会が相互に協調し、次の原則を踏まえ実施する。

１．民間性

　この運動は、民間の地域福祉活動を財源面で積極的に支えていく役割を果たすために、住民の参加による自主的な活動として行うものであり、共同募金会自らが持つ民間活動の特色である先駆性、柔軟性、即応性及び多様性等を発揮する。

２．地域性

　この運動は、都道府県の区域を単位として実施する。

　なお、住民の共同募金への主体性を明確にするため、市区町村における運動展開を基礎に、その地域特性を踏まえ、寄付金を募集し、主としてその区域内の地域福祉活動へ助成する。

３．計画性

　この運動は、その区域内の地域福祉活動を行う団体等から広く助成についての要望を基に、助成計画及び住民参加により策定した市区町村における共同募金推進計画（当該地域における助成計画及び募金計画など）に基づいた募金活動及び助成を実施する。

４．公開性

　この運動は、住民の信頼の上に成り立つものであることから、積極的に住民に情報を提供するなど、透明性を保持し、常に住民の理解を新たにし、世論の支持のもとに行う。

５．参画性

　この運動は、戸別募金など地域におけるさまざまな募金活動に協力している地域住民をはじめ、運動への理解と共感を得た多様な共同募金ボランティアの参画によって行う。また、共同募金会の組織運営にあたっては、地域福祉活動の担い手をはじめとする関係者及び地域住民の参画により推進することとする。

資料：共同募金運動要綱（平成21年度改正）より一部抜粋

まとめてみよう

① 地域福祉の担い手について「社会福祉協議会」「民生委員」「ボランティア」などからその役割や活動内容をまとめてみよう。
② 地域福祉の方法について「住民参加」「地域福祉計画」「コミュニティ・ケア」などから、その意味や内容をまとめてみよう。

【引用文献】
1）文部科学省：生涯学習審議会「今後の社会の動向に対応した生涯学習の振興方策について（答申）」の送付について
http://www.mext.go.jp/b_menu/hakusho/nc/t19920803001/t19920803001.html
（2011年9月14日）
2）小田兼三監訳『英国コミュニティ・ケア白書』中央法規出版　1991年　p.1

【参考文献】
瓦井昇「地域福祉の分化とその理論分析」『島根大学教育学部福祉文化研究会紀要　福祉文化』創刊号　島根大学　2001年
渡辺憲正「地域福祉の源流—地域福祉と済世顧問制度—」『中国短期大学紀要』第14号　1983年
後藤卓郎編『一部改訂　新選・社会福祉』みらい　2008年
山縣文治・岡田忠克編『よくわかる社会福祉』ミネルヴァ書房　2010年
杉本敏夫・東野義之・南武志・和田謙一郎編著『ケアマネジメント用語辞典』ミネルヴァ書房　2007年
小田兼三監訳『英国コミュニティ・ケア白書』中央法規出版　1991年
社会福祉士養成講座編集委員会編『地域福祉の理論と方法—地域福祉論』中央法規出版　2009年
岡村重夫『地域福祉論』光生館　1974年
厚生労働統計協会編『国民の福祉と介護の動向　2014/2015』厚生労働統計協会　2014年
〈参考ホームページ〉
大阪市市民活動推進条例
http://www.city.osaka.lg.jp/shimin/page/0000006275.html（2011年9月13日）
厚生労働省「地域における「新たな支え合い」を求めて—住民と行政の協働による新しい福祉—」
http://www.mhlw.go.jp/shingi/2008/03/s0331-7a.html（2011年9月13日）
赤い羽根共同募金「共同募金運動要綱」
http://www.akaihane.or.jp/date/pdf/1630youkou_h21.pdf（2011年9月13日）

第12章　社会福祉の専門職と倫理

📝 保育のほか社会福祉の資格や専門職にはどんな種類があるのだろう？

みらいさん　私たちは、いま、保育士の資格取得のために学んでいますが、そもそもなぜ資格は必要なのでしょうか。

こういち先生　保育にしても、福祉や介護の現場にしても、社会福祉に関する資格が法律によって国家資格化されたのは、ここ30年ぐらいの間であって、そんなに昔のことではないのです。

みらいさん　えー‼　そうなのですか⁉

こういち先生　はい、一昔前の社会福祉は措置制度（すでに習いましたよね！）のもとで、行政の仕事として主に公務員（事務職員など）が対応していましたし、保育や介護の仕事は身分的にも、制度の上や待遇の面でも専門職として扱われてこなかった経緯があります。

みらいさん　いまは、どうなっているのですか？

こういち先生　社会や家庭を取り巻く環境も変わり、働き方も多様な近年では、保育をはじめとする福祉ニーズは増大してきました。また、社会福祉にかかる期待と責任も大きくなっています。そのようななかで、“専門的な知識と技術をもった専門職が必要”という時代の要請もあり、保育士や社会福祉士、介護福祉士などの社会福祉関係の国家資格が誕生しました。その前に、実践現場の人たちが専門性を認めてもらえるように大変な努力をしてきた歴史があることも忘れてはなりませんよね。

みらいさん　へえ、そうなのですか。なんだか、私ももっと身を引き締めて勉強しなければ、子どもや保護者の期待に応えることができる保育士にはなれないですね。

こういち先生　そうですね。頼られる専門職になるためには、いまこそ、しっかり学んでおかなければいけませんよ。さらに専門職にはもう一つ大事な要素があります。

みらいさん　それは、なんですか？

こういち先生　たとえば、保育士には、業務上知り得た子どもや保護者の秘密を勝手に人に話してはいけない「秘密保持義務」、専門職としての「信用を失墜する行為の禁止」が法的に規定されていたり、利用者の利益を最優先に支援することを謳った専門職の倫理綱領があります。この倫理規定があることも、専門職であることの大切な要素なのですよ。

みらいさん　知識や技術だけではなくて、倫理を守ってこそ専門職ってことなのですね。

こういち先生　そうですね。ここでは、社会福祉にかかわる資格の種類と、その専門職にはどのような倫理規定や約束ごとがあるのかを学んでいきましょう！

1 社会福祉の専門職

① 保育士の職務と義務

▼保育士の成立過程

　1947（昭和22）年に児童福祉法、翌年に児童福祉法施行令が制定された。それまで児童を養育・保護する施設の資格制度が設けられていなかったことから、施行令のなかに「児童福祉施設において児童の保育に従事する女子」として「保母」資格を規定した。その後、1977（昭和52）年の施行令の改正では、性別要件を撤廃する意見を受けて保母資格が男子にも準用された。

　1998（平成10）年には、施行令の再改正にともない、翌年4月より「保育士」に名称変更されたが、この背景には男女雇用機会均等法改正の流れを受けて性別表記が中立的な表現に改められたことなどが要因としてあげられる。

　その後、保育士資格の詐称によって社会的信用が損なわれている状況に対処することや、児童虐待相談対応件数の増加および子育て支援施策の広がりを受けて、地域の子育ての中核を担う保育士への社会的な要請が高まった。その結果、2001（平成13）年の児童福祉法の改正によって保育士資格は法定化され、名称独占の国家資格となった（2003〈平成15〉年施行）。

▼保育士

　保育士は児童福祉法に「保育士の名称を用いて、専門的知識及び技術をもつて、児童の保育及び児童の保護者に対する保育に関する指導」を行うことを業とする者と規定されている。加えて、その名称を用いて職務に就くには、都道府県に備える保育士登録簿に登録を行う必要がある。すなわち、保育士は、登録後に①児童福祉施設（助産施設、児童家庭支援センターを除く）を利用する0歳から18歳（必要に応じて20歳）未満の児童を対象に、日常生活上の指導・支援・治療等の中核としてかかわること（児童の保育）、②保護者との信頼関係を基に、さまざまな手段・方法により保育に関する指導等を行うことを主な職務とする。

　これらの職務を担う際には、保育士には日々の保育を展開・構成する力だけでなく、子どもの様子を的確に把握し、一人ひとりの子どもの変化に気づくことのできる観察力や洞察力が求められる。また、保護者に対する子育て支援の場面においては、ソーシャルワークやカウンセリング、ケアマネジメントの技術などを援用しながら、保育士の専門性に基づいた支援を行うことが期待されている。

【保育士（国家資格）の取得方法】
○都道府県知事が指定する保育士を養成する学校等（指定保育士養成施設）を卒業する。
○都道府県知事が行う保育士試験に合格する。
※幼保連携型認定こども園において、子どもの教育・保育に従事する保育教諭（幼稚園教諭免許状と保育士資格を持つ職員）となるために必要な資格である。

▼保育士の義務等

　保育士には、児童福祉法において、保育士の信用を傷つけるような行為の禁止（信用失墜行為の禁止）、保育士でなくなった後も含め、正当な理由がなく、その業務に関して知り得た人の秘密開示の禁止（秘密保持義務）、保育士でない者は、保育士またはこれに紛らわしい名称を使用してはならない（名称の使用制限）ことが義務や禁止行為として規定されている。

表12-1　児童福祉施設などで働く専門職

2021（令和3）年10月1日現在

	施設数	保育士	児童指導員・児童自立支援専門員等	保育教諭	母子支援員	子育て支援員	保健師・助産師・看護師	セラピスト	栄養士	調理員
乳児院	145	2,959	392	-	-	77	771	65	190	406
母子生活支援施設	208	201	73	-	691	147	4	43	2	69
幼保連携型認定こども園	6,111	3,195	-	104,327	-	2,223	2,799	-	4,780	9,764
保育所等	23,884	381,175	-	-	-	5,405	9,881	-	19,602	39,700
地域型保育事業所	7,245	1,959	-	-	-	1,162	818	-	1,896	3,491
児童養護施設	612	6,991	7,394	-	-	530	246	441	564	1,872
障害児入所施設（福祉型）	249	1,416	1,754	-	-	65	214	34	166	389
障害児入所施設（医療型）	222	1,246	1,441	-	-	64	10,096	1,846	258	555
児童発達支援センター（福祉型）	676	4,764	1,916	-	-	422	366	813	284	443
児童発達支援センター（医療型）	95	324	125	-	-	45	129	267	33	43
児童心理治療施設	51	201	532	-	-	18	56	283	40	97
児童自立支援施設	58	37	991	-	-	26	29	35	40	123
児童厚生施設	6,468	1,529	943	-	-	3,860	25	5	10	18

注：1）施設数は、都道府県・指定都市・中核市において把握している施設のうち、活動中の施設について集計している。
　　2）常勤換算従事者数は常勤・非常勤による勤務形態の総数である。
　　3）従事者数を調査していない施設を除く。
　　4）児童指導員・児童自立支援相談員等には、生活指導員、生活相談員、生活支援員を含む。
　　5）セラピストは、理学療法士、作業療法士、その他の療法員の総数である。
　　6）保育所等は、保育所型認定こども園、保育所の総数である。
　　7）幼保連携型認定こども園、保育所等、地域型保育事業所は助産師を除く。
　　8）従事者数は、小数点以下第1位を四捨五入して求めた常勤換算数であるため、内訳の合計が「総数」に合わない場合がある。児童福祉施設全体の従事者数は各数の積み上げ総数のため、同調査結果の「総数」に合わない場合がある。
資料：厚生労働省「社会福祉施設等調査」

信用失墜行為の禁止、秘密保持義務、名称の使用制限に違反すると、保育士名称の使用停止や罰金や懲役刑に処されたり、保育士登録を取消されることもある。とりわけ、信用失墜行為はもちろんのこと秘密保持義務違反の内容によっては刑事罰の対象になりうるため、安易行為により信用・信頼を裏切ることにならないように十分留意しなければならない。

② 社会福祉の主な国家資格

▼社会福祉士

社会福祉士は、1987（昭和62）年制定の社会福祉士及び介護福祉士法に定められた名称独占の国家資格である。社会福祉士とは、登録を受けて、「身体上若しくは精神上の障害があること又は環境上の理由により日常生活を営むのに支障がある者」を対象に、専門的知識および技術をもって、福祉に関する助言・指導や福祉サービス関係者等との連絡および調整、その他の援助（相談援助）を行うことを業とする者をいう。

主に社会福祉施設等の相談員・指導員として相談援助業務を担い、持ち込まれるさまざまな状況に対応する。具体的には、ソーシャルワークの技術を活用してニーズ・問題状況を明確にし、援助目標および援助計画を設定・策定してかかわる過程のなかでは、利用者が主体的に問題解決に向かえるように支援を展開していく。また、地域福祉や権利擁護の考えが広まってきている昨今では、地域の福祉コーディネーターやアドボケーター（権利擁護を行う人〈代弁者〉）としての役割も期待されている。

> 【社会福祉士（国家試験受験資格）の主な取得方法】
> ○大学（4年制）において、文部科学省令・厚生労働省令で定める社会福祉に関する科目（「指定科目」）を修めて卒業する。
> ○短期大学（2・3年制）において、「指定科目」を修めて卒業した後、指定施設においてそれぞれ2年または1年以上相談援助業務に従事する。
> ○大学（4年制）において、「基礎科目」を修めて卒業した後、社会福祉士短期養成施設等（6か月以上）で修学する。
> ○大学（4年制）を卒業した後、社会福祉士一般養成施設等（1年以上）修学する。

▼介護福祉士

介護福祉士は、社会福祉士及び介護福祉士法に定められた名称独占の国家資格である。介護福祉士とは、登録を受けて、「身体上又は精神上の障害があることにより日常生活を営むのに支障がある者」を対象に、専門的知識および技術をもって、心身の状況に応じた介護を行い、その者およびその介護者

に対して介護に関する指導を行うことを業とする者をいう。

　2011（平成23）年の法改正により、翌年４月から、介護福祉士や一定の研修を受けた介護職員などは、医療関係者との連携による安全確保が図られていることなどの条件の下に、喀痰吸引等の行為ができるようになった。「喀痰吸引等」の対象となる範囲は、痰の吸引（口腔内、鼻腔内、気管カニューレ内部）と経管栄養（胃ろうまたは腸ろう、経鼻経管栄養）であり、研修は、「不特定多数の者に対する痰の吸引と経管栄養の全てを実施」できるようになる第一号研修、「その一部の特定行為を実施」できるようになる第二号研修、「特定の利用者に対して必要となる行為を実施」できるようになる第三号研修からなる。

　介護福祉士の主な職場は、訪問介護・通所介護をはじめとする居宅サービス、介護福祉施設や介護保健施設などの施設サービス、障害福祉サービスが提供される場であり、身体介護・生活介護を必要とする者の自立支援を担う。

【介護福祉士（国家試験受験資格）の主な取得方法】
○大学に入学できる者であって、厚生労働大臣等が指定した学校または都道府県知事が指定した養成施設（２年以上）で修学する。
○指定保育士養成施設等を卒業した後、厚生労働大臣等が指定した養成施設等（１年以上）で修学する。
※現在、養成施設卒業者にも国家試験が導入されているが、2027（令和９）年３月末までに養成施設を卒業した者については、国家試験に合格しなくても（不合格または受験しなかった者を含む）、卒業年度の翌年度から５年間は「介護福祉士となる資格を有する者」とする経過措置が設けられている。
○学校教育法に基づく高等学校等であって、厚生労働大臣等が指定した養成施設（３年以上）で修学する。
○３年以上介護等の業務に従事した者であって、厚生労働大臣等の指定した養成施設（６か月以上）で修学する。

▼社会福祉士および介護福祉士の義務など

　社会福祉士および介護福祉士は、社会福祉士及び介護福祉士法において、信用失墜行為の禁止、秘密保持義務、名称の使用制限が規定されている。加えて、業務を行うにあたっては福祉サービスなどが総合的かつ適切に提供されるように福祉サービス関係者などと連携を保つ（連携）ことや、社会福祉および介護を取り巻く環境の変化に対応した支援を展開するために、知識および技能の向上に努める（資質向上の責務）ことが規定されている。

　このほかに、個人の尊厳を保持し、有する能力および適性に応じて自立した日常生活を営むことができるように常に相手の立場に立ち、誠実にその業務を行う（誠実義務）旨などの内容が示されている。

▼精神保健福祉士

精神保健福祉士は、1997（平成9）年制定の精神保健福祉士法に定められた名称独占の国家資格である。精神保健福祉士とは、登録を受けて、「精神科病院その他の医療施設において精神障害の医療を受け、又は精神障害者の社会復帰の促進を図ることを目的とする施設を利用している者」を対象に、精神障害者の保健および福祉に関する専門的知識および技術をもって、地域相談支援の利用や社会復帰に関する相談・助言・指導、日常生活への適応に必要な訓練その他の援助（相談援助）を行うことを業とする者をいう。

精神科を設置している医療機関や精神障害者の生活支援施設などに配置され、精神障害によって生じる社会生活・社会関係上の問題への対応や各種公的制度の利用・斡旋、社会資源の活用、退院支援、地域への啓蒙活動を行う等、精神保健福祉士は福祉・医療・保健領域で活動する相談支援の専門職として位置づけられている。

【精神保健福祉士（国家試験受験資格）の主な取得方法】
○大学（4年制）において、文部科学省令・厚生労働省令で定める精神障害者の保健及び福祉に関する科目（「指定科目」）を修めて卒業する。
○短期大学（2・3年制）において、「指定科目」を修めて卒業した後、指定施設においてそれぞれ2年または1年以上相談援助業務に従事する。
○大学（4年制）において、「基礎科目」を修めて卒業した後、精神保健福祉士短期養成施設等（6か月以上）で修学する。
○大学（4年制）を卒業した後、精神保健福祉士一般養成施設等（1年以上）で修学する。

▼精神保健福祉士の義務等

精神保健福祉士には、精神保健福祉士法において前出の社会福祉士や介護福祉士と同様に、誠実義務、信用失墜行為の禁止、秘密保持義務、資質向上の責務、名称の使用制限が規定されているほか、業務を行うにあたっては保健医療関係者との連携を保ち、精神障害者に主治医がいる際にはその指導を受ける（連携等）旨、誠実義務などが示されている。

---

③ 資格分類別の意味・構造

▼名称独占、業務独占

名称独占とは、資格名称の保護を目的とした法的規制のことをいう。資格の根拠法に則った登録を行うことにより、その資格名称の使用が認められる。この登録制度の導入にともない、無資格者が「名称の使用制限に関する規定」

に抵触した場合には、根拠法の罰則規定に基づいて罰金刑が科せられる。

　一方で、業務独占とは、資格の根拠法に則って登録を受けた者だけに、同法に定める業務（医療行為等）を行うことを認める法的規制のことをいう。そのため、無資格者が当該業務を行うことは禁じられている[*1]。これらに違反した場合、根拠法の罰則規定に基づいて懲役・罰金刑が科せられる。

　なお「名称の使用制限」と「業務の制限」を必要とする場合には、名称独占・業務独占に関する法的規制が各々必要となる。実際に、国家資格や免許は、その業務の性格などから「名称独占のみ」あるいは「名称独占および業務独占」を有するものとして法的に位置づけられている（表12-2）。

▼任用資格

　任用資格は、根拠法令等の規定に示されている要件を満たすことで有資格者とみなされる。代表的なものに社会福祉主事、児童福祉司などがある。公務員として採用された後に、特定の業務に任用される際に求められるものであり、職に就いてはじめてその資格名称を名乗ることができる。

　任用資格は、特定の業務を行う際の基準が必要であった背景から誕生した経緯があり、厳密には「その職を担うための基準（要件）」であるという点で、保育士などの国家資格とは資格の性質が異なる。任用資格のなかには、大学などにおいて指定された科目を修めて卒業することで取得できるものも多い。

[*1]
名称独占のみをもつ資格の場合には、配置基準による場合などを除いて、原則的に実務面の制約（制限）はない。そのため、資格をもたない者による行為（保育、相談援助、介護など）を禁止するものではない点には注意したい。

表12-2　児童家庭福祉分野の資格構造（主なもの）

		資格の種類		資格の例
強 ↑ 公的関与 ↓ 弱	免許	名称・業務独占	（法律に基づくもの）	医師、歯科医師、看護師、助産師
		名称独占	（法律に基づくもの）	保健師
	国家資格	名称独占	（法律に基づくもの）	保育士、社会福祉士、介護福祉士、精神保健福祉士
	各種資格	任用資格等	（法律に基づくもの）	社会福祉主事、児童福祉司、母子・父子自立支援員
		任用資格等	（省令に基づくもの）	家庭支援専門相談員、児童指導員、母子支援員、児童の遊びを指導する者、児童自立支援専門員、児童生活支援員
		任用資格等	（通知に基づくもの）	家庭相談員
		民間資格	（学会・業界団体等による認定資格）	
		民間資格	（企業・個人・学校による資格）	

注：任用資格等については「社会福祉主事」「児童福祉司」の任用資格以外は職種別に任用要件が定められているものである。
資料：西郷泰之『子どもと家庭の福祉』ヘルス・システム研究所　2004年　p.104を参考に筆者作成

② 社会福祉の関連専門職

① 行政機関に携わる社会福祉関連の専門職

▼社会福祉主事

社会福祉主事は、社会福祉法に定められている、福祉事務所の指導監督を行う所員、現業を行う所員を指す。都道府県が設置する福祉事務所の社会福祉主事は、生活保護法、児童福祉法、母子及び父子並びに寡婦福祉法に定める援護または育成の措置に関する事務を行い、市および福祉事務所を設置する町村の社会福祉主事は、前三法に老人福祉法、身体障害者福祉法、知的障害者福祉法を加えた福祉六法に定める援護・育成・更生の措置に関する事務を行う。

社会福祉主事の任用は、社会福祉主事の任用要件に該当する者であって、年齢が20歳以上で、人格が高潔で思慮が円熟し、社会福祉の増進に熱意があることが条件とされている。社会福祉主事任用資格は社会福祉に関する基礎的な知識を修得した目安とされ、社会福祉施設の施設長や生活支援員に就く際に必要とされるほか、社会福祉関連の職員採用時に求められることも多い。

【社会福祉主事の主な任用要件】
○大学等において、厚生労働大臣が指定する社会福祉に関する科目を修めて卒業した者。
○都道府県知事が指定する養成機関または講習会の課程を修了した者。
○社会福祉士の資格を有する者。

▼母子・父子自立支援員

母子・父子自立支援員[*2]は、母子及び父子並びに寡婦福祉法に定められている。都道府県知事などによって委嘱され、福祉事務所に配置されている。

職務は、①配偶者のない者で現に児童を扶養している者や寡婦の相談に応じ、その自立に必要な情報提供や指導を行うほか、②これらの者への職業能力の向上および求職活動に関する支援を担う。具体的には、経済的自立・児童の福祉の増進を目的とした母子父子寡婦福祉資金貸付金制度の斡旋から児童の養育・教育の相談など、母子・父子自立支援員が対応する範囲は広い。このように、母子・父子自立支援員は、母子・父子・寡婦家庭の総合的な支援を担う職種であることを鑑みると、その体制を支えるためのしくみづくりや、マンパワーの観点からの増員が今後の課題としてあげられる。

*2
2014（平成26）年の法改正により、従来の母子自立支援員から母子・父子自立支援員に改称された。

> 【母子・父子自立支援員の主な任用要件】
> ○社会的信望があり、職務を行うに必要な熱意と識見を持っている者。

▼児童福祉司

　児童福祉司は、児童福祉法に基づいて児童相談所に配置される職員である。管轄区域の人口3万人に1人以上を基本として、全国平均より児童虐待対応の発生率が高い場合には、業務量（児童虐待相談対応件数）に応じて人数を上乗せして配置されている。その職務は、児童相談所長の命を受けて児童の保護・児童の福祉に関する相談に応じるほか、専門的技術に基づいて必要な指導を行うなど、児童の福祉の増進を担うことである。

　各種の相談を受けて、担当区域内の児童や保護者に対する指導、措置に必要な調査や社会診断、関係機関との調整を行うが、児童の福祉に関して児童福祉司が対応する相談は、虐待・養育・非行・障害・不登校をはじめとして、その内容は多岐にわたる。児童や家庭を支える専門家である児童福祉司は「施設入所等の措置対応」「各種の相談支援」の両面を担う対人サービスの総合的な職種と位置づけることができる。それゆえ、対人サービスに有効なソーシャルワークやカウンセリングなどの専門的な力量が不可欠といえる。これを裏づけるように、2004（平成16）年の児童福祉法の改正では、十分な知識・技術を有する者を配置する観点から、任用要件の見直しが行われた。

> 【児童福祉司の主な任用要件】
> ○児童虐待を受けた児童の保護その他児童の福祉に関する専門的な対応を要する事項について、児童及びその保護者に対する相談及び必要な指導等を通じて的確な支援を実施できる十分な知識及び技術を有する者として内閣府令で定めるもの*3。
> ○都道府県知事が指定する児童福祉司もしくは児童福祉施設職員を養成する学校等を卒業、または都道府県知事が指定する講習会の課程を修了した者。
> ○大学等において、心理学、教育学、社会学を専修する学科等を卒業した者であって、内閣府令で定める施設において1年以上相談援助業務に従事した者。
> ○医師の免許あるいは社会福祉士、精神保健福祉士、公認心理師*4の資格を有する者。
> ○社会福祉主事として、2年以上児童福祉事業に従事した者であって、厚生労働省が定める講習会の課程を修了した者。

▼家庭相談員

　家庭相談員は、福祉事務所の家庭児童相談室に配置される専門職である。家庭児童相談室とは「家庭児童相談室の設置運営について」（通知）に基づき、福祉事務所の家庭児童福祉に関する相談支援・指導業務の充実・強化を目的

*3
この任用要件として位置づけられた「こども家庭ソーシャルワーカー」は、2024（令和6）年4月から導入される。これは「子ども家庭福祉」の現場にソーシャルワークの専門性を十分に身に着けた人材を早期に輩出することを目的に、一定の実務経験がある有資格者や現任者が、国の基準を満たす認定機関が指定した研修等を経て取得する認定資格である。

*4　公認心理師
保健・医療・福祉・教育等の分野において、心理学に関する専門的知識および技術をもって、心理に関する支援を必要とする人の心理状態の観察・分析のほか、心理に関する相談の助言等を行う専門職である。

として、地域の身近な相談機関として設置されている機関であり、児童虐待防止ネットワークの一翼を担っている。

　家庭相談員の職務は「家庭児童相談室設置運営要綱」（通知）に定められており、家庭児童福祉に関する専門的技術を必要とする相談指導業務を行うこととされている。家庭児童相談室では、福祉事務所が行う家庭児童福祉に関する業務のうち、①性格、情緒、生活習慣等に関すること、②学校生活等に関すること、③非行問題に関すること、④家庭関係に関すること等の各種相談指導業務を行っているが、これらに従事する職員として家庭相談員が置かれている。自治体によっては、必要に応じて母子・父子自立支援員の職務を兼ねることを認めているところもある。

【家庭相談員の主な任用要件】
○人格円満で社会的信望があり、健康で家庭児童福祉の増進に熱意を有する者で、次のいずれかに該当する者。
　・大学等において、児童福祉、社会福祉、児童学、教育学もしくは社会学を専修する学科等を卒業した者。
　・医師の免許を有する者（自治体によっては、社会福祉士を任用している所もある）。
　・社会福祉主事として、2年以上児童福祉事業に従事した者。

---

② 児童に携わる社会福祉関連の専門職

▼児童指導員

　児童指導員の資格は、児童福祉法に則って策定されている「児童福祉施設の設備及び運営に関する基準」（省令）に「児童の生活指導を行う者」として位置づけられている。配置先は保育士配置が義務づけられている児童福祉施設のうち、保育所を除いた各施設である。

　職務は、日常生活上の食事や排泄をはじめとする身の回りの生活指導、学習指導、レクリエーションやスポーツ活動を通してさまざまな社会生活上の規律を習得させることなど、児童に対する指導全般を担う。これらの指導は児童の自主性を尊重しながら展開され、基本的生活習慣を確立するとともに豊かな人間性・社会性を養い、自立を支援することを目的として行われる。

【児童指導員の主な任用要件】
○都道府県知事が指定する児童福祉施設の職員を養成する学校等を卒業した者。
○社会福祉士あるいは精神保健福祉士の資格を有する者。
○学校教育法の規定による大学、大学院において、社会福祉学、心理学、教育学もしくは社会学を専修・専攻する学科・研究科等を卒業した者。

> ○教育職員免許法に規定する幼稚園、小学校、中学校、高等学校等の教諭の免許状
> 　資格を有する者であって、都道府県知事が適当と認めた者。

▼母子支援員

　母子支援員の資格は、児童福祉施設の設備及び運営に関する基準に定められており、母子生活支援施設において「母子の生活支援を行う者」として位置づけられている。

　施設を利用する母親の就労、家庭生活や児童の養育に関する相談・助言を行うとともに、家族関係の調整や関係機関との連絡調整などの職務を担う。

> 【母子支援員の主な任用要件】
> ○都道府県知事が指定する児童福祉施設の職員を養成する学校等を卒業した者。
> ○保育士あるいは社会福祉士、精神保健福祉士の資格を有する者。
> ○学校教育法の規定による高等学校等を卒業した後、2年以上児童福祉事業に従事
> 　した者。

▼児童の遊びを指導する者（児童厚生員）

　児童の遊びを指導する者の資格は、「児童福祉施設の設備及び運営に関する基準」に定められており、児童厚生施設（児童館・児童遊園）に配置される職種である。遊びの指導を通して児童の自主性・社会性・創造性を高めたり、地域における健全育成活動の助長を図ることを目的に配置されており、児童厚生施設において展開される図画工作・紙芝居・絵本・音楽などの催しや各種指導は、児童への情操教育の役割を担う。また、職務には地域の高齢者や障害者との交流活動、子ども会などの地域組織の育成も含まれる。

　1998（平成10）年4月に施行された改正基準において、従来の「児童厚生員」の名称から「児童の遊びを指導する者」に改められたが、知名度などの観点から旧名称や「指導員」の呼称を併記して用いられていることも多い。

> 【児童の遊びを指導する者の主な任用要件】
> ○都道府県知事が指定する児童福祉施設の職員を養成する学校等を卒業した者。
> ○保育士あるいは社会福祉士の資格を有する者。
> ○教育職員免許法に規定する幼稚園、小学校、中学校、高等学校等の教諭免許状を
> 　有する者。

▼児童自立支援専門員・児童生活支援員

　児童自立支援施設において、児童の自立支援を担う者を「児童自立支援専門員」「児童の生活支援を行う者」を「児童生活支援員」といい、これらの

資格は「児童福祉施設の設備及び運営に関する基準」に定められている。1998（平成10）年の同基準（旧・児童福祉施設最低基準）の改正により、それまでの「教護、教母」の名称から改められ、後者については女子のみに限定する旨の規定が撤廃された。

　そして、同基準により、両職種の総数は通じて概ね児童4.5人につき１人以上の配置が義務づけられている。さらに、このうち少なくとも１人を児童と起居をともにすることが定められており、小舎制のなかで児童と寝食をともにしながら、さまざまな生活・職業指導が展開されている。これらの指導は、児童がその適性と能力に応じて自立した社会人として健全な社会生活を営むことができるように支援することを目的に行われる。

【児童自立支援専門員の主な任用要件】
○医師であって、精神保健に関して学識経験を有する者。
○社会福祉士の資格を有する者。
○都道府県知事の指定する児童自立支援専門員を養成する学校等を卒業した者。
【児童生活支援員の主な任用要件】
○保育士の資格を有する者。
○社会福祉士の資格を有する者。
○３年以上児童自立支援事業に従事した者。

▼家庭支援専門相談員（ファミリーソーシャルワーカー）

　家庭支援専門相談員は、児童福祉施設の設備及び運営に関する基準および2012（平成24）年に出された「家庭支援専門相談員、里親支援専門相談員、心理療法担当職員、個別対応職員、職業指導員及び医療的ケアを担当する職員の配置について」（通知）を根拠法令等とする専門職である。

　近年、長期にわたって保護者から養育放棄を受けたり、基本的生活習慣が未習得であるなど、家庭環境から生じたさまざまな理由によって施設入所する児童の割合が増加してきている。このような状況において、児童相談所と密接な連携を図りながら入所児童の保護者に面接・指導などを行い、早期の家庭復帰や里親委託を支援するとともに、親子関係の再構築を図ることが家庭支援専門相談員の主な役割とされている。

　具体的な職務は、保護者などに対する養育相談・指導、里親希望家庭への訪問・面談、里親委託後の相談・指導、地域の子育て家庭への育児不安解消のための支援、児童相談所との連絡・調整（連携）などであり、総じて相談援助が主な内容である。

　1999（平成11）年度から乳児院に配置されたが、虐待を理由とする施設入所児童の増加などを受けて、2004（平成16）年度からは乳児院、児童養護施

設、児童心理治療施設、児童自立支援施設に配置されている。

> **【家庭支援専門相談員の主な任用要件】**
> ○社会福祉士あるいは精神保健福祉士の資格を有する者。
> ○児童養護施設等において児童の養育に５年以上従事した者または児童福祉法に示される児童福祉司の任用資格要件を満たす者。

▼スクールソーシャルワーカー

　スクールソーシャルワーカーは、ソーシャルワークの価値・知識・技術などを基盤とし、それらを学校において展開する福祉の専門職である。わが国では、1981（昭和56）年に埼玉県所沢市で開始された校内暴力や不登校などへの取り組みを契機とする。なお、スクールソーシャルワークでいうところの学校とは、「広義に学校及び学校関連の機関、つまり教育現場」[1]を指す。

　生徒・児童が抱える課題は、環境上のさまざまな諸問題が複雑に絡み合っていることから、スクールソーシャルワーカーは個人に対する支援にとどまらず、あわせて環境に働きかける支援を行うことが重要となる。

　具体的な職務には、①不登校やいじめなどの問題行動に対応するための各種支援、②関係機関（学校・児童相談所・福祉事務所・医療機関など）とのネットワーク構築、行動連携、③運営協議会（市町村教育委員会、設置校校長、PTAなど）との成果・課題などの情報共有、④学内における協力体制の整備、⑤教職員への各種研修の実施などがあげられる。

　配置は、その多くが自治体独自に行われてきた経緯があるが、2017（平成29）年度からは学校教育法施行規則にスクールソーシャルワーカーが職員として位置づけられ、小学校、中学校、義務教育学校、高等学校、中等教育学校、特別支援学校に適用されることになった（準用規定を含む）。児童相談所などの行政機関におけるマンパワー的な部分も含めた支援体制の確保や、そもそもの社会資源が不足していることなどの状況はあるが、「チーム学校」をスローガンに複雑化・多様化したさまざまな課題を解決したり、学校のマネジメントを強化するなかで、スクールソーシャルワーカーには教育・指導体制の一翼としての役割が期待されている。

> **【スクールソーシャルワーカーの主な任用要件】**
> ○社会福祉士や精神保健福祉士等の資格を有する者。
> ※一般社団法人日本ソーシャルワーク教育学校連盟では、社会福祉士あるいは精神保健福祉士の各国家資格を基盤とした「スクール（学校）ソーシャルワーク教育課程（講義・演習・実習等）」を設けて、教育課程修了者に修了証を交付している。

❸ 医療・介護・障害に携わる社会福祉関連の専門職

▼医療ソーシャルワーカー

　医療ソーシャルワーカーに関する法令上の資格規定はなく、主に病院や診療所、保健所、精神障害者の社会復帰施設をはじめとする保健医療機関に配置するソーシャルワーカーを指して用いられる職種の名称である。ソーシャルワークを基盤として、利用者やその家族が抱える経済的・心理的・社会的な問題の解決や調整を支援し、社会復帰の促進を図る相談援助の専門職と位置づけられている。

　「医療ソーシャルワーカー業務指針」（通知）によると、その職務は病院等の管理者による監督の下に、①療養中の心理・社会的問題の解決・調整援助、②退院援助、③社会復帰援助、④受診・受療援助、⑤経済的問題の解決・調整援助等を担う者とされる。そして、これらを展開していく際には、当事者の主体性や人権の尊重、医療関係者との連携の視点が不可欠である。

【医療ソーシャルワーカーの主な任用要件】
○精神科病院では精神保健福祉士の資格、それ以外の病院では社会福祉の資格の取得が求められることが多い（職務領域によって異なる）。

▼介護支援専門員（ケアマネジャー）

　介護支援専門員は介護保険法と「介護支援専門員に関する省令」を根拠法令とし、要介護者・要支援者からの相談に応じ、その心身の状況等に応じた居宅・施設サービスが利用できるように、市町村・介護サービス事業者等との連絡調整を行う専門職である。主な職務は、介護が必要な状態となった場合に市町村が設置する介護認定審査会に要介護認定を申請代行するほか、当事者や家族の状況をふまえた介護サービス計画の作成などを担う。

　介護支援専門員証の交付については、厚生労働省令で定める実務経験を有する者が介護支援専門員実務研修受講試験に合格した後、介護支援専門員実務研修課程を修了すると登録申請することができる。介護支援専門員証の有効期限は5年間であり、更新研修を受けなければならない。なお、2006（平成18）年に創設された地域包括支援センターには主任介護支援専門員（実務60か月以上の経験と研修が必要）の配置が義務づけられている。

【「介護支援専門員実務研修受講試験」受験資格の主な取得方法】
○次の①、②の期間が通算して5年以上であり、かつ、当該業務に従事した日数が
　900日以上である者。
　①医師、保健師・助産師、看護師、社会福祉士、介護福祉士、精神保健福祉士等
　　が、当該資格に係わる業務に従事した期間。
　②相談援助に従事する者が、当該業務に従事した期間。

▼訪問介護員（ホームヘルパー）

　訪問介護員は、食事、入浴、排泄、衣類の着脱等の身体介護や、調理、洗濯等をはじめとする行為全般の生活援助、生活および介護に関する相談・助言等に携わる介護の専門職である。

　介護保険法における訪問介護および介護予防訪問介護に関わる業務は、「介護福祉士」および「その他政令で定める者」（各都道府県が指定した事業者が実施する「介護職員初任者研修」を修了し、修了証明書の交付を受けた者など）によって行うことが定められている*5。

　なお、「平成30年度介護報酬改定に関する審議報告」において、訪問介護員の養成については「訪問介護事業所における更なる人材確保の必要性を踏まえ、介護福祉士等は身体介護を中心に担うこと」とし、生活援助中心型については「サービスに必要な知識等に対応した研修を修了した者が担う」としたことをふまえて、2018（平成30）年4月から新たに生活援助従事者研修課程が創設された。

*5
介護に携わる職員の研修については、2012（平成24）年度末までは介護職員基礎研修課程や訪問介護員養成研修2級課程（いわゆるホームヘルパー2級）などが行われていたが、2013（平成25）年度から訪問介護員養成研修2級課程は「介護職員初任者研修」、介護職員基礎研修課程および訪問介護員養成研修1級課程は「介護福祉士（介護職員）実務者研修」に一本化された。

3　社会福祉専門職の専門性と倫理

① 専門職に求められる特質

▼専門職の成立条件

　専門職であることを主張するための要件についてはさまざまな見解があるが1910年にフレックスナー（A.Flexner）が提示した定義が有名である。

　定義では、専門職として認知される特質として、①当該職者が選択・判断を下す際には大きな責任を負っていること、②特定分野の高度な知識を体系的に所持し、長期間の教育訓練を受けていること、③体系的な知識が現場で応用できうるように実践的であること、④知識だけで事態に対処できない際には技能によって対処できること、⑤専門職団体が組織化され専門職教育などに関与していること、⑥当該職業に携わっている人物に公共への奉仕志向

があることをあげている[2]。この定義が発表されて以降、これらの内容を満たす職業が公的な専門職として位置づけられるなど、大きな影響を与えた。

② 社会福祉専門職としての倫理

▼倫理綱領の意義

　近年、社会福祉関連の法制度が見直され、多くの福祉資源が身の回りに存在する時代となった。社会福祉専門職も増加し、利用者の権利や尊厳、さらには成長発達など、さまざまな領域に影響を与えている。従事者が増加するということは、言い換えればその職務に対する価値観や優先度の多様化が生じることを意味する。これらの状況に対応するために、社会福祉関連の専門職団体は、各々が自律した業務を行うための行動規範として倫理綱領を採択している。この倫理綱領に示される項目は、それぞれの専門職が共通理解としておくべき内容であるとともに、社会的に承認されるために、専門職の存在意義や独自性を提示する意味をあわせもつものである。

▼ソーシャルワーカーの倫理綱領等

　社会福祉専門職団体協議会（現・ソーシャルワーカー連盟）は、社会福祉に関する相談援助業務を担う四団体（日本ソーシャルワーカー協会、日本社会福祉士会、日本医療社会福祉協会、日本精神保健福祉士協会）で構成される組織である。同協議会は、2005（平成17）年に「ソーシャルワーカーの倫理綱領」を採択しており、その前文において、ソーシャルワーカーを「平和を擁護し、人権と社会正義の原理に則り、サービス利用者本位の質の高い福祉サービスの開発と提供に努めることによって、社会福祉の推進とサービス利用者の自己実現をめざす専門職」と位置づけている。

＊6　ソーシャルワークのグローバル定義
181頁参照。

　2014（平成26）年7月には、国際ソーシャルワーク連盟（IFSW）総会および国際ソーシャルワーク教育学校連盟（IASSW）総会において「ソーシャルワークのグローバル定義」＊6が採択された。そのなかでは、ソーシャルワーク専門職の中核となる任務は「社会変革・社会開発・社会的結束の促進および人々のエンパワメントと解放」であり、「人間の内在的価値と尊厳の尊重、危害を加えないこと、多様性の尊重、人権と社会正義の支持」の原則のもと「ソーシャルワークは、複数の学問分野をまたぎ、その境界を超えていくものであり、広範な科学的諸理論および研究を利用」するなどの知を重視しながら、その実践は「人々がその環境と相互作用する接点へ介入」するもの[3]であることが示された。これらの倫理綱領や定義はサービス利用者の権利と利益、それらを追求する上での専門職の態度などを提示したものであり、社

会福祉にかかわるすべての対人援助職に汎用性が高い内容といえる。

▼全国保育士会倫理綱領

　2003（平成15）年に採択された「全国保育士会倫理綱領」は、保育所保育士の行動規範や基本的姿勢を示したものであり、広く保育士（者）として子どもの支援にかかわる者すべてが理解して遵守すべき事柄をあらわすものである。その内容は次に示すように、「前文では、すべての子どもの受動的権利と能動的権利を認め」[4]、全8か条では保育士（者）が行う子ども（児童）の育ちと保護者への支援、地域への働きかけなどを謳っている。これらは保育士の専門性を示すものであり、倫理綱領に示される内容に基づいたかかわりは、保育士の支援の基盤（基礎・基本）となるものである。

全国保育士会倫理綱領

（前　文）
　すべての子どもは、豊かな愛情のなかで心身ともに健やかに育てられ、自ら伸びていく無限の可能性を持っています。
　私たちは、子どもが現在（いま）を幸せに生活し、未来（あす）を生きる力を育てる保育の仕事に誇りと責任をもって、自らの人間性と専門性の向上に努め、一人ひとりの子どもを心から尊重し、次のことを行います。
　私たちは、子どもの育ちを支えます。
　私たちは、保護者の子育てを支えます。
　私たちは、子どもと子育てにやさしい社会をつくります。
（子どもの最善の利益の尊重）
１．私たちは、一人ひとりの子どもの最善の利益を第一に考え、保育を通してその福祉を積極的に増進するよう努めます。
（子どもの発達保障）
２．私たちは、養護と教育が一体となった保育を通して、一人ひとりの子どもが心身ともに健康、安全で情緒の安定した生活ができる環境を用意し、生きる喜びと力を育むことを基本として、その健やかな育ちを支えます。
（保護者との協力）
３．私たちは、子どもと保護者のおかれた状況や意向を受けとめ、保護者とより良い協力関係を築きながら、子どもの育ちや子育てを支えます。
（プライバシーの保護）
４．私たちは、一人ひとりのプライバシーを保護するため、保育を通して知り得た個人の情報や秘密を守ります。
（チームワークと自己評価）
５．私たちは、職場におけるチームワークや、関係する他の専門機関との連携を大切にします。また、自らの行う保育について、常に子どもの視点に立って自己評価を行い、保育の質の向上を図ります。
（利用者の代弁）
６．私たちは、日々の保育や子育て支援の活動を通して子どものニーズを受けとめ、子どもの立場に立ってそれを代弁します。また、子育てをしているすべての保護者のニーズを受けとめ、それを代弁していくことも重要な役割と考え、行動します。

（地域の子育て支援）
7．私たちは、地域の人々や関係機関とともに子育てを支援し、そのネットワークにより、地域で子どもを育てる環境づくりに努めます。
（専門家としての責務）
8．私たちは、研究や自己研鑽を通して、常に自らの人間性と専門性の向上に努め、専門職としての責務を果たします。

まとめてみよう

① 本章に記載されている職種別に、根拠法・配置先や主な職場・職務内容をまとめてみよう。
② 国家資格（保育士、社会福祉士、介護福祉士、精神保健福祉士）取得者に課せられている義務を整理した上で、"支援を受ける側の立場"からそれらの義務を遵守する意味を考えてみよう。
③ 倫理綱領に示されている内容を整理した上で、倫理綱領が「ある場合」と「ない場合」を想定しながら、その存在意義を考えてみよう。

【引用文献】
1）山下英三郎「スクールソーシャルワークの在り方―スクールソーシャルワーク活動におけるソーシャルワークとは」文部科学省『スクールソーシャルワーカー実践活動事例集』2008年　p.8
2）山田礼子「アメリカの専門職を支えるアクレディテーション・システム」『Works』39号　2000年　p.40
3）日本社会福祉教育学校連盟・社会福祉専門職団体協議会訳「ソーシャルワークのグローバル定義（日本語訳版）」http://www.jassw.jp/topics/pdf/14070301.pdf
4）柏女霊峰「保育士の責務と倫理」柏女霊峰監修　全国保育士会編『改訂2版 全国保育士会倫理綱領ガイドブック』全国社会福祉協議会　2018年　p.15
【参考文献】
千葉茂明・宮田伸朗編『四訂 新・社会福祉概論―変革期の福祉をみつめて』みらい　2008年
中央法規出版編集部編『五訂 社会福祉用語辞典』中央法規出版　2010年
学校等における児童虐待防止に向けた取組に関する調査研究会議「学校等における児童虐待防止に向けた取組について（報告書）」2006年
柏女霊峰・橋本真紀編著『保育相談支援』ミネルヴァ書房　2011年
今後の介護人材養成の在り方に関する検討会「今後の介護人材養成の在り方について（報告書）」2011年
厚生労働省雇用均等・児童家庭局家庭福祉課「平成19年度社会的養護施設に関する実態調査中間報告書」2008年
厚生労働統計協会編『国民の福祉と介護の動向　2017/2018』厚生労働統計協会　2017年

第13章 ソーシャルワークの意味と方法

🖊️保育士って、もともとはソーシャルワーカーでもあったの?

みらいさん 保育士とは、言葉どおり子どもの保育の専門職であると同時に、福祉の専門職であるというのはこれまで学んできました。でも、実際に福祉の専門職として支援できるのか不安です。

こういち先生 たしかに、みらいさんのように考えている人は多いと思うのですが、このことは、保育所の誕生の歴史を探っていくとわかると思います。

みらいさん たしか保育所って、明治時代から始まったのでしたよね。

こういち先生 よく知っているね!日本の保育所の源流は、1890(明治23)年、新潟市で赤沢鍾美(あつとみ)(1864〜1937)が漢学を教えていた「新潟静修学校」にさかのぼります。ここに通う生徒のなかには幼い子どもを背負ってくる貧家の子女も多かったことから、別室で乳幼児を預かって子守りをしたことが最初だといわれています。

みらいさん では、保育士とソーシャルワークがどう結びついていくのですか?

こういち先生 もう少し歴史を振り返ってみましょう。1900(明治33)年には、東京の麹町に、野口幽香(ゆか)(1866〜1950)によって、貧民子女のための「二葉幼稚園(現二葉保育園)」が創設されたのですが、1906(明治39)年には四谷のスラム(貧民街)地区へと移転しました。そこでは、保育事業だけでなく、セツルメント活動も展開していたのですよ。

みらいさん すごいですね! 歴史のところで学んだ欧米のセツルメント活動が日本の保育所でも行われていたのですか。

こういち先生 当時の保育所は、紡績や炭鉱や低所得の貧困世帯地域のなかで広まっていきました。そして保育士は、貧困に苦しむ子どもや保護者の生活相談を受け、生活をともにすることで、家庭環境の改善を図ったり、貧困を生み出している社会を改良していくといった、今でいうソーシャルワーカーとしての役目も担っていたというわけです。

みらいさん ということは、ソーシャルワークの対象が、子どもから家族に、そして社会にまで幅が広がったのですか?

こういち先生 そうです。そこが大切なところです。ソーシャルワークでは、問題となる対象とそれを取り巻く"環境"にも目を向けていきますから、問題の解決には社会的側面からのアプローチも求められますね。

みらいさん そうですよね。植物だって、すくすく育つためには、光をはじめ水、空気、土壌などまわりの環境が大切! 人も同じだということなのですね。

こういち先生 そのとおり。それでは、保育士にも求められるソーシャルワークの理論と方法について学びましょう。

1 ソーシャルワークの意味・原則

① 保育士に求められるソーシャルワーク

保育所は、保護者への生活相談・対応やセツルメント活動などのソーシャルワークにかかわる実践をしてきたという歴史的経緯がある。2018（平成30）年に発表された『保育所保育指針解説』においては、"ソーシャルワーク"という用語が3回使用されている。

具体的には、「市町村や児童相談所等においては、子どもの福祉を図り権利を擁護するために、子育て家庭の相談に応じ、子ども及び子育て家庭の抱える問題やニーズ、置かれている状況等を的確に捉え、個々の子どもや家庭にとって最も効果的な援助を行っていくことが求められている。保育所における子育て家庭への支援は、このような地域において子どもや子育て家庭に関するソーシャルワークの中核を担う機関と、必要に応じて連携をとりながら行われるものである。そのため、ソーシャルワークの基本的な姿勢や知識、技術等についても理解を深めた上で、支援を展開していくことが望ましい」と明記している。

さらに、「保育士等は、一人一人の子どもの発達及び内面についての理解と保護者の状況に応じた支援を行うことができるよう、援助に関する知識や技術等が求められる。内容によっては、それらの知識や技術に加えて、ソーシャルワークやカウンセリング等の知識や技術を援用することが有効なケースもある」と記述されている。これらのことから保育士は必要に応じて、ソーシャルワークを展開することが求められていることがわかる。そこで、保育士に求められる知識・能力の一つでもあるソーシャルワークの意味や原則について概説する。

② ソーシャルワークの原理、原則

▼ソーシャルワークの定義の変遷と相談援助の定義

ソーシャルワークの定義は、2000年に国際ソーシャルワーカー連盟（IFSW）が「ソーシャルワーク専門職は、人間の福利（ウェルビーイング）の増進を目指して、社会の変革を進め、人間関係における問題解決を図り、人びとのエンパワーメントと解放を促していく。ソーシャルワークは、人間の行動と社会システムに関する理論を利用して、人びとがその環境と相互に

影響し合う接点に介入する。人権と社会正義の原理は、ソーシャルワークの拠り所とする基盤である」と定めた。

　その後、2014年7月、オーストラリアで開催された「ソーシャルワーク、教育及び社会開発に関する合同世界会議2014」において、14年ぶりに定義（ソーシャルワークのグローバル定義）が改定された（第12章参照）。新たな定義は、以下のとおりである。

> 　ソーシャルワークは、社会変革と社会開発、社会的結束、および人々のエンパワメントと解放を促進する、実践に基づいた専門職であり学問である。社会正義、人権、集団的責任、および多様性尊重の諸原理は、ソーシャルワークの中核をなす。ソーシャルワークの理論、社会科学、人文学、および地域・民族固有の知を基盤として、ソーシャルワークは、生活課題に取り組みウェルビーイングを高めるよう、人々やさまざまな構造に働きかける。
>
> 　この定義は、各国および世界の各地域で展開してもよい。

　また、相談援助の定義については、社会福祉専門職の国家資格である社会福祉士を規定する社会福祉士及び介護福祉士法の第2条のなかで、「身体上若しくは精神上の障害があること又は環境上の理由により日常生活を営むのに支障がある者の福祉に関する相談に応じ、助言、指導、福祉サービスを提供する者又は医師その他の保健医療サービスを提供する者その他の関係者との連絡及び調整その他の援助を行うこと」としている。

　このように、社会福祉における支援の活動を総称する言葉として、ソーシャルワークと相談援助がある。本章では、便宜上、ほぼ同じ意味として取り上げ、ソーシャルワークを用いていくこととする。

▼ソーシャルワークの原理

　わが国では、いくつかの提案がなされているが、岡村重夫のソーシャルワークの4つの原理が代表的なものであろう[1]。

① **社会性の原理**：人間を“社会関係的存在”である生活者として捉えるため、問題とされる生活困難は、社会関係の困難だと考える。したがって、人間の社会生活上の基本的要求を充足するための社会制度と個人との間の社会関係を維持し発展するよう援助することである。
② **全体性の原理**：個人が、社会関係的存在として生きていくためには、多数の社会制度との間に多数の社会関係を持たなくてはならないが、多数の社会関係をバラバラのものとして捉えるのではなく、全体的関連において、矛盾なく調和するよう援助することである。
③ **主体性の原理**：個人は、多数の社会関係に規定されながらも、なおそれらの社会関係を統合する主体者であるとして、社会制度の中から自分に必要とするものを選択したり、時にこれを変革するように働きかけて、社会人としての役割を実行できるよう援助することである。
④ **現実性の原理**：生活とは、休んだりやめたりできるものではないため、社会生活上の基本的要求を充足させるためには、常に現実の生活とは切り離せないという現実的課題に対して援助することである。

▼ソーシャルワークの原則

ソーシャルワークの原則は、日本ソーシャルワーカー協会の倫理綱領にある「われわれソーシャルワーカーは、すべての人が人間としての尊厳を有し、価値ある存在であり、平等であることを深く認識する」という前文ならびに同綱領「原理」の項目で掲げられている次の5点からとらえることができる。

Ⅰ（**人間の尊厳**）ソーシャルワーカーは、すべての人々を、出自、人種、民族、国籍、性別、性自認、性的指向、年齢、身体的精神的状況、宗教的文化的背景、社会的地位、経済状況などの違いにかかわらず、かけがえのない存在として尊重する。

Ⅱ（**人権**）ソーシャルワーカーは、すべての人々を生まれながらにして侵すことのできない権利を有する存在であることを認識し、いかなる理由によってもその権利の抑圧・侵害・略奪を容認しない。

Ⅲ（**社会正義**）ソーシャルワーカーは、差別、貧困、抑圧、排除、無関心、暴力、環境破壊などの無い、自由、平等、共生に基づく社会正義の実現をめざす。

Ⅳ（**集団的責任**）ソーシャルワーカーは、集団の有する力と責任を認識し、人と環境の双方に働きかけて、互恵的な社会の実現に貢献する。

Ⅴ（**多様性の尊重**）ソーシャルワーカーは、個人、家族、集団、地域社会に存在する多様性を認識し、それらを尊重する社会の実現をめざす。

Ⅵ（**全人的存在**）ソーシャルワーカーは、すべての人々を生物的、心理的、社会的、文化的、スピリチュアルな側面からなる全人的な存在として認識する。

---

❷ ソーシャルワークの視点

① ソーシャルワークの定義からみる視点

ソーシャルワークの視点は、前述の国際ソーシャルワーカー連盟の定義から理解することができる。

① 人と環境の交互作用（相互作用）を生活全体のなかでとらえる

人と環境とを分けて考えず、社会生活における相互の影響、つまり、性格や能力など個人の問題だけではなく、個人を取り巻く環境の問題としてもとらえ、社会環境を調整し、社会生活機能を強化していくという人の営み全体のなかで把握するという視点である。

② 環境を社会資源としてとらえ、連結、修正、開発していく

社会資源は、ソーシャルワークを構成する最も基本的な要素であり、相談援助の対象となるサービス利用者（ソーシャルワークにおいては「クライエント」とも呼ぶ）のニーズと社会資源を連結、調整・修正していくという視

点である。つまり利用者の対処（コーピング）能力を高めるとともに、社会資源の活用・開発までをも視野に入れていく視点でもある。

③　ソーシャルサポート（社会的支援）ネットワークを構築する

　フォーマル（公的機関、専門家など）な支援だけでなく、インフォーマル（家族、近隣住民、友人、ボランティア等）な支援をも組み合わせるとともに、複数の学問分野をまたぎ、その境界を越えたネットワークづくりを行っていくという視点である。

④　エンパワメントを実践し、ソーシャルアクションを展開する

　差別的、抑圧的な社会環境によって、力を失っている（パワーレスネス）状態にある利用者の生活（人生）をリカバリーできるよう働きかけるとともに、多様性を尊重できる社会へと変革を促していこうとする視点である。

②　ストレングス（strength）

　これまでの伝統的な利用者（クライエント）のとらえ方には、利用者は「問題を抱えた人」として、病理的な側面や欠陥といった否定的な側面に目を向け、それを克服させようと支援してきた経緯がある。そのため、利用者の肯定的な変化を期待しにくく、また対等なパートナーシップも築きにくいという問題点を抱えていた。

　このような反省点をふまえ、1980年代後半から、「強さももって生活している人」としてとらえていく視点が導入された。ストレングスの考え方では、地域社会はオアシスであるとする発想のもと、本人と周りの環境がもっている「強さ」にも焦点を当てていく。具体的には、①クライエントの身体機能的能力（ADL、IADL）、②認知的能力（理解力や学習能力）、③肯定的な心理的状況（夢、自信、目標、意欲、抱負、希望、好みなど）、④身につけた能力（知識、才能、技能、熟達していることなど）のほか、⑤地域社会の人的資源（近くに児童委員が住んでいるなど）や、⑥物理的資源（近くに保育所、公園、コンビニエンスストアがあるなど）といったことにも焦点を当て、ソーシャルワーカーはそれらを活用しながら生活課題や問題の解決を促していくというものである。

③　エンパワメント（empowerment）

　1976年にソロモン（B.Solomon）が『黒人のエンパワメント―抑圧された地域社会におけるソーシャルワーク』を著したことで、ソーシャルワーク

においてエンパワメント概念が注目され、今日に至っている。人種をはじめ、疾病、障害、貧困、性などを理由に、社会から差別、抑圧された社会的弱者を対象に、本来もっている主体性や人権などをリカバリーできるよう、心理的、社会的に支援していくとともに、抑圧的な社会環境を変革していくまでの一連の過程をあらわしている。また、ストレングスとの概念的関係性も深く、利用者の強さである能力、意欲、自信を確認できたとき、利用者は励まされ、希望をもつことができ、それがエンパワメントにつながるのである。

　前述の国際ソーシャルワーカー連盟も、「ソーシャルワークは、社会変革と社会開発、社会的結束、および人々のエンパワメントと解放を促進する、実践に基づいた専門職であり学問である」とソーシャルワークのグローバル定義のなかで示しており、ソーシャルワーク専門職の大きな役割の一つとなっている。

④　エコシステム（人と環境の交互作用）

　ソーシャルワークとは、生活上の課題を抱えた利用者への支援を行うことであるが、その際、生活上の困りごととは「利用者と環境（自然との交互作用）」によって生み出されたものと考えている。それは利用者が環境に影響を与えたり、あるいは環境が利用者に影響を与えるといった原因・結果に基づく相互関係のことをいっているのではなく、「クライエント（利用者）と環境とが相互に影響し合っている関係」を意味し、それを交互作用関係としてとらえることが、ソーシャルワークでは求められるのである。

　エコシステムとは、このようなソーシャルワークにおけるとらえ方を意味しており、この両者の交互作用による関係性（力動関係）をわかりやすく図

図13-1　ソーシャルワークの視点

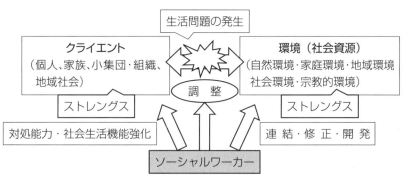

出典：社会福祉士養成講座編集委員会編『相談援助の理論と方法Ⅱ』中央法規出版　2011　p.105を改変し作成

式化したものに、ハートマン（A.Hartman）が考案したエコマップ（生態地図）がある。

　このように、問題を抱える利用者の社会生活を可能にしていくために、生活全体を視野に入れながら、利用者と環境（サービスなどの社会資源）との接触面（インターフェイス）に焦点を当て、支援していくという視点が重要となる（図13-1）。

⑤　アドボカシー（adovocacy）

　アドボカシーとは、弁護、代弁、権利擁護と訳されることがあり、弱い立場にある利用者の権利を守る重要な機能である。具体的には、「代弁者が本人のために、本人に代わって意見を述べること」、あるいは「ソーシャルワーカーがクライエントの生活と権利を擁護するために、その知識と技術を駆使して、主として行政・制度や社会福祉資源・施設の柔軟な対応や変革を求めて行う専門的・積極的な弁護活動」と定義づけられている[2]。

　たとえば、アドボカシーには、①一人のクライエントの権利を守るケース（case）アドボカシー、②特定のニーズをもつ集団の権利を守るクラス（コーズ：cause）アドボカシーがある。この2つのアドボカシーは、自己の権利やニーズについて、主張や意思表明が困難な子どもや障害者などに代わり、専門職が代理となってその獲得を行う活動である。したがって、社会変革をめざすソーシャルアクションも、利用者の利益を守るための権利擁護活動の一つである。

3　ソーシャルワークの類型と展開過程

①　ソーシャルワークの類型（個別・集団・間接・その他）

　子ども家庭福祉分野におけるソーシャルワークの目的は、「子どもや子育て家庭が抱える個々の生活課題に対して、その人に必要なソーシャルサポートネットワークづくりを行い、あるいはケースマネージメントによる問題解決を志向しながらサービス利用後の関係調整等を行うとともに、同種の問題が起きないよう福祉コミュニティづくりをめざす一連の活動である」[3]といわれている。

　保育現場においても、日常の保育のほかに、子どもたちを取り巻く複雑な

図13-2　保育現場におけるソーシャルワークの位置づけ

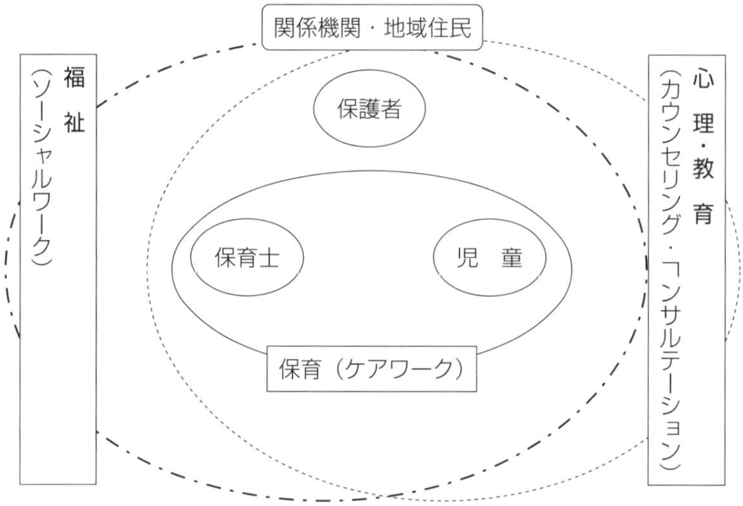

出典：福丸由佳・安藤智子・無藤隆編『保育相談支援』北大路書房
2011年　p.122を改変し作成

　家庭環境などから生じる生活課題の解決に向けて、ソーシャルワークが必要とされている。したがって、保育士のとらえるべき対象も、子どもだけでなく、保護者やそれらを取り巻く環境（関係機関、地域住民）をも視野に入れた上での支援となる（図13-2）。
　このようなソーシャルワークの展開方法としては、次のような類型があり、北米を中心に発展してきた（表13-1）。
①面接等を通して信頼関係を結び、直接顔を合わせながら支援する「直接援助技術」（個別援助技術・集団援助技術）
②環境づくり等を通して、クライエントを側面から支援する「間接援助技術」（地域援助技術・社会福祉運営管理ほか）
③隣接領域の専門的な技術を活用しながら支援する「関連援助技術」（カウンセリング、コンサルテーション、ケアマネジメントほか）

②　ソーシャルワークの発展に貢献した人

　保育所保育指針解説でも示されているように、保育士は、子育て家庭の相談に応じ、子どもやその家庭の抱える問題やニーズ等を的確にとらえ、必要に応じてソーシャルワークの中核を担う機関との連携をとりながら行われるものとしている。そのため、ソーシャルワークの理解を深め、支援を展開することが望ましいこととされている。そこで、ソーシャルワークの理論化や

表13-1　ソーシャルワークの方法についての歴史的分類

直接援助技術	個別援助技術	ケースワーク
	集団援助技術	グループワーク
間接援助技術	地域援助技術	コミュニティワーク
	社会福祉調査法	ソーシャルリサーチ
	社会福祉運営管理	ソーシャルアドミニストレーション
	社会活動法	ソーシャルアクション
	社会計画法	ソーシャルプランニング
関連援助技術		ケアマネジメント
		スーパービジョン
		カウンセリング
		コンサルテーション
		ネットワーキング

表13-2　保育士が理解すべきソーシャルワークにかかわる人物一覧

人物（キーワード）	活動内容・著書等
M.E.リッチモンド（ケースワーク）	「ケースワークの母」として、社会福祉固有の援助技術である個別援助技術（ケースワーク）を初めて理論化し、アメリカで発展させるとともに、『社会診断』（1917年）を著した。
F.P.バイステック（7つの援助原則）	個別援助技術における援助者の守るべき基本的態度、考え方等について、『ケースワークの原則』（1957年）の中で著した。具体的には、①個別化の原則、②意図的な感情表出の原則、③統制された情緒的関与の原則、④受容の原則、⑤非審判的態度の原則、⑥クライエントの自己決定の原則、⑦秘密保持の原則、である。
G.コノプカ（グループワーク）	集団援助技術（グループワーク）の14の原則を提唱した。『ソーシャル・グループワーク－援助の過程』（1967年）を著し、グループワークとは、「ソーシャルワークの1つの方法であり、意図的なグループ経験を通じて、個人の社会的に機能する力を高め、また個人、集団、地域社会の諸問題に、より効果的に対処しうるよう、人々を援助するもの」と定義した。
C.B.ジャーメイン（生態学的視点／生活モデル）	1970年代以降、ソーシャルワーク理論に生態学的（エコロジカル）視点を導入し、人と環境の交互作用に焦点を当てるとともに、生活モデルを提唱した。
B.ソロモン（エンパワメント）	エンパワメント概念をソーシャルワーク領域に導入し、『黒人のエンパワーメント－抑圧されている地域社会におけるソーシャルワーク』（1976年）を著した。

発展に貢献した主要な人物についてみていく（表13−2）。

③　個別援助技術（ケースワーク）

　ソーシャルワークの中心的な方法の一つであるケースワークについて、アメリカ合衆国のリッチモンド（M.E.Richmond）は、「ケースワークとは、人間と社会環境との間を個別的に調整することによって、人間のパーソナリティの発達を促す過程である」と定義した。また、バイステック（F.P.Biestek）は、ケースワークに必要不可欠な原則を７つに整理している（一般的に「バイステックの７原則」と呼ばれている）。

　ここでは、保育士がケースワークを用いて支援する場面（保育所での子育てに関する保護者からの相談、児童養護施設における子どもとの相談など）を想定して、バイステックの原則に基づいて解説する。

①　**子どもや保護者を固有な個人としてとらえる（個別化の原則）**

　子どもや保護者が抱える生活課題は、一人ひとり異なるという視点に立ち、たとえ同じような問題が複数あっても、個別に問題をとらえ支援する。

②　**子どもや保護者の感情表現を大切にする（意図的な感情表出の原則）**

　自分の感情や本音をうまく表現できない子どもや家庭環境に問題がある子どもの意思、保護者などの否定的な言葉や態度に対しても、その感情を理解できるように受けとめて、さらに感情を表現しやすくするための雰囲気づくりや配慮を行って支援をする。

③　**保育士は自分の感情を自覚して吟味する（統制された情緒的関与の原則）**

　子どもや保護者の相談する内容に対して、さまざまな感情を抱くことがあっても、保育士は動揺することなく、自分自身の感情の動きを的確に把握し、その感情をコントロールしながら、冷静な判断のもとに子どもや保護者の声なき声に耳を傾けて支援する。

④　**子どもや保護者のあるがままの姿を受けとめる（受容の原則）**

　子どもや保護者は、自分自身の相談内容や存在価値を受け入れてほしい、認めてほしいといったニーズが根底にある。まずは、あるがままに受け入れるとともに、そのような考え方や行動に至った経緯も理解して、人間性と価値観を尊重して支援する。

⑤　**子どもや保護者を一方的に非難しない（非審判的態度の原則）**

　子どもや保護者に不適切と思われる言動があった場合でも、保育士は独断的な（自分の）倫理観や価値判断で一方的に非難したり、叱責することなく、ともに考えていこうとする態度をもち、子どもや保護者の潜在的な可能性や

能力などを総合的にとらえながら支援する。

⑥　子どもや保護者の自己決定を促して尊重する（クライエントの自己決定
　の原則）

　子どもや保護者は、自分自身の意思で決定し、問題解決を図ることによっ
て、自分で対処、対応することができるようになる。そこで保育士は、適切
な情報提供などを行い、子どもや保護者が自ら選択と決定ができるような力
を引き出す支援をする。

⑦　子どもや保護者の秘密を保持して信頼関係を醸成する（秘密保持の原則）

　子どもや保護者の相談では、他人には知られたくない、話したくない秘密
の内容を打ち明けることも多い。そのため、保育士は、「個人情報保護」と
いう観点から、本人の了解なしには、第三者に知り得た秘密は公開しないこ
とを約束し、信頼関係を構築していく支援をする。

④　集団援助技術（グループワーク）

▼集団援助技術の目的

　集団援助技術が個別援助技術と異なる点は、同じ課題（問題）を抱える複
数（2名以上）の利用者を対象に支援していくことである。具体的には、2
名以上の小グループに対し、プログラム活動を通じて、メンバー同士の相互
作用（グループ・ダイナミクス）を活性化しながら、メンバーの成長・発達
を図るとともに、集団、社会生活が送れるよう援助することである。したがっ
て、グループワークを展開するための要素には、①集団、社会生活への適応
が困難な利用者、②福祉専門職（グループワーカー）、③小グループ、④目
的達成のためのプログラム活動、⑤グループの課題達成や問題解決に役立つ
社会資源、の5つがある。

▼保育の実践現場で求められる集団援助技術

　保育所で友達をつくれず一人遊びばかりしているA男くんがいる。そこで
保育士が、意図的に小グループをつくり、子ども同士がA男くんと協力して
励まし合い、支え合えるようなプログラム活動を展開したところ、相互に支
え合う関係が活発に行われ、仲間意識も生まれて、ついにはA男くんが他の
子どもと仲良く遊ぶことができるようになったという事例がある。

　このように、面接という1対1の方法よりも、小グループの相互作用や相
乗効果を活用するグループワークが効果的な場合もある。

　また、グループワークには、孤独感や不安、寂しい気持ちを共有したり、
解決したりする働きもある。たとえば、児童養護施設、児童自立支援施設で

は、親から見離されたり虐待を受けてきたことで、子どもらしい生活を送ることができなかったためにさまざまな感情も抑圧されがちとなる。そこで、児童指導員や保育士等がグループワークによって子どもの言動や態度をうまく表出させ、プログラム活動を効果的に展開することは、メンバーの自覚や自信を取り戻したり、一人ではできなかった行動を可能にしたり、みんなで結束していこうという一体感をつくり上げていくことに有効となる。

その他、母子家庭、障害のある子どものいる家族、子育てに悩む母親など、同じ環境下での悩みや経験がある者同士（ピアグループ）が有効にサポートしあえるような関係性づくりの構築をめざす場合にもグループワークが効果的であると考えられる。

⑤　地域援助技術（コミュニティワーク）

間接援助技術は、直接援助技術をスムーズに展開するための環境づくりを行う援助技術である。なかでも地域援助技術（コミュニティワーク）は、その間接援助技術の中心となる方法であり、地域社会の問題を住民相互の連帯と協働という主体的参加を通して、住民・地域組織の組織化を図り、地域住民の課題解決に取り組む組織的な実践活動である。

児童憲章に謳われている「児童は、よい環境のなかで育てられる」のように、子どもを取り巻く環境の整備のために保育士は、地域の環境づくりを支援する専門知識を身につけておく必要がある。

保育所は今後、地域のなかで子育てに悩む保護者の相談を受け支援する機関としての役割を担うことも期待されていることから、保育士は地域の子育て環境等にも十分に目を向ける必要がある。したがって、これまでの個人・家族への支援に加え、地域のニーズも把握していくための方法として、積極的に地域に出向いていくというアウトリーチ[*1]型の支援も重要になってくる。従来の住民組織化を通じて全体を把握する方法だけでは、住民個々の生活実態までは十分把握しきれないこと、複合的で複数の生活問題が同時に生じている状況では対応が難しいことから、コミュニティソーシャルワーク[*2]が近年、特に注目されてきている。

その他、間接援助技術といわれてきたものには、①社会活動法（ソーシャルアクション）、②社会福祉運営管理（ソーシャルウェルフェアアドミニストレーション）、③社会福祉調査法（ソーシャルワークリサーチ）、④社会福祉計画法（ソーシャルウェルフェアプランニング）などがある。

*1　アウトリーチ
相談機関に持ち込まれる相談を待つのではなく、問題を抱えた人がいる地域社会やその人たちの生活空間に直接出向き、相談援助というサービスを提供すること[4]。

*2　コミュニティソーシャルワーク
大橋謙策によれば、地域自立生活支援を核にした、個別支援と地域支援を統合した実践であるとしている。丁寧な個別支援があってこその地域支援であるが「個別支援から地域支援へ」だけでなく、「地域支援から個別支援へ」「個別支援と地域支援」のすべてを網羅した実践が期待されている[5]。

⑥　関連援助技術

　関連援助技術とは、直接援助技術や間接援助技術を進めていく上で活用できる隣接領域の専門的技術のことである。保育士として実践現場で有用なものを解説する。

▼カウンセリング

　専門的訓練を受けたカウンセラー（臨床心理士等）が、子どもの精神的問題や保護者との関係をとらえて面談（受容、傾聴、共感）や心理療法を試みながら、パーソナリティや問題の背景にある不安や恐怖などに働きかけ、性格や行動の改善、精神や身体の統合をめざし、人間性の発達や人格的な成長を図るものである。

▼スーパービジョン

　主任保育士など、経験豊かな上司や専門家が、実際に支援を行っている同僚や後輩の保育士、実習（研修）学生等に対して、その方法などに関する学習や指導を行い、管理的、教育的、支持的機能を果たしていくことである。

▼コンサルテーション

　子どもたちの社会生活を包括・統合的な視野や発想で支援していくために、隣接領域の専門家（医師や社会福祉士、公認心理師などの各領域の専門家など）に個別や集団で相談や助言などの専門的指導を受けることである。

▼ネットワーク

　専門職（児童福祉司、看護師など）や専門機関（児童相談所、病院など）によるフォーマルな社会資源と、家族や近隣住民、ボランティアといったインフォーマルな社会資源をうまく組み合わせながら、支援関係の「網」を形成していくことである。

▼ケアマネジメント（ケースマネジメント）

　在宅や施設で複数のニーズを抱えている利用者に対し、医療・保健・福祉等、複数のサービスを有効的かつ敏速に提供するために連絡・調整を行いながら、安定した日常生活が継続できるよう連携を図っていく専門的技術のことである。現在では、ソーシャルワーク実践の中核の機能を占めるようになってきている。

⑦　ソーシャルワークの展開過程

　ソーシャルワークでは、一定のプロセスのもとで支援を展開していく（図13-3）。次に各プロセスにおけるポイントを概説する。

図13−3　ソーシャルワークの展開過程

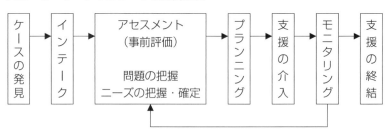

出典：社会福祉士養成講座編集委員会編『相談援助の理論と方法Ⅰ』中央法規出版　2011年　p.94を改変し作成

▼①ケースの発見（はじまり）

　子どもや家族が直接相談に出向いてくるとは限らないため、ソーシャルワークを必要とする子どもや家族（ケース）を発見するには、近隣住民や児童委員をはじめ地域のさまざまな組織や団体によるネットワークの形成が重要となる。また、ソーシャルワーカー自らが、地域に積極的に介入していくアウトリーチを行い、ケースを発見する場合もある。

▼②インテーク（出会い）

　子どもや家族の主訴を受容、共感しながら、問題の所在を明らかにしていくとともに、ソーシャルワーカーが所属する機関や施設などが提供するサービスについてのインフォームド・コンセント（説明と同意）を行う。その際、子どもや家族との信頼関係（ラポール）の形成を図ることが重要である。対応できない場合は、他機関・施設を紹介する場合もある。

▼③アセスメント（見立て）

　子どもや家族の社会生活の全体性（①身体的状況、②心理的状況、③社会環境状況）をみながら、直面している問題や状況の本質、原因、経過、予測を理解するために、事前評価していく一連のプロセスである。その際、幅広い視野（ストレングス視点等）をもって、子どもや家族のニーズ把握とニーズ確定を行っていくことが重要である。

▼④プランニング（手立て）

　アセスメントで得たデータに基づき、抱える課題の解決に向けて「子どもや家族がどのような生活をしていきたいのか」など、短期・中期・長期の具体的目標の設定と、実現可能性に十分配慮した支援計画を作成する。計画作成の際には、子どもや家族の参加は不可欠であり、問題解決の主体者として、自己決定を促していくことが重要である。

▼⑤支援の介入（働きかけ）

　子どもや家族に承諾を受けた支援計画に沿って支援を実行していく。抱え

ている生活課題の解決に向けて、個々のサービス機関などとのケース会議（サービス担当者会議）を開催し、課題や目標を共有しながら連携を図っていくことが重要である。状況によっては、社会資源の開発を行っていく場合もある。

▼⑥モニタリング（振り返り）

支援計画に沿って実施されたサービスについて、「どのような効果があったか」「見直しは必要ないか」など、定期的にその支援のプロセスを観察するとともに、サービスを総合的に評価していく。効果の有無によっては再アセスメントや再プランニングを行うこともある。子どもや家族の生活は日々変化しているという視点に立ち、変更が生じる場合も、自己選択・自己決定、苦情表明を保障したかかわりが重要である。

▼⑦終　結（ゴール）

子どもや家族の抱える問題が解決した場合や転校、死亡など、何らかの事情により支援の必要性がなくなったと判断した場合に、支援は終結する。終結の内容については、支援計画の説明のなかで、当事者へあらかじめ伝えておくことで目標が明確となり、取り組みやすくなる。将来新たな問題が発生した場合には、再び支援関係を結ぶことが可能であり、その受け入れ準備もあることなどを伝えておくことも重要である。

4　ソーシャルワークの動向

① ジェネリックソーシャルワーク

ソーシャルワークの最近の動向として、利用者の社会生活の全体性をふまえた支援を実施するために、これまでの専門的技術を総合的、統合的に用いていくジェネリックソーシャルワークの考え方が推奨されている。

ジェネリック（Generic）とは、「一般的、包括的」の意味で、まさに現在、総合的かつ包括的なソーシャルワークが求められている。すなわち、これまでの専門的技術は、多くの部分で重なり合っており、それぞれ独立した方法論では説明しきれない点も多いことや、児童虐待等のように解決困難で複雑に問題が絡み合うケースも増加していることから、1970年代以降ソーシャルワークの統合化が盛んに議論されはじめた。1990年代以降は、ケースワーク、グループワーク、コミュニティワークの3つの主要技術を統合した総合的かつ包括的なソーシャルワークとして「地域を基盤としたソーシャルワーク」

の基礎理論となっている。

したがって、「個」と「地域」を一体的にとらえて展開していくのがソーシャルワークであり、その特質としては、①3方法が完全に融合されていること、②主体としての利用者本人が強調されていること、③エコロジカル視点やストレングス視点、エンパワメント視点に基づいていることなどがあげられる。

② スペシフィックソーシャルワーク

スペシフィック（Specific）とは、「特定の、特定の目的をもつ」の意味で、分野（公的扶助、児童・家庭、障害者、高齢者、医療、学校、司法など）ごとに専門分化したソーシャルワーク領域における特殊性として認識され、分野固有の技術、原理、活動を指し、ジェネリックの対概念として使われる（図13－4）。

ソーシャルワークの分野では、8050問題*3、ダブルケア*4、ゴミ屋敷問題、ペットの多頭飼育問題など、ジェネリックソーシャルワークを活用した問題解決による福祉のまちづくりが求められるとともに、特定の専門的な分野での固有の課題の解決や支援にあたる高度な知識と技術をもった専門家の養成も必要とされている。

*3 8050問題
高齢化に伴う「80代の親」、ひきこもりの長期化に伴う「50代の子」が、困窮しながら生活している状態を総称した用語。

*4 ダブルケア
晩婚化・晩産化を背景として、育児期にある者（または世帯）が、親の介護も同時に担うという状態を総称した用語。

図13－4　スペシフィックソーシャルワークの位置づけ

総合的かつ包括的にとらえた重層的な視点と高度な専門性をもちあわせたソーシャルワーカー	公的扶助分野	生活保護・生活困窮者支援のソーシャルワーカー
	子ども・家庭福祉分野	こども家庭ソーシャルワーカー（虐待・DV・貧困防止・発達障害・ヤングケアラー支援等）
	障害者（児）福祉分野	相談支援専門員・当事者支援のソーシャルワーカー
	高齢者福祉分野	地域包括ケアシステム支援のソーシャルワーカー
	医療分野	医療的ケア児や難病支援等のソーシャルワーカー
	教育分野	保育・スクール・キャンパスソーシャルワーカー
	司法分野	地域生活定着・犯罪被害者支援のソーシャルワーカー
	国際・その他	外国人・若者（ひきこもり・ニート等）支援・ジェンダー理解促進のためのソーシャルワーカー

出典：社会福祉士養成講座編集委員会『現代社会と福祉』中央法規出版　2009年
　　　p.64を改変し作成

まとめてみよう

① 保育士がソーシャルワークの技術を求められるようになってきたのはどうしてでしょうか。その必要性をまとめてみよう。

② 保育士の業務のなかで、どんなソーシャルワーク場面が考えられるだろうか。想定される具体的な場面をいくつかあげ、その際に求められるソーシャルワークについてまとめてみよう。

③ 保育士に今後ますますソーシャルワーク機能が求められていくとすれば、どのような視点で子どもや保護者とかかわっていくことがソーシャルワークの専門職として望ましいのか、まとめてみよう。

【引用文献】
1）岡村重夫『社会福祉原論』全国社会福祉協議会　1983年　pp.95 – 103
2）社会福祉士養成講座編集委員会編『相談援助の理論と方法Ⅱ』中央法規出版　2011年　pp.117 – 118
3）福丸由佳ほか編『保育相談支援』北大路書房　2011年　p.122

【参考文献】
一番ケ瀬康子ほか『社会福祉援助技術』一橋出版　2004年
櫻井慶一編『養護原理』北大路書房　2007年
前田敏雄監修『演習・保育と相談援助』みらい　2011年
一般社団法人日本ソーシャルワーク教育学校連盟編『ソーシャルワークの理論と方法（共通科目）』中央法規出版　2021年
一般社団法人日本ソーシャルワーク教育学校連盟編『ソーシャルワークの理論と方法（社会専門）』中央法規出版　2021年
社会福祉士養成講座編集委員会編『現代社会と福祉』中央法規出版　2009年
社会福祉士養成講座編集委員会編『相談援助の基盤と専門職』中央法規出版　2009年
社会福祉辞典編集委員会編『社会福祉辞典』大月書店　2002年
中央法規出版編集部編『社会福祉用語辞典』中央法規出版　2010年
千葉茂明・宮田伸朗編『四訂　新・社会福祉概論―変革期の福祉をみつめて』みらい　2008年
松本寿昭編『社会福祉援助技術』同文書院　2005年

コラム

点を線にそして「縁」へと"つなげる"のがソーシャルワーク
～今こそ切れ目のない支援を！～

　人口減少、少子高齢化等がさまざまな分野で担い手不足を招くといった問題が深刻化するなかで、まさに地域共生社会の実現が叫ばれています。したがって、「タテ割り的な対応にならない」「世代・属性を問わない」「ひとつの分野だけで考えない」といったように、これまでの考え方の枠を超える発想、さらには地域のサロン活動等も「支える側」と「受ける側」といった立ち位置も超えた双方向の関係性が求められています。たとえば地域住民の孤立や孤独等といった問題を防ぐために、町内会等で住民同士が創意工夫を凝らしながら、支え合い、地域食堂などといったつながり合える居場所を主体的につくることも、より重層的な支援につながると考えられています。

　このような支援を検討する際には「問題を解決するためのポイント」として次の３つをとらえながら考えるとよいでしょう。

1．見えている点（自分の知っている、今活用している資源としてとらえる）だけでは、問題は解決できないことに気づくとともに、ネットワークを築くためには、もっと広い視野で考えることに焦点を当ててみる。

2．見えていない点（①これまでの考え方の枠から超えてみるという発想、②他（多）分野・異世代との資源を結びつけてみようという発想、③見えている点がフォーマルな資源だとすれば、見えていない点はインフォーマルな資源だととらえてみる発想、④対象（クライエント、団体・組織、地域等）が持っている潜在能力等に気づくことや長所（ストレングス）をもっと伸ばしてみるといった発想に切り替えてみる等）の存在を考えてみる。

3．既存の考え方から脱してみる、超えてみる、時には重ね合わせてみる、組み合わせてみるといったことを、柔軟に考えながら、ケースワーク、グループワーク、コミュニティソーシャルワークを実践していく姿勢が今後ますます問われていることに気づいてみる。

　このように、ものごとをより包括的に、より丸ごととらえられる広い視野を持って、点から線に、そして縁につなげていくためのネットワークを構築していく力、つまり総合的なソーシャルワーク力が求められています。

第14章　福祉サービスの利用支援と第三者評価

📓 おばあちゃんのひとり暮らしを支えたい

みらいさん　社会福祉サービスには、いろいろな種類があって専門ごとに機関が分かれていたり、介護保険制度や障害者総合支援法のように自分で必要なサービスを選択して、契約して利用するのは、結構大変なことだと思うのですが……。もし、私のおばあちゃんが介護保険のサービスを利用しようとしても、たぶんきちんと理解して使うことができるかというと疑問です。

こういち先生　確かに、みらいさんの言う通りだね。だからたとえば介護保険制度には、介護支援専門員（ケアマネジャー）という職種を置いて、介護サービス計画を作成して適切な支援が利用できるように利用者を応援してくれるサービスがあるんだよ。

みらいさん　でも、やっぱりサービスを自分で選んで利用していくというのが原則なら、サービスの内容はもちろん、事業者が信用できるかどうかの情報がないと選べないですよね？

こういち先生　いいところに気がついたね。もちろんその点を考慮して国は、介護保険制度のように福祉サービスを選んで利用できる制度にするときに、地方自治体や福祉サービス事業者に情報提供や情報開示、サービスの質を評価する制度も一緒に位置づけたんだ。これは、2000（平成12）年の社会福祉法（旧・社会福祉事業法）の改正など、社会福祉基礎構造改革と呼ばれている大きな制度改革のときに整備されたことは前に学んだね。

みらいさん　そういえば、社会福祉の法体系（第5章）で学びました。忘れていたわけではないですけど……あはは。でも認知症だったり障害があったりして、うまく自分でサービスを選べない人はどうすればいいのでしょう？

こういち先生　自分でうまくサービスを選べない人にも、民法の成年後見制度とは別に、それをサポートする福祉サービスが創設されているんだ。めまぐるしく変遷していく社会福祉を学ぶ上では、利用者の利益を守る制度なども知っておくことは重要なことです。ここでは、社会福祉基礎構造改革のことも振り返りながら、福祉サービスの利用支援について詳しく学んでいくことにしましょう。

みらいさん　難しそうだけど重要なことなので頑張ってみます！

1 福祉サービスの適切な利用支援

① 情報提供と情報取得の方法

　人々が福祉サービスを適切に利用するためには、それらのサービスについて正しい情報が提供されることが前提となる。それぞれのサービスがどのような内容なのか、自分に合っているのか、などはサービスを利用する上で不可欠な情報である。

　社会福祉法では、「社会福祉事業の経営者は、福祉サービスを利用しようとする者が、適切かつ円滑にこれを利用することができるように、その経営する社会福祉事業に関し情報の提供を行うよう努めなければならない」と明記している。また、国および地方公共団体に対しても「福祉サービスを利用しようとする者が必要な情報を容易に得られるように、必要な措置を講ずるよう努めなければならない」として、福祉サービスを利用するための環境を整えるよう努力義務を示している。

　また、情報取得の方法は、近年のインターネットや携帯電話・スマートフォン等の急速な普及にともない、パンフレットや広報紙などの紙媒体を使用しない方法も増えてきた。SNS*¹上で情報をやり取りすることも多く、一見すると誰もが容易に情報にアクセスできるようになったかのように思える。一方で、入手できる情報が膨大かつ多様になり、どれが本当に正しい情報なのか、自分が求めている情報はどれなのか、判断が難しい場面も生じてきている。情報を提供する公的機関・専門機関や関係団体は、自らが発信する情報を常に見直し、利用者にとってわかりやすいものとなるように留意しなければならない。情報の取得先としては、各自治体や社会福祉協議会のホームページなどがあげられる。

　なお、身近にインターネット環境がない場合や、携帯電話・スマートフォンを使用しない利用者もいるということをふまえ、すべての人が必要な情報を得られるような方法やしくみを構築しておくことも必要である。

② サービス利用時の説明と同意

　社会福祉サービスを提供する場合は、利用者から申し込みがあった際には、提供されるサービス内容について、適切に説明をしなければならない。具体的にどのようなサービスを受けることができるのか、回数や頻度、かかる費

*1　SNS
Social Networking
Service：ソーシャル・
ネットワーキング・
サービスの略。イン
ターネットを介して人
間関係を構築できる
サービスの総称。

用、どのような専門職やスタッフにより提供されるのかなど、利用者にとってわかりやすい方法で説明がなされることが重要である。

　また、社会福祉法では利用契約が成立した際には必ず書面をもって、速やかにその契約内容を交付しなければならないとされている。書面については、利用者の承諾があれば、電子媒体などに替えることも可能である。書面に記載される内容は、①当該社会福祉事業の経営者の名称及び主たる事務所の所在地、②当該社会福祉事業の経営者が提供する福祉サービスの内容、③当該福祉サービスの提供につき利用者が支払うべき額に関する事項、④その他厚生労働省令で定める事項、の4点である。

③　適切なサービス提供のために

　福祉サービスの提供者は、常に自らが提供する福祉サービスの質を見直し、よりよいサービスを提供することに努めなければならない。また、社会福祉法において、国に対しては「社会福祉事業の経営者が行う福祉サービスの質の向上のための措置を援助するために、福祉サービスの質の公正かつ適切な評価の実施に資するための措置を講ずるよう努めなければならない」と規定している。

　そして、提供されるサービスの内容について、「社会福祉事業の経営者は、その提供する福祉サービスについて広告をするときは、広告された福祉サービスの内容その他の厚生労働省令で定める事項について、著しく事実に相違する表示をし、又は実際のものよりも著しく優良であり、若しくは有利であると人を誤認させるような表示をしてはならない」とし、誇大広告の禁止も社会福祉法で明示している。提供される各サービスは、利用者に理解しやすく、サービスそのものや利用の状況を正しくイメージできるようにその内容を示さなければならない。

④　各種相談窓口について

　情報提供だけではなく、福祉サービスを適切に利用するためには、利用者がどのようなことに困っているのか、何を必要としているのか正しく把握した上で、利用の手続きに進む必要がある。そのためには、利用者に情報を提供したり、さまざまな相談に対応する窓口の存在が欠かせない。

　福祉サービスに関する相談窓口は、公的機関から民間の専門機関や団体などに設置されているものまで多岐にわたっている。福祉サービス全般を対象

にする窓口もあれば、対象やサービス内容によって異なる専門の窓口もある。それらの窓口は、利用者にとって自分の身近な地域にあり、利用しやすく、相談に出向いた際には丁寧にかつ迅速に対応してもらえる場所と環境であることが重要であろう。主な相談窓口の例は表14−1の通りである。

表14−1　相談窓口の例

生活困窮／就労支援	福祉事務所、社会福祉協議会、公共職業安定所（ハローワーク）
児童／子育て／虐待 社会的養護	市町村、児童相談所、児童家庭支援センター、こども家庭センター、児童発達支援センター、保育所、地域子育て支援拠点、児童養護施設等の児童福祉施設
高齢／介護保険	市町村、社会福祉協議会、地域包括支援センター
障害	市町村、社会福祉協議会、身体障害者更生相談所、知的障害者更生相談所、地域活動支援センター
女性／DV	市町村、女性相談支援センター
成年後見	市町村、社会福祉協議会、成年後見センター、権利擁護センター
苦情解決	市町村、社会福祉協議会、福祉サービス運営適正化委員会

❷　福祉サービス利用援助事業（日常生活自立支援事業）

①　福祉サービス利用援助事業（日常生活自立支援事業）とは

▼福祉サービス利用援助事業の概要

　福祉サービス利用援助事業（日常生活自立支援事業）[2]とは、認知症高齢者、知的障害者、精神障害者などであって判断能力が不十分な場合、住み慣れた地域において自立した生活が送れるよう、利用者本人との契約に基づき、福祉サービスの利用支援などを行うものである。

　具体的には「福祉サービスを利用したいが、手続きがわからない」「銀行に行って日常的に使うお金をおろしたいけれど、計画的にできるかどうか不安がある」「最近物忘れが多く、一人で判断することが心配になってきた」など、日常生活においてさまざまな不安や心配があったり、判断が難しいときに、それらの手続きや金銭管理などを行い、本人の生活を守るサービスである。

▼事業の基本的な内容

　実施主体は、都道府県・指定都市社会福祉協議会であり、窓口業務は市町村の社会福祉協議会などで実施している。市町村社会福祉協議会または基幹

*2
1999（平成11）年10月から「地域福祉権利擁護事業」の名称で、都道府県社会福祉協議会を実施主体とした国庫補助事業が開始されたが、利用者にわかりにくい等の指摘を受け、利用促進の観点から2007（平成19）年度より「日常生活自立支援事業」に名称変更された。事業内容の一つとして、福祉サービス利用援助事業があげられている。

的社会福祉協議会には専門員（相談対応、契約）と生活支援員（生活上のさまざまなサービスを実際に担当）が配置されており、具体的なサービスが提供される。

　サービス利用者は、判断能力が不十分な人（認知症高齢者、知的障害者、精神障害者等であって、日常生活を営むのに必要なサービスを利用するための情報の入手、理解、判断、意思表示を本人のみでは適切に行うことが困難な人）とされ、かつ事業の契約の内容について判断できる能力を有する人が対象となっている。サービス内容は、表14－2に示すとおりである。

表14－2　福祉サービス利用援助事業の内容

福祉サービスの利用支援	・福祉サービスの利用に関する情報の提供・相談 ・福祉サービスの利用における申し込み、契約の代行、代理 ・入所、入院している施設や病院のサービスや利用に関する相談
苦情解決制度の利用支援	・福祉サービスに関する苦情解決制度の利用手続きの支援
行政手続きに関する支援等	・住宅改造や居住家屋の貸借に関する情報提供・相談 ・日常生活上の消費契約及び住民票の届出等の際の支援
日常的金銭管理	・預金の払い戻し、預金の解約、預金の預け入れの手続等利用者の日常生活費の管理等にかかわる支援
重要書類等の管理・支援	・年金証書、預貯金通帳、証書（保険証書、不動産権利証書、契約書など）、実印、銀行印、その他実施主体が適当と認めた書類（カードを含む）等の預かり・保管
定期的な訪問・見守り	・定期的な訪問による安否確認、生活変化の察知

② 利用の流れ（手続きの流れ）

▼相談・申請〜訪問・調査〜契約

　サービスの利用希望者は、事業の実施主体である市町村社会福祉協議会（基幹的社会福祉協議会）に対して申請（相談）を行う。社会福祉協議会の専門員は、利用希望者と面談し、生活状況や希望する支援内容を確認、事業の契約内容について判断できる能力可否に関する判定などを行う。

　利用希望者が事業の対象者の要件に該当すると判断した場合には、利用希望者の意向を確認しつつ、支援内容や実施頻度・回数等の具体的な支援を決める「支援計画」を策定し、契約が締結される（図14－1参照）。

▼サービスの提供と見直し・評価

各社会福祉協議会の生活支援員が、支援計画に基づいたサービス提供を行う。支援計画は、利用者の必要とする支援内容や判断能力の変化等利用者の状況を踏まえ、定期的に見直される。支援計画の内容を変更する際には、利用者と協議の上で変更する。

▼利用料

利用料は、契約締結前の初期相談や支援計画の作成にかかる費用は無料である。福祉サービス利用手続き、金銭管理などの実際のサービスを利用する際には、実施主体が定める利用料を利用者が負担する*3。

各社会福祉協議会が設定している訪問1回あたりの利用料は平均1,200円程度となっている。

*3
ただし、生活保護受給世帯の利用料については免除される。

③ 事業を安心して利用するために

▼契約締結審査会と運営適正化委員会

利用者が安心してこれらの事業を利用するために、契約内容や本人の判断能力等の確認を行う「契約締結審査会」および適正な運営を確保するための監督を行う第三者的機関として「運営適正化委員会」が設置されている（図14－1参照）。

運営適正化委員会は、社会福祉法に規定されている。各社会福祉協議会からの報告に基づき、事業が適正に運営されているかの監視や助言、利用者からのサービスに対する不服や苦情が生じた際にそれらの対応などを行っている。これらのしくみによって、契約による事業の信頼性や的確性が高められ、一人ひとりの利用者が尊重され、安心してサービスを利用することができるといえる。

▼成年後見制度

福祉サービス利用援助事業は、利用者本人にこのサービスを利用する意思があり、契約の内容がある程度理解できる場合に契約することが前提となっている。認知症や障害などにより、本人が契約できるだけの判断能力がなくなった場合には、他の事業に結びつけたり、「成年後見制度」*4の利用を促すなどの場合もある。

*4　成年後見制度
215頁参照。

▼今後の課題

近年では、認知症高齢者数の増加などをふまえ、事業がより効果的に利用されるかが課題となっている。適切な利用を進めていくためには、契約に至る前の相談対応の果たす役割が大きい。また、個々の利用者のニーズに合わ

図14- 1　福祉サービス利用援助事業の利用の流れ

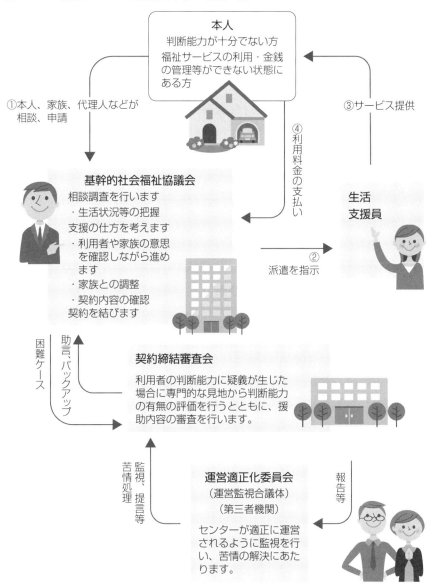

出典：栃木県社会福祉協議会「日常生活自立支援事業（とちぎ権利擁護センターあす
　　　てらす）」を一部改変

せた効果的な利用の促進のために、サービスを必要としている人々への情報の適切な周知が課題であるといえる。地域社会において、要支援者一人ひとりが尊重され、自分らしい生活を継続するために不可欠なしくみの一つとして期待されている。

3 第三者評価

① 第三者評価とは何か

▼第三者評価の概要、目的

第1節で述べたように、各サービス事業者は、自らの福祉サービスの質が向上するよう評価を行い適切なサービスを実施することを社会福祉法で定めている。また、国に対しても社会福祉事業の経営者に対して適切な評価を実施することを明記している。

福祉サービスの第三者評価とは、公正・中立な第三者評価機関が、専門的・客観的な立場から福祉サービスについて評価を行うしくみである。福祉サービスの質を向上させ、利用者にとって適切なサービスを提供することを目的としている。福祉サービスを提供する事業者が第三者評価を受審し、その評価結果を公表することにより、事業者がどのような取り組みをしているのか、その取り組みに効果があるのか、その事業運営が適切か、などが明らかになる。

また、福祉サービスの改善点や今後の課題が提示されることにより、よりよいサービスの提供にも結びつく。たとえば、「近所にはどのような保育所があるのか」「家族が利用できる介護保険事業所はどこにあるのか」「本人のニーズに合ったサービスが利用できるのか」などの情報を提供し、適切な福祉サービスの選択や決定に役立つことができる。それは、利用者やその家族、地域社会に対する説明責任を果たすことでもある。

つまり、第三者評価は「利用者のサービスの選択や各事業・サービスの透明性の確保のための情報提供」と「事業者が提供しているサービスの質の向上に向けた取り組みへの支援」を目標にしている。

② 第三者評価のしくみ

▼対象となる施設

福祉関係サービス提供事業所すべてが第三者評価事業の対象となる。保育

所、社会的養護関係施設、障害児施設、児童館などの児童福祉関係サービス、婦人保護施設、特別養護老人ホーム、養護老人ホーム、軽費老人ホーム、認知症対応型共同生活介護（グループホーム等）の高齢者福祉関係サービス、障害者支援施設、障害福祉サービス事業所等の障害者福祉関係サービスなど第1種・第2種社会福祉事業にかかわらず社会福祉事業運営者の責任の範囲といえる。

▼評価のしくみ

「福祉サービス第三者評価事業に関する指針」では、社会福祉事業の経営者は、福祉サービス第三者評価を積極的に受審することが「望ましい」と明示している。さらに、評価の考え方と留意点を次のように示している。

（1）目　的：本評価基準では、法人、福祉施設・事業所の使命や役割を反映した理念、これにもとづく福祉サービス提供に関する基本方針が適切に明文化されており、職員、利用者等への周知が十分に図られていることを評価します。

（2）趣旨・解説：福祉サービスは、個人の尊厳の保持を旨とし、利用者の心身の健やかな育成、その有する能力に応じ自立した日常生活を支援するものとして、良質かつ適切であることを基本的理念としています。

　法人、福祉施設・事業所には、利用者一人ひとりの意向を十分に尊重して、その自己決定・自己実現が図られるよう利用者の権利擁護を基礎にした事業経営、福祉サービスの提供が求められます。

都道府県は、「都道府県推進組織に関するガイドライン」に基づき、都道府県推進組織を設置し、第三者評価基準を策定している。都道府県推進組織は、各都道府県に1つ設置され、第三者評価機関の認証をはじめ第三者評価基準や第三者評価の手法に関すること、第三者評価結果の取扱いに関することなどを担う。その策定された評価基準に基づき、第三者評価機関が調査を実施し、各事業者の同意のもと、調査結果（A・B・Cの3段階）を公表することになる。調査結果はホームページなどで公表される。

なお、社会的養護関係施設については、2012（平成24）年度より3年に1回以上の受審および結果の公表が義務づけられている。評価には、全国社会福祉協議会の第三者評価基準を用いるが、都道府県推進組織が独自に策定することも可能となっている。評価は、全国社会福祉協議会が認証した評価機関[5]もしくは、都道府県推進組織が認証した評価機関が実施する。

措置によって児童福祉施設を利用、もしくは入所している子どもにとっては、その施設が適切に運営されているか、サービスを提供する上で子どもの権利が保障されているかという点が重要となる。社会的養護関係施設の第三者評価は、子どもの日々の生活や安全を守るために不可欠なしくみである。

*5
全国社会福祉協議会が実施する社会的養護関係施設評価調査者養成研修などを受講し、修了した評価調査者が在籍していることが要件となる。

図14−2　第三者評価の流れ

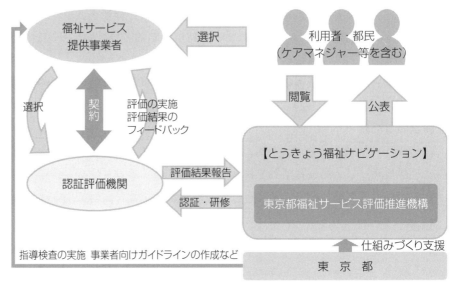

出典：東京都の福祉サービス第三者評価の仕組み
　　　https://www.fukunavi.or.jp/fukunavi/hyoka/images/kari.png（2023年４月
　　　７日閲覧）

▼評価基準

　国が示している「福祉サービス第三者評価基準ガイドライン」では、「共通評価基準（45項目：すべての福祉施設・事業所に共通)」と「内容評価基準（各20項目程度：種別ごとの項目)」で構成されている。

　種別ごとのガイドラインとしては、「救護施設版」「保育所版」「高齢者福祉サービス版」「障害者・児福祉サービス版」「婦人保護施設版」「児童館版」「放課後児童健全育成事業版」がある。

▼質の高いサービス提供をめざして

　福祉サービスの第三者評価を理解する上で、第三者評価は、受審した施設や事業所の優劣を示すものではない、ということに留意しなければならない。重要なのは、評価を受審しその結果を公表することによって、各福祉サービスの良いところや今後努力すべきところが明らかになることである。各事業所が受審結果や、適切な情報を開示することは、利用者本人や家族に対してよりよいサービスの提供に向けて取り組む真摯な姿勢の表れである、と理解しておきたい。

表14－3　評価基準

共通評価基準	内容評価基準
Ⅰ　福祉サービスの基本方針と組織 1．理念・基本方針 2．経営状況の把握 3．事業計画の策定 4．福祉サービスの質の向上への組織的・計画的な取り組み Ⅱ　組織の運営管理 1．管理者の責任とリーダーシップ 2．福祉人材の確保・育成 3．運営の透明性の確保 4．地域との交流、地域貢献 Ⅲ　適切な福祉サービスの実施 1．利用者本位の福祉サービス 　（利用者の尊重、説明と同意、利用者満足、利用者の意見、リスクマネジメント） 2．福祉サービスの質の確保 　（標準的実施方法、アセスメントに基づく計画の策定、記録）	各施設及び事業所の特性や専門性をふまえ、サービス・支援内容を評価 （評価項目の例） 【保育所】 ・地域にふさわしい場として、子どもが心地よく過ごすことのできる環境の整備 ・乳児保育（0歳児）において、養護と教育が一体的に展開されるよう適切な環境の整備、保育の内容や方法への配慮 【障害者・児福祉サービス】 ・利用者の自己決定を尊重した個別支援と取り組み ・利用者の意志を尊重する支援としての相談等の適切な実施 【高齢者福祉サービス】 ・利用者一人ひとりに応じた一日の過ごし方ができるよう工夫 ・認知症の状態に配慮したケア

出典：全国社会福祉協議会「福祉サービス第三者評価－活用のご案内－」2017年を一部改変

✎ まとめてみよう

① なぜ、福祉サービスの利用支援が必要なのか、まとめてみよう。

② 福祉サービス利用援助事業の特徴について、まとめてみよう。

③ 第三者評価の受審により、事業者にとってどのようなメリットがあるのか、また、利用者にとってどのようなメリットがあるのか、それぞれあげてみよう。

【参考文献】
全国社会福祉協議会「あなたのくらしのあんしんのために　日常生活自立支援事業」2010年
全国社会福祉協議会「福祉サービス第三者評価事業―活用のご案内―」2017年
〈参考ホームページ〉
全国社会福祉協議会「福祉サービス第三者評価事業」
http://shakyo-hyouka.net/（2023年4月10日閲覧）

第15章　権利擁護と苦情解決

✎ サービス利用者の権利擁護って何？

みらいさん　権利擁護という言葉を聞いたことがありますが、何のことですか？　権利を守ることは、子どもも大人も、誰にでも重要だと思うけれど、権利はどうやって守られるのかな？

こういち先生　権利擁護とは、その人の有する権利を侵害から守るということなのです。かつては、人が権利を主張したり、権利を保障するということに対して、あまり意識しない時代が続いてきました。たとえば、人が福祉サービスを使う上での権利を守ることについて、サービスを提供する側も、利用する側も大切なことだとはわかっていても、お互いに権利を意識した取り組みができなかったのです。特に、サービスを利用する側は不満はあっても、「利用させてもらっているから」「仕方がないから我慢しよう」と諦めて、困っていても苦情を言えない、言わない人が多かったのですね。

みらいさん　いつくらいから利用者の権利について意識しはじめたのですか？

こういち先生　日本では、サービス利用者の権利が守られるシステムが確立していくのは、保育所利用の契約制度と介護保険制度の導入がきっかけといってもいいかな。

みらいさん　保育所利用が契約制度になったり、介護保険制度の導入って、それほど昔の話じゃない気がしますけど。

こういち先生　そうですね。保育所を利用するのに契約制度が導入されたのは、1997（平成9）年の児童福祉法改正ですし、介護保険制度の導入は2000（平成12）年ですからね。だから、約20数年ほど前のことなのです。

みらいさん　サービス利用者の権利が守られるしくみが確立していくのは、意外と最近のことだったのですね。でも、今では権利が守られるのは当たり前になっているのでしょう？

こういち先生　ところが、あんまりそうではないかも……。施設でも利用者の人権や権利を守ろうと努力しているけれど、時々、児童養護施設内での虐待や高齢者施設での不適切な利用者へのかかわり、障害のある人たちが利用する施設での経済的搾取、保育所内で起こる子どもの生命にかかわるような不適切な保育などのニュースを聞いたことがあるよね？

みらいさん　はい。確かに、聞いたことあります……。

こういち先生　現代社会では「人権を守るってことは大切だ」と、多くの人が理解しているけれど、それを保障していくしくみを知らなかったり、知っていてもうまく活用できなかったりと、まだまだ課題があります。だから保育士などの専門職は、人権について理解し実践していくことが必要で、そのための権利を守るしくみについても理解しておかなければいけないのですよ。

みらいさん　そうか、私たち保育士が専門職としてサービスを提供する側になるのだから、利用者の権利を守るしくみも知っていなければいけないってことですね？

こういち先生　その通り！　それでは、権利擁護と苦情解決のしくみについて学んでいこう。

1　権利擁護とは何か

①　権利についての基礎知識─「生存権」と「自由権」

　権利という言葉は日ごろから耳にするが、私たちはどのような権利を有しているのであろうか。私たちが健やかに暮らしていくための権利とは何なのであろうか。保育士としてさまざまな人々に接し支援していく上で、権利については十分に理解する必要がある。ここでは、社会福祉の基本理念となる日本国憲法第25条「生存権」と第13条「自由権」について確認し、人として当然にもっている基本的権利（人権）についてみていく。

　「生存権」の規定には、個々人の人間らしい生活を確保するため、国家がその権利を保障することが定められている（表4－2〈59頁〉参照）。「自由権」の規定では、個人の尊重、生命、自由および幸福追求に対する国民の権利について示されている。私たちは自由に生きていくことを望み、その権利が守られる社会であって欲しいと考える。しかし、自由に生きることが他人に迷惑をかけ、自分勝手に生きることではないこと（義務）も同時に理解しなくてはならない。そして、人間（国民）として相互に尊重しながら暮らしていくために基本的人権の保障（権利擁護）についても考える必要がある。

表15－1　日本国憲法に定められた自由権

第13条　すべて国民は、個人として尊重される。生命、自由及び幸福追求に対する国民の権利については、公共の福祉に反しない限り、立法その他の国政の上で、最大の尊重を必要とする。

②　権利の侵害について

▼「自由権」の例

　私たちが権利侵害を受けている、と感じるときはどのような場面なのであろうか。

　「自由権」という側面からみると、私たちの持ち物を他者がチェックをしたり、自分の部屋に置くものを制限されたり、大切な手紙を他人が許可もなく封を開けて読んだ場合に、自分の生活が干渉され自由を奪われたと感じるであろう。また、長期に入所している福祉施設で食事を選ぶ際に、選択ができず決まったメニューを受け入れなくてはならない場合にも人は不自由さを感じる。

　そして、Aという保育所に子どもを通わせたい、私はB施設で暮らしたいと思った際に自分の意見を主張したり、選択できないシステムであると自由がないと人々は思う。

▼「生存権」の例

　「生存権」という側面から考えてみる。

　施設のルールを守らなかったとして、3回ある食事のうち自分だけ1回のみに減らされた場合や、夜中のトイレへの誘導を介助するのが大変だという理由で職員からオムツをするように強制され、さらに職員が忙しいとの理由でオムツの取り替えを何時間も放置された場合に、私たちは自尊心を傷つけられ人権を侵害されたと思うであろう。

　また、生計者の父親が交通事故の後遺症により働くことができなくなり、母親も病弱のため働けず生活が苦しくなった。そのため住居を手放し、子どもと一緒に車中で暮らしながら学校へ登校するも徐々に不登校となり、ホームレスの状態で日々を過ごすようになった場合も、生存権が侵害されている状況とみなすであろう。

　他にも深刻な虐待で生命が危ぶまれる状態などは、人間として健康で文化的な最低限度の生活を営む権利「生存権」を奪われたことになる。近年の日本における児童虐待の死亡事例では、ネグレクト（育児放棄）による餓死が多発している。ネグレクトのみならず、身体的虐待、心理的虐待、性的虐待など、虐待は子どもの権利侵害の最たるものである。2000（平成12）年制定の児童虐待の防止等に関する法律には、児童虐待による人権侵害と権利擁護について規定しており、保育士など職務上児童にかかわる職種に対しての「児童虐待の早期発見等」の役割を定め、発見者の通告義務も明記している（表15−2）。

表15−2　児童虐待の防止等に関する法律の目的等

第1条　この法律は、児童虐待が児童の人権を著しく侵害し、その心身の成長及び人格の形成に重大な影響を与えるとともに、我が国における将来の世代の育成にも懸念を及ぼすことにかんがみ、児童に対する虐待の禁止、児童虐待の予防及び早期発見その他の児童虐待の防止に関する国及び地方公共団体の責務、児童虐待を受けた児童の保護及び自立の支援のための措置等を定めることにより、児童虐待の防止等に関する施策を促進し、もって児童の権利利益の擁護に資することを目的とする。 **第5条**　学校、児童福祉施設、病院その他児童の福祉に業務上関係のある団体及び学校の教職員、児童福祉施設の職員、医師、歯科医師、保健師、助産師、看護師、弁護士その他児童の福祉に職務上関係のある者は、児童虐待を発見しやすい立場にあることを自覚し、児童虐待の早期発見に努めなければならない。 **第6条**　児童虐待を受けたと思われる児童を発見した者は、速やかに、これを市町村、都道府県の設置する福祉事務所若しくは児童相談所又は児童委員を介して市町村、都道府県の設置する福祉事務所若しくは児童相談所に通告しなければならない。

③ 権利擁護について

▼権利を守ること

　人々の権利を守るということは、人としての尊厳が守られ、自由に生きていくことを支えていくことになる。具体的には、①「生存権」に関する保障、②「自由権」にかかわる「自己決定」に対する支援や「干渉からの自由」になることである。この２つを保障していくことは、国家や社会が、個々人の基本的人権を理解し守っていく努力にかかっている。国家が、人々の暮らしをどのように支援し、保障していこうとしているかを知る一つの方法として、社会福祉のサービス利用者の権利擁護の内容などから判断することができる。

▼福祉サービス利用者の権利擁護のしくみ

　権利擁護のしくみを理解するために、社会福祉サービス利用者の権利擁護からみていく。

　社会福祉のサービス利用方式には、児童福祉法改正（1997〈平成９〉年）や介護保険法の導入（1997〈平成９〉年制定、2000〈平成12〉年施行）、社会福祉法改正（2000〈平成12〉年「社会福祉事業法」より名称変更・内容の大幅改正）などを契機に措置制度[*1]に加えて契約制度が導入された。

　契約制度は、サービス提供者（事業者）との契約に基づき、利用者がサービスを選択し利用するものである。しかし、サービス利用者が常に自己決定や選択ができるとは限らない。特に、判断能力が低下している状態、判断するための情報を上手に収集できない場合、また障害や疾患などで判断が十分にできない人々の存在についても考慮しなくてはいけない。

　社会福祉法には利用者へ提供される福祉サービスに関して、良質かつ適切なサービス、利用者の意向の尊重、福祉サービスの提供体制の確保等に関する国および地方公共団体の責務について規定している（表15－３）。したがって、サービス利用者の権利は、法律での規定とその権利を守るためのしくみが両輪のように動くことにより実現されるのである。さらに、サービスを利用する人々のエンパワメント[*2]や支援者が利用者を代弁するアドボカシー活動[*3]、オンブズパーソン[*4]なども、権利擁護を推進する上では欠かせないものとなる（図15－１）。

[*1]　措置制度
82頁参照。

[*2]　エンパワメント
「人とその人の環境との間の関係の質に焦点をあて、所与の環境を改善する力を高め、自分たちの生活のあり方をコントロールし、自己決定できるように支援」すること（編集委員代表山縣文治・柏女霊峰『社会福祉用語辞典　第９版』ミネルヴァ書房　2011年　p.28）。

[*3]　アドボカシー
自己の権利や生活のニーズを表明することが困難な人々（認知症高齢者、障害のある人々、児童など）に代わって、「援助者がサービス供給主体や行政・制度、社会福祉機関などに対して、柔軟な対応や変革を求めていく一連の行動。代弁、権利擁護などと訳されることもある」（編集委員代表山縣文治・柏女霊峰『社会福祉用語辞典　第９版』ミネルヴァ書房　2011年　p.6）。

[*4]　オンブズパーソン
「広くは住民の利益を擁護する人の意味であるが、一般には公益的事務や制度（公私の社会福祉サービスもこれに含まれる）に対して、市民的立場で監視し、苦情を申し立てるとともに、必要に応じて、その対応を図る人と解される」（編集委員代表山縣文治・柏女霊峰『社会福祉用語辞典　第９版』ミネルヴァ書房　2011年　p.30）。

表15－3　社会福祉法にある福祉サービスの理念・原則等

（福祉サービスの基本的理念）
第3条　福祉サービスは、個人の尊厳の保持を旨とし、その内容は、福祉サービスの
　利用者が心身ともに健やかに育成され、又はその有する能力に応じ自立した日常生
　活を営むことができるように支援するものとして、良質かつ適切なものでなければ
　ならない。
（福祉サービスの提供の原則）
第5条　社会福祉を目的とする事業を経営する者は、その提供する多様な福祉サービ
　スについて、利用者の意向を十分に尊重し、かつ、保健医療サービスその他の関連
　するサービスとの有機的な連携を図るよう創意工夫を行いつつ、これを総合的に提
　供することができるようにその事業の実施に努めなければならない。
（福祉サービスの提供体制の確保等に関する国及び地方公共団体の責務）
第6条　国及び地方公共団体は、社会福祉を目的とする事業を経営する者と協力して、
　社会福祉を目的とする事業の広範かつ計画的な実施が図られるよう、福祉サービス
　を提供する体制の確保に関する施策、福祉サービスの適切な利用の推進に関する施
　策その他の必要な各般の措置を講じなければならない。

図15－1　権利擁護のしくみ

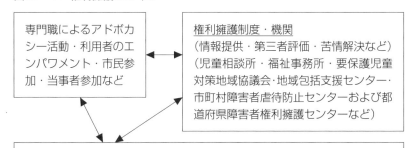

筆者作成

④　サービス利用環境の整備

▼サービス利用環境の整備とは

　サービス利用者の権利擁護が守られるための環境を整えることも大切な側
面である。たとえば、利用者が必要なサービスを選択し自己決定する段階で
は、適正な情報と判断力が必要になる。
　次に、サービスを利用している場合、そのサービスが自分のニーズに合っ

ているかを見極める力と、また利用する上での権利侵害の有無の判定、苦情を解決するしくみの有無などが重要になる。

▼サービスを選ぶ段階

　子どもを保育所に通わせたい場合に、保護者は保育所の情報を集めるであろう。たとえば、保育所のホームページから情報収集する。保育所のパンフレットを読む。インターネットや公刊されている報告書から、その保育所の第三者評価の結果から確認する。また、子どもを通わせている保護者たちや地域の人々から保育所の評判を聞くこともあろう。最終的には、直接その保育所を訪れ保育士から話を聞くなど、さまざまな角度から適正な情報を得ようとする。社会福祉法には、利用者適正な情報提供を行うために表15－4に示す内容が記されている。

　情報が氾濫する状況下で、利用者がサービスを選択する場合に適正な情報を集めることは容易なことではない。情報が多いことにより選択しづらくなるケースも発生している。情報が複雑化しているときに、情報を整理し、いかにわかりやすく加工し提供していくかが重要であり、また、利用者自身の「情報リテラシー」*5 を高めていくことも同時に必要となる。

▼サービス契約を行う段階

　サービスを契約する際に非常に大切なことは、専門職やサービス事業者から利用者に対しわかりやすく丁寧な説明と契約内容の書面化である。説明責任を意味する「アカウンタビリティ」、専門職の説明に基づいた利用者の同意を表す「インフォームド・コンセント」など、契約制度、措置制度とも、利用者の権利擁護には欠かせない項目であることを、サービスを利用する側も提供する側も理解しなければならない。社会福祉法には、利用契約に関する規定も定めている（表15－5）。

⑤　利用者を保護する取り組み

▼成年後見制度の理解

　権利擁護のしくみを理解する前に、民法に規定されている成年後見制度を理解しておく。この制度は、1999（平成11）年「民法の一部を改正する法律」の成立により2000（平成12）年から施行された。判断能力が十分ではない者（認知症の高齢者・知的障害者・精神障害者等）が、不利益を被らないように家庭裁判所に申し立てを行い*6、後見人をつける制度である。

　成年後見制度には、高齢社会、知的障害者・精神障害者等の福祉の充実を図るため、従来からの保護の理念を保持し、さらに自己決定の尊重、残存能

＊5　情報リテラシー
「情報を利用したり、活用する能力のことを意味する」(相澤譲治編『五訂　保育士をめざす人の社会福祉』みらい 2008年　p.196)。

＊6
申立てができる人は本人、配偶者、４親等内の親族、成年後見人等、任意後見人、成年後見監督人等、市区町村長、検察官である。

表15-4　社会福祉法等にある情報提供関係条文

（経営の原則等）
第24条　社会福祉法人は、社会福祉事業の主たる担い手としてふさわしい事業を確実、効果的かつ適正に行うため、自主的にその経営基盤の強化を図るとともに、その提供する福祉サービスの質の向上及び事業経営の透明性の確保を図らなければならない。

（会計の原則等）
第45条の23　社会福祉法人は、厚生労働省令で定める基準に従い、会計処理を行わなければならない。

> 社会福祉法人会計基準
> （社会福祉法人会計の基準）
> 第1条　社会福祉法人は、この省令で定めるところに従い、会計処理を行い、会計帳簿、計算書類（貸借対照表及び収支計算書をいう。以下同じ。）、その附属明細書及び財産目録を作成しなければならない。

（計算書類等の備置き及び閲覧等）
第45条の32
4　何人（評議員及び債権者を除く。）も、社会福祉法人の業務時間内は、いつでも、次に掲げる請求をすることができる。この場合においては、当該社会福祉法人は、正当な理由がないのにこれを拒んではならない。
　一　計算書類等が書面をもつて作成されているときは、当該書面又は当該書面の写しの閲覧の請求
　二　計算書類等が電磁的記録をもつて作成されているときは、当該電磁的記録に記録された事項を厚生労働省令で定める方法により表示したものの閲覧の請求

（情報の提供）
第75条　社会福祉事業の経営者は、福祉サービス（社会福祉事業において提供されるものに限る。以下この節及び次節において同じ。）を利用しようとする者が、適切かつ円滑にこれを利用することができるように、その経営する社会福祉事業に関し情報の提供を行うよう努めなければならない。
2　国及び地方公共団体は、福祉サービスを利用しようとする者が必要な情報を容易に得られるように、必要な措置を講ずるよう努めなければならない。

（誇大広告の禁止）
第79条　社会福祉事業の経営者は、その提供する福祉サービスについて広告をするときは、広告された福祉サービスの内容その他の厚生労働省令で定める事項について、著しく事実に相違する表示をし、又は実際のものよりも著しく優良であり、若しくは有利であると人を誤認させるような表示をしてはならない。

表15-5　社会福祉法にある利用契約

（利用契約の申込み時の説明）
第76条　社会福祉事業の経営者は、その提供する福祉サービスの利用を希望する者からの申込みがあつた場合には、その者に対し、当該福祉サービスを利用するための契約の内容及びその履行に関する事項について説明するよう努めなければならない。

（利用契約の成立時の書面の交付）
第77条　社会福祉事業の経営者は、福祉サービスを利用するための契約（厚生労働省令で定めるものを除く。）が成立したときは、その利用者に対し、遅滞なく、次に掲げる事項を記載した書面を交付しなければならない。

力の活用、ノーマライゼーションなどの観点が組み入れられている。

　成年後見制度は、法定後見制度と任意後見制度からなる。法定後見制度は、精神上の障害の程度（判断能力の程度）により、3つの類型に分けられている。自己決定を尊重する視点から、日用品の購入など日常生活に関する行為については後見人だけでなく本人の判断に委ねることが可能となっている（図15－2）。

図15－2　成年後見制度の類型

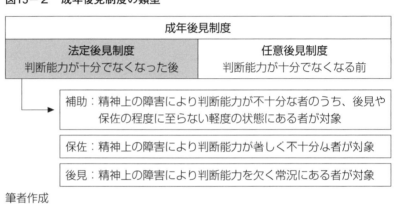

筆者作成

▼高齢者、知的障害者、精神障害者などを対象とした取り組み

　日常生活自立支援事業（福祉サービス利用援助事業）は、認知症高齢者、知的障害者、精神障害者などのうち判断能力が十分でない場合に、福祉サービスの利用援助などを行うことにより、地域において自立した生活を送ることができるよう支援することを目的とする事業である。具体的には、福祉サービスの利用や金銭管理などについての支援を行っている。実施主体と利用者との間で契約を交わし、利用者の意思をふまえて支援を実施している（第14章参照）。

▼子どもの権利ノート

　日本は1994（平成6）年に児童の権利に関する条約を批准して以降、子どもの権利擁護に関して国内でさまざまな動きが展開されてきた。その一つに「子どもの権利ノート」がある。大阪府が1995（平成7）年に子どもたちの権利に関する冊子を発行し、児童養護施設などに入所する子どもたちへ配布した。その後、他の都道府県でも「子どもの権利ノート」が作成され、施設で暮らす子どもたちへ配られた。現在は、里親家庭で暮らす子どもたちへも配布されている。「子どもの権利ノート」の最終ページには、児童相談所の電話番号と、担当ケースワーカー（児童福祉司など）の氏名が記入できるよ

うになっており、子どもが何らかのSOSを第三者機関などに発信できること、子どもたちが権利主体であることを伝えている。また、子どもが年齢に応じて自身の権利を理解しつつ親しめるよう、難しい言葉を使わず挿絵などを活用して読みやすさの工夫をしている。

表15－6　『子どもの権利ノート』の主なタイトル

・　どうして施設で生活しなければならないの
・　自分の意見を言おう
・　たたかれたり、いじめられたりすることはないの
・　手紙や大切にしているもの、秘密にしておきたいことを守ってもらえるの
・　自分のことを誰も聞いてくれなければ、どうしたらいいの

資料：伊達悦子・辰己隆編『保育士をめざす人の児童家庭福祉』みらい　2012年　p.34

▼乳児院におけるエンパワメントの取り組み

『改訂新版　乳児院養育指針』（全国乳児福祉協議会）には「家族との連携を持つ場合の諸原則」が記されており、そのなかで利用者（保護者）の自己決定への支援について記されている。その他、乳児たちの権利擁護に関しては、①「育ちの保障」、②「権利侵害の防止」の2点が示されている。

表15－7　保護者の自己決定の原則

保護者が自分で納得して物事を決められるよう、できる限り支援しましょう。ケース担当者（家庭支援専門相談員など）はあくまで保護者の話を聴くことを中心において、必要に応じて助言をしながら、保護者の自己決定を待つことが求められます。結論を押しつけても保護者が納得しなければ意味はありません。保護者が子どもを育てるということは保護者が主体的に行う行為であることをわきまえ、保護者が納得できるように話をすることが大切です。

資料：全国乳児福祉協議会『改訂新版　乳児院養育指針』全国社会福祉協議会　全国乳児福祉協議会　2017年　p.239

▼被措置児童等虐待防止のしくみ

2008（平成20）年の児童福祉法改正で「被措置児童等虐待の防止」に関する事項が規定され（2009〈平成21〉年施行）、職員に対し虐待防止の周知徹底と虐待を外部へ知らせるしくみづくり、機関として第三者評価を受けることも含めて、被措置児童に対し適切な養育が実施されるように権利擁護の取り組みが行われている。施設内虐待の防止に関しては「被措置児童等虐待対応ガイドライン」が厚生労働省により発行され（2009〈平成21〉年）、早期発見通告・対応等、通告を受けた児童相談所・都道府県の対応について明記されている。

▼子どもへの不適切な関わりの防止等（不適切保育の予防）

近年、保育所などの子どもの養育にかかわる施設において、子どもへの不適切な関わりに関する問題が発生している。児童福祉施設の設備及び運営に関する基準第9条の2では、「児童福祉施設の職員は、入所中の児童に対し、（中略）当該児童の心身に有害な影響を与える行為をしてはならない」との不適切保育や虐待を禁止する内容が規定されている。

2021（令和3）年に、保育所内での不適切保育等を防止するための方策や発生したときの対応について、手引きの作成と保育所内での不適切保育等に対する都道府県および市区町村の対応等に関する実態調査が厚生労働省から公表された[1]。この調査報告により作成された手引きによると、不適切な保育の行動類型として次の5つがあげられている（表15-8）。

表15-8　不適切な保育の行為類型

①子ども一人一人の人格を尊重しない関わり
②物事を強要するような関わり・脅迫的な言葉がけ
③罰を与える・乱暴な関わり
④子ども一人一人の育ちや家庭環境への配慮に欠ける関わり
⑤差別的な関わり

資料：キャンサースキャン「不適切な保育の未然防止及び発生時の対応についての手引き令和3年」2021年　p.3

この手引きには、不適切な保育が生じる背景として「"保育士一人一人の認識"の問題（子どもの人権や人格尊重の観点に照らして、どのような子どもへの関わり方が適切なのか十分に理解していない）と、"職場環境"の問題（施設における職員体制が十分でないなど、適切でない保育を誘発する状況が生じている）がある」としている。また職場環境の問題は、「保育士個人による改善は難しく、施設長や法人の管理責任者による組織全体としての対策が必要となる。不適切な保育が生じにくい職場環境を整備することは、施設長及び法人の管理責任者の責務である」としている。

そのほか、手引きのなかでは、不適切な保育の未然防止や発生時の対応にあたる際の保育所、市区町村および都道府県のそれぞれが担う役割について整理されており、子どもの発達保障と権利擁護のために、保育所等において不適切な養育が行われないための仕組みづくりについて施設と地域が連携することが重要であると述べられている。

なお、2023（令和5）年にこども家庭庁が公表した調査[2]によると、市町村が不適切な保育が疑われるとして事実確認を行った1,492件のうち、914件が不適切保育と確認された。このうち虐待と確認されたケースは90件で

あった。また「保育所等における虐待等の防止及び発生時の対応等に関する
ガイドライン」についてもこの調査と同時に示された。

⑥　高齢者・障害者の虐待防止

▼高齢者の虐待防止

「高齢者虐待の防止、高齢者の養護者に対する支援等に関する法律（高齢
者虐待防止法）」が2006（平成18）年4月から施行された。

高齢者の虐待は、虐待をしている人に自覚がない場合も多く、また、高齢
から発生するさまざまな症状に対して適切な援助の方法がわからないために
虐待につながっている状況もある。高齢者虐待防止法制定の背景として、介
護をすることへの身体的、精神的負担、疾病からくる症状への不適切な対応
などから、高齢者が危険な状態に陥ったり、死亡事件に至るような、深刻化
した状況があげられる。

高齢者虐待防止法の概要については次の通りである。

この法律で「高齢者」とは、65歳以上の者をいう。「養護者」とは、高齢
者を現に養護する者であって養介護施設従事者等以外のものを指し、「高齢
者虐待」とは、養護者による高齢者虐待および養介護施設従事者等による高
齢者虐待をいう。

虐待の種類は、①「身体的虐待」、②「心理的虐待」、③「性的虐待」、④
「ネグレクト（養護の放棄）」、⑤「経済的虐待」に分けて定義している。

高齢者虐待の早期発見と通報については、「養護者による高齢者虐待を受
けたと思われる高齢者を発見した者は、当該高齢者の生命又は身体に重大な
危険が生じている場合は、速やかに、これを市町村に通報しなければならな
い」と規定している。

連携協力体制について市町村は、養護者による高齢者虐待の防止、養護者
による高齢者虐待を受けた高齢者の保護および養護者に対する支援を適切に

表15－9　高齢者虐待の防止、高齢者の養護者に対する支援等に関する法律（目的）

第1条　この法律は、高齢者に対する虐待が深刻な状況にあり、高齢者の尊厳の保持にとって高齢者に対する虐待を防止することが極めて重要であること等にかんがみ、高齢者虐待の防止等に関する国等の責務、高齢者虐待を受けた高齢者に対する保護のための措置、養護者の負担の軽減を図ること等の養護者に対する養護者による高齢者虐待の防止に資する支援（以下「養護者に対する支援」という。）のための措置等を定めることにより、高齢者虐待の防止、養護者に対する支援等に関する施策を促進し、もって高齢者の権利利益の擁護に資することを目的とする。

実施するため、老人介護支援センター、地域包括支援センター、その他関係機関、民間団体などとの連携協力体制を整備しなければならない。

このように高齢者虐待防止法は、高齢者の尊厳のある暮らしを守るための取り組みを支える法律として機能している。

▼障害者の虐待防止

「障害者虐待の防止、障害者の養護者に対する支援等に関する法律（障害者虐待防止法）」が2012（平成24）年10月から施行された。かねてから障害者への養護者（障害者を現に養護している者、たとえば家族や親類など）、障害者福祉施設従事者等による虐待は問題視されていたが、虐待防止の法律が整備されておらず、障害者の尊厳を守るシステムが十分には確立されてこなかった。そこで、児童虐待防止法・高齢者虐待防止法に続き、人権侵害を防ぐ大きな柱となる法律が障害者に関しても設けられることとなった。

本法制定の背景には、障害者への痛ましい人権侵害行為が従来からあったことが大きく影響している。たとえば、知的障害のある従業員への雇用助成金を事業主が不正に受給して、詐欺、傷害罪などで1997（平成9）年に有罪判決（執行猶予付判決）が出た「水戸アカス紙器事件」がある。本事件では、後に事業主と従業員による多数の知的障害者への暴行が発覚している。その他には、障害のある従業員への虐待、賃金未払いでの長時間労働、障害基礎年金の横領など2003（平成15）年に損害賠償命令の判決が出た「滋賀サン・グループ事件」がある。また近年、障害児・者施設における施設従事者による暴行が発生していたこともあげられる[6]。

このような状況下、一刻も早い虐待防止の法律制定が多くの被害者や家族から望まれていた。

▼障害者虐待防止法の概要

ここでは障害者虐待防止法の概要について確認する。

表15－10　障害者虐待の防止、障害者の養護者に対する支援等に関する法律（目的）

第1条　この法律は、障害者に対する虐待が障害者の尊厳を害するものであり、障害者の自立及び社会参加にとって障害者に対する虐待を防止することが極めて重要であること等に鑑み、障害者に対する虐待の禁止、障害者虐待の予防及び早期発見その他の障害者虐待の防止等に関する国等の責務、障害者虐待を受けた障害者に対する保護及び自立の支援のための措置、養護者の負担の軽減を図ること等の養護者に対する養護者による障害者虐待の防止に資する支援（以下「養護者に対する支援」という。）のための措置等を定めることにより、障害者虐待の防止、養護者に対する支援等に関する施策を促進し、もって障害者の権利利益の擁護に資することを目的とする。

　この法律で「障害者」とは、障害者基本法第2条第1号に規定する障害者をいい、障害者虐待および虐待者の範囲とは、養護者による障害者虐待、障害者福祉施設従事者等による障害者虐待および使用者による障害者虐待を指す。また「何人も、障害者に対し、虐待をしてはならない」と規定している。

　国および地方公共団体の責務として「障害者虐待の予防及び早期発見その他の障害者虐待の防止、障害者虐待を受けた障害者の迅速かつ適切な保護及び自立の支援並びに適切な養護者に対する支援を行うため、関係省庁相互間その他関係機関及び民間団体の間の連携の強化、民間団体の支援その他必要な体制の整備に努めなければならない」としている。さらに、保育所に通う障害者に対する虐待の防止についても規定している。

　障害者虐待の類型は、①「身体的虐待」、②「心理的虐待」、③「性的虐待」、④「ネグレクト（養護の放棄）」、⑤「経済的虐待」を定義している。

　虐待の早期発見、通報については、養護者による障害者虐待を受けたと思われる障害者を発見した者は、速やかに市町村に通報しなければならない。通報の窓口として市町村は「市町村障害者虐待防止センター」を設け、都道府県は、市町村に対しての情報提供や助言、関係機関との調整を行う「都道府県障害者権利擁護センター」を設けている。今後も、障害者虐待防止に関するシステムの構築と拡充が急がれる。

❷　苦情解決について

①　苦情解決のしくみ

　利用者がサービスを利用する段階や、サービス利用の前には予想していなかった状況に置かれたり、サービスの情報や説明が不十分なとき、利用方法がわからない、利用していても自分のニーズを十分に満たさない、あるいは利用しているサービスの質が劣悪で不満が出てくる場合がある。社会福祉法には、利用者の「苦情」に対しての規定が記されている。

　社会福祉法では、社会福祉事業の経営者による苦情解決と「運営適正化委員会」による苦情解決の2つを提示している。事業の経営者には、「苦情受付担当者」と「苦情解決責任者」を置き、より公平な立場からの苦情対応を実施するために「第三者委員」の設置を求めている。その過程を経ても解決に至らない場合には、運営適正化委員会や都道府県による対応が可能なしくみがつくられている（図15−3参照）。

表15−11　社会福祉法にある苦情解決と運営適正化委員会

（社会福祉事業の経営者による苦情の解決）

第82条　社会福祉事業の経営者は、常に、その提供する福祉サービスについて、利用者等からの苦情の適切な解決に努めなければならない。

（運営適正化委員会）

第83条　都道府県の区域内において、福祉サービス利用援助事業の適正な運営を確保するとともに、福祉サービスに関する利用者等からの苦情を適切に解決するため、都道府県社会福祉協議会に、人格が高潔であつて、社会福祉に関する識見を有し、かつ、社会福祉、法律又は医療に関し学識経験を有する者で構成される運営適正化委員会を置くものとする。

図15−3　苦情解決のしくみ

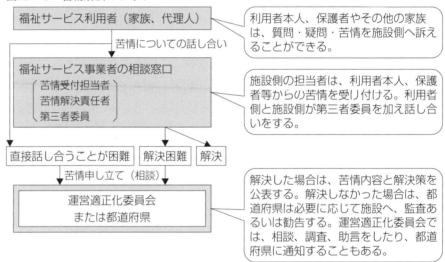

出典：栃木県社会福祉協議会ホームページ「苦情解決（栃木県運営適正化委員会）」をもとに一部改変

　その他に、市町村の苦情相談窓口やオンブズパーソンなどさまざまな苦情解決の窓口がある。

②　サービスの質の確保と第三者評価

　利用者の権利擁護を実践するサービスの質については、サービスの質が適切な水準を満たしているか、あるいは権利侵害にならない基準を保っているかといったさまざまな角度から質の確保の取り組みが行われている。

　社会福祉法では、福祉サービスの質の向上のための措置について表15−12のように定めている。

表15-12　社会福祉法にある質の向上

> **（福祉サービスの質の向上のための措置等）**
> 第78条　社会福祉事業の経営者は、自らその提供する福祉サービスの質の評価を行う
> 　　　　ことその他の措置を講ずることにより、常に福祉サービスを受ける者の立場に立っ
> 　　　　て良質かつ適切な福祉サービスを提供するよう努めなければならない。
> 2　　国は、社会福祉事業の経営者が行う福祉サービスの質の向上のための措置を援助
> 　　　するために、福祉サービスの質の公正かつ適切な評価の実施に資するための措置を
> 　　　講ずるよう努めなければならない。

　福祉サービスの質の向上を目的にして行われている取り組みを2つ紹介する。1つ目が「第三者評価事業[*7]」である。「第三者評価事業」は、社会福祉基礎構造改革における理念を具体化するしくみの一つとして位置づけられ、サービスの質の向上のための取り組みとして実施された。そして、厚生労働省は、2004（平成16）年に福祉サービス第三者評価事業の更なる普及・定着を図ることを目的として「福祉サービス第三者評価事業に関する指針」を示し、さらなる福祉サービスの質の向上の推進を行っている。第三者評価事業の結果は、報告書あるいは法人などのホームページ上で公表し、利用者がそのサービスの質について確認できるようになっている。

＊7　第三者評価事業
第14章204頁参照。

　2つ目が、サービスの質を評価する「行政監査」である。これは、サービスの質が法令に定める最低基準を満たしているか否かについて、定期的に監督行政庁が確認（監査）することである（図15-4参照）。

　利用者、そして評価者はサービスの質が一定水準を保ち、法の基準を満たしているか、利用者のニーズに合っているか、人権侵害に至っていないか、常に見直しを行い利用者の権利擁護を担保している。

図15-4　第三者評価と最低基準および監査との関係

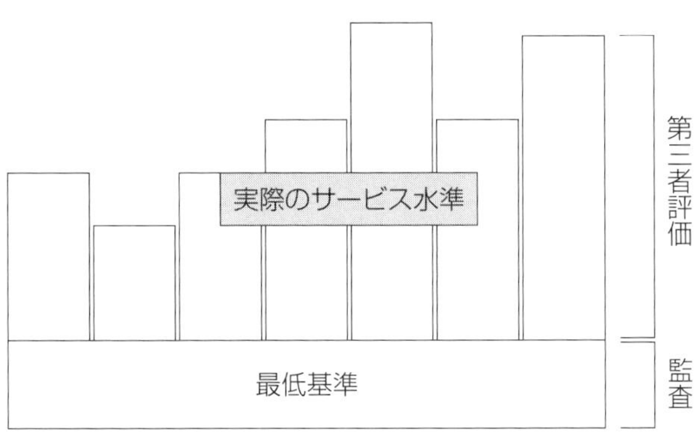

資料：全国社会福祉協議会「第三者評価事業」
　　　http://www.shakyo-hyouka.net/about/index.html
　　　（2011年9月12日）

まとめてみよう

① 基本的人権「生存権」「自由権」とは何かについて要点をまとめてみよう。

② 権利侵害について、「生存権」「自由権」という2つの観点から、考えられる例を作成してみよう。

③ 子どもの人権はどのような法律や制度で守られているのか、まとめてみよう。

【引用文献】

1）厚生労働省「『不適切保育に関する対応についての調査研究』について」https://www.mhlw.go.jp/stf/seisakunitsuite/bunya/0000135739_00005.html（2023年5月31日閲覧）

2）こども家庭庁「『保育所等における虐待等の不適切な保育への対応等に関する実態調査』の調査結果について」https://www.cfa.go.jp/assets/contents/node/basic_page/field ref_resources/e4b817c9-5282-4ccc-b0d5-ce15d7b5018c/de52c20b/20230512_policies_hoiku_4.pdf（2023年5月31日閲覧）

【参考文献】

相澤讓治編『六訂　保育士をめざす人の社会福祉』みらい　2012年

厚生労働省編『厚生労働白書　平成23年版』2011年

伊達悦子・辰己隆編『四訂　保育士をめざす人の児童家庭福祉』みらい　2012年

厚生労働省 福祉サービスの質に関する検討会「福祉サービスにおける第三者評価事業に関する報告書」2001年

田中利則監修、加藤洋子・一瀬早百合・飯塚美穂子編『事例を通して学びを深める　施設実習ガイド』ミネルヴァ書房　2018年

全国乳児福祉協議会『改訂新版　乳児院養育指針』全国社会福祉協議会　全国乳児福祉協議会　2017年

編集委員代表　山縣文治・柏女霊峰『社会福祉用語辞典第9版』ミネルヴァ書房　2011年

〈参考ホームページ〉

全国社会福祉協議会「第三者評価事業」

http://www.shakyo-hyouka.net/about/index.html（2011年9月12日）

第16章　社会福祉と保育士のこれからを考える

✎ これからの社会福祉と保育士について、何を心がければいいの？

みらいさん　ここまで社会福祉を学んできたけれども、最近は日本の社会福祉制度そのものが揺らいでいる気がします。本当に必要な人のための福祉制度になっているのでしょうか？

こういち先生　過去の社会福祉の実践家たちのすばらしい取り組みのなかから、生存権と国民の利益につながる重要な実践が社会福祉法制度として確立してきた経緯があったね。言い換えるなら、社会福祉の思想的な基盤が実践を支え、それが法制度へ育て上げてきたともいえます。

みらいさん　でも、最近は国の財政状況が厳しいですし、政治・政党の動向によって、社会福祉の法制度がコロコロと改定されている気がしているのですが……。

こういち先生　そうだね。最近の社会福祉法制度改定には目まぐるしいものがあるね。意義のある改正ならまだしも、短期間での制度変更によって実践現場が混乱させられてしまっている状況もあるよね。たとえば、社会福祉サービスの利用料が払えないために利用をあきらめる、制度改定にともなって事業者の事務量が増加したり煩雑になったりと……。

みらいさん　福祉サービスを利用できない人たちがいることは私も聞いたことがあります。でも、本当は、対象となる人が経済的な問題に関係なく利用できるのが社会福祉だと習ってきたのですが、実際にはそうではないことに矛盾はないのですか。

こういち先生　その通りだよ。社会福祉という制度は、権利の観点から見ると国民すべてが対象であり、その人の経済状況などにかかわらず平等に必要に応じたサービスを利用できることが本来の姿だね。そして、そのための方策を充実させることが国の責任であることは学んできた通りだからね。

みらいさん　なぜ、こんな状況になってしまっているのでしょうか？

こういち先生　国家財政が厳しい状況で、社会福祉予算への影響もあるのは事実だけど、だからといって社会福祉を縮小することは、福祉国家としてどうかな？

　利用者の利益のために、社会福祉専門職は意見を発したり、正しい行動をとることを心がけていくべきではないかな。そのためには、社会福祉全体の共通基盤と領域ごとの特性を理解できる知識が必要になるよ。社会福祉の原理と前途を見失いそうなこんなときだからこそ、その意味を改めて考えて、変わってよいことと変わってはいけないことを見据え、これからの社会福祉と保育士のあり方を考えていくべきだろうね。

　こんな難しい話がお互いにできるようになったということは、みらいさんの知識が増え、成長した証だね。とてもうれしく思いますよ！

1 社会福祉の現状と課題

① 日本の社会福祉と子どもの未来

　日本の社会福祉は、1990年代の社会福祉基礎構造改革以降もさまざまな施策が試みられてきたものの、多くの課題を抱えたままである。むしろ、ここ30年で新たな課題がみえてきたといえる。少子高齢化、子ども虐待、貧困や格差、人口減少など、福祉に関連する話題には暇がない。

　保育サービスについては、さらなる少子化や待機児童の対策に向けて、2015（平成27）年4月から子ども・子育て支援新制度が施行された。

　また「貧困」や「子ども虐待」など子どもを取り巻く困難な状況に社会の関心が集まっている。たとえば、2009（平成21）年にはじめて日本の貧困に関する統計データが公表され、子どもが貧困や格差の影響を被っていることが社会問題となった。この流れを受けて、2014（平成26）年には子どもの貧困対策の推進に関する法律（子どもの貧困対策法）が施行された。また、児童虐待の防止等に関する法律（児童虐待防止法）の施行以降、児童虐待相談対応件数は年々増加し、現在は年間20万件以上の相談が寄せられている。このことは子ども虐待が社会問題として広く認知されたことを示している。2017（平成29）年の児童福祉法改正では子ども虐待に対応する児童相談所の機能強化が盛り込まれ、さらに、2020（令和2）年に改正された児童虐待防止法と児童福祉法では親などによる体罰の防止が盛り込まれている。2022（令和4）年には、子ども・家庭を取り巻く困難な状況をふまえ、子育て世帯への包括的な支援のための体制強化等を趣旨に児童福祉法が改正された。

　貧困や子ども虐待は、以前は個人や家庭の責任とみなされることが多く、社会で支援すべき課題としてはあまり認識されてこなかったが、今では重大な社会問題として認識されている。

② 社会福祉の課題

　子どもの福祉に社会の注目が集まることはたいへん望ましいことである。しかし、この注目の高まりは日本社会における社会福祉への理解の深まりと考えてよいのだろうか。日本社会において支援の対象となることは、ネガティブにとらえられることが多い。たとえば、生活保護受給者に対するまなざしには厳しいものがある。貧困は個人の努力で解決すべき問題と認識されてい

て、自己責任であるというとらえ方も根深い。

　「子どもの貧困」は大抵の場合、保護者の貧困であり、すなわち大人の貧困である。しかし、「子どもの」貧困は子どもという言葉にすり替えられ、子どもを対象とする支援のみに重要性が置かれがちである。つまり、「弱い存在」「未熟な存在」である子どもは支援の対象とみなしても批判を受けないが、大人の場合は生活保護などの福祉サービスの利用に批判的な目が注がれることもある。このように未だに世間一般において、福祉サービスによる支援の意味や必要性が十分に浸透していないことがわかるだろう。

　さらに、こうしたみられ方は決して第三者だけに限らず、福祉サービスを利用する当事者もまた同様の価値観を内面に抱えていることがある。すなわち、本来なら支援を受けずに自立しなければならない、子育てをしなければいけないという思いが、支援を要する者を支援から遠ざけることもある。保育所に子どもが通うことでさえも、保護者は申し訳ないと感じているかもしれない。

　保育士には幼児教育の専門家としての役割とともに、社会福祉専門職としての役割も期待されている。本章では、保育士に今後求められる役割について、社会福祉との関連で考えていく。

2　社会福祉と保育士の展望—保育士の社会的役割

① 生涯を見越した教育

　保育の概念には「教育」と「養護」が組み合わさっており、保育所保育においては幼児教育の側面と福祉の側面が役割として強調されてきた。近年では「教育」の側面から充実が図られている。2017（平成29）年の保育所保育指針、幼稚園教育要領、幼保連携型認定こども園教育・保育要領の一斉改訂（定）においては、保育所保育を中心に幼児教育の充実や小学校との接続がより詳細に記載され、これまで記述が異なっていた3歳以降の保育に関して記述が統一された。

　保育所保育における幼児教育の充実とは、学力向上という意味ではなく、卒園以降の成長を見通した発達の保障である。2006（平成18）年の教育基本法改正においても、幼児期の教育は生涯にわたる人格形成の基礎を培うものと記され、幼児教育の充実の必要性が指摘されている。福祉の側面からも、幼児教育の充実は家庭環境に左右されず子どもの公平な発達の機会を提供す

る上で重要であろう。保育士には、幼児期以降の発達を見越したかかわりが求められるのである。

② 社会福祉専門職としての保育士

　幼児教育と小学校以降の教育との接続の観点から、保育士による幼児教育（就学前教育）の側面が重要視されている。他方で、保育士は社会福祉専門職として、子どもの家庭の相談を受け、他機関との連携を図り支援するソーシャルワークに近い役割も期待されている。これは保育所保育指針に「保護者に対する子育て支援における地域の関係機関等との連携および協働を図り、保育所全体の体制構築に努めること」と明記されているとおりである。

図16-1　保育所が連携を期待される機関

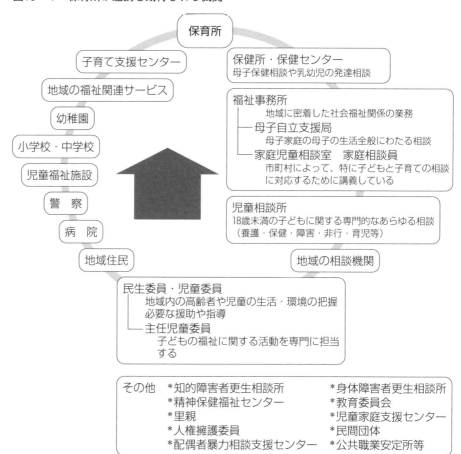

出典：金子恵美『増補　保育所における家庭支援　―新保育所保育指針の理論と実践』
　　　全国社会福祉協議会　2010年　p.110

　病気や貧困、子どもの障害など、保護者は時に家庭だけでは対応すること
が難しい課題に直面する。もちろん、保育士や保育所が単独で課題に取り組
むのではない。保育所を例にしてみれば、保育所と保育士に求められているのは、信頼できる子育てのパートナーとして保護者の不安や悩みを聞く相談
の窓口となり、必要に応じて他機関へつなぐことであろう。しかし、この「つ
なぎ」は簡単ではない。まずは保護者に信頼され、不安や悩みを相談されな
ければならないし、保護者の課題に合った機関を理解しておく必要がある。
場合によっては、福祉の支援を受けることを申し訳ないと思う保護者の気持
ちをときほぐす必要もあるだろう。保育所と連携する機関には、図16－1に
みられるような機関があげられる。
　なお、保育所以外の児童福祉施設の役割を理解しておくことも重要である。
乳児院、児童養護施設などの児童福祉施設において、どのような専門職が配
置され保護者支援や他機関との連携が行われているのか、社会福祉専門職と
しての保育士は認知しておかなければならない。

3　これからの保育士のあり方

①　子ども・家庭とのかかわり

　保育士が社会福祉の課題に取り組むための視点について、以下のことに留
意してほしい。
①利用者（子どもや保護者）が支援を受ける権利の保障
　権利の行使の助けとなることである。このためには、子ども・保護者に寄
り添うことに配慮できる保育実践によって信頼関係を築くことが重要であ
る。
②利用者の権利への理解を深める
　子どもが有する権利を認識することである。そうしなければ、支援を要す
る子どもの声に気づき、代弁することができない。
③保護者とは子育てのパートナーであることを確認し、課題にともに取り組
　んでいく
　保育所保育指針では、子育て支援の際には「各地域や家庭の実態等を踏ま
えるとともに、保護者の気持ちを受け止め、相互の信頼関係を基本に、保護
者の自己決定を尊重すること」とある。保護者自身の気持ちを尊重して状況
の改善に取り組むことで、保護者の自立する力は引き出される。そのことが、

支援や他機関との連携を円滑にするのである。

②　社会への発信

　直接的な利用者だけではなく、地域社会に対しての支援や情報発信も大切である。地域子育て支援のターゲットは、「子育ちの支援」「親育ちの支援」「親子関係の支援」とともに、「家庭および地域社会すなわち育む環境の育成」があげられる[1]。保育所保育指針においても、「地域の保護者等に対する子育て支援」として、地域の保護者への支援や関係機関との連携の必要性が示されている。地域の保護者支援を通した情報発信により、福祉制度に対する情報不足や、それに基づく誤解や偏見が緩和されることも期待される。

　以上、保育士には支援を要する者が支援から遠ざかることなく制度を活用できる社会の実現に貢献することが求められている。

🖊️ まとめてみよう

> ①　社会福祉にかかわる問題をあげ、それらの問題に保育士がどのようにかかわることができるのか考えてみよう。
> ②　各児童福祉施設の概要を確認し、各施設において他機関とどのような連携ができるのかイメージしてみよう。

【引用文献】
1）山縣文治「保育サービスの展開と地域子育て支援」『保育学研究』第46巻第1号
　　日本保育学会　2008年　p.67－68

【参考文献】
阿部彩『子どもの貧困Ⅱ　―解決策を考える―』岩波書店　2014年
橋本真紀・山縣文治編『よくわかる家庭支援論 第2版』ミネルヴァ書房　2015年
無藤隆・汐見稔幸・砂上史子『ここがポイント！　3法令ガイドブック―新しい「幼稚園教育要領」「保育所保育指針」「幼保連携型認定こども園教育・保育要領」の理解のために―』フレーベル館　2017年

索　引

学ぶ・わかる・みえる
シリーズ　保育と現代社会

保育と社会福祉【第4版】

2012 年	1 月	10 日	初　版第 1 刷発行
2014 年	9 月	15 日	初　版第 5 刷発行
2015 年	3 月	20 日	第 2 版第 1 刷発行
2018 年	3 月	1 日	第 2 版第 5 刷発行
2019 年	4 月	1 日	第 3 版第 1 刷発行
2023 年	4 月	1 日	第 3 版第 5 刷発行
2024 年	4 月	1 日	第 4 版第 1 刷発行

編　　集　　橋本　好市
　　　　　　宮田　徹
発 行 者　　竹鼻　均之
発 行 所　　株式会社みらい
　　　　　　〒500-8137　岐阜市東興町40　第5澤田ビル
　　　　　　TEL　058-247-1227(代)
　　　　　　FAX　058-247-1218
　　　　　　https://www.mirai-inc.jp/
印刷・製本　　サンメッセ株式会社

ISBN978-4-86015-622-0 C3036
Printed in Japan　　　　　　　乱丁本・落丁本はお取り替え致します。

 株式会社みらい　https://www.mirai-inc.jp/

〒500-8137　岐阜市東興町40番地　第五澤田ビル
TEL（058）247-1227（代）　FAX（058）247-1218